君主制の研究

比較憲法的考察

佐藤　功著

日本評論社

はしがき

この書物で私が意図したことやそこで取り上げた問題がどのようなものであるかについては、本論の序章で述べるところに譲り、ここでは、はしがきとして、私がこの書物を書くに至った動機などについて、簡単に一言しておきたい。

私の本来の研究領域は憲法学であり、大学における研究および講義も主としては日本国憲法を対象としてきた。私が今まで世に問うたいくつかの書物も、すべて主としては日本国憲法の解釈に関するものであった。しかし日本国憲法の解釈のためには比較憲法の研究が不可欠であり、また憲法学の研究のためには隣接の学問、特に政治学の研究が不可欠であることはいうまでもない。私も学問生活の当初から常にそのことを意識してきたし、またこれらの領域に関する私の力の不足に常に気づいてきたのであった。そしていつかは何か比較憲法および政治学に関連する問題について研究をまとめ、それによってまた日本国憲法の研究にも役立たせたいと念願してきたのであった。

そしてその場合に私が特に関心をもったのは君主制の問題であった。それは理論的に興味ある問題であるからであるのはいうまでもないが、また直接には、私が日本国憲法の天皇に関する諸規定についていくつかの解釈論を試みたときに、それらの問題の正しい理解のためにはどうしても君主制についての包括的な、また掘り下げた研究が必要であることを痛感させられたことによる。また周知のように最近数年間に展開されてきた憲法改正論議においては、天皇元首化論がその重要な論点の一つとなっており、それに対してこの憲法の定める天皇の制度をいかに考えるべきかについて、改めて研究せざるをえなくなったことも、私のこの問題に対する関心をいっそう強めることとなった。このようにして、ここ数年来、私は常にこの問題をいわば胸の中にあたためてきた。五、六年前から東京大学において比較政治制度論の講義をする機会を与えられてからも、その講義の主要なテーマの一つとして君主制を扱ってきた。しかしその間において、日本国憲法に関する書物の執筆にも力の大半を奪われ、この問題に没頭することはなかなかにできなかった。

しかるに昨年の四月から九月までの学期において、東京大学大学院において公法・政治に関する講義を担当する機会に恵まれたので、意を決して、この問題すなわち「君主制の比較憲法的研究」をテーマとすることとし、不十分ながら一応それを完了することができた。この書物はこのときの講義におけるノートを骨子とし、それになお多くの補足を加えたものである。

この書物の由来はこのようなものであり、私としてはここでともかく数年来の私の懸案を果しえたことを喜んでいるのであるが、しかしこの問題はいうまでもなくきわめて困難な問題であり、私としてはできる限りの努力を払ったつもりではあるが、非力な私にとってはいささか荷の勝ちすぎた仕事であったと思わざるをえず、この書物の執筆を了えた今、喜びとともに反面、また改めて自分の非力を痛感しているわけである。ただ、わが国においては、憲法解釈論の研究はきわめて盛んに行われているにもかかわらず、比較憲法のモノグラフィーはきわめて少なく、また特に、憲法学の立場からの君主制の研究は、明治憲法下の神権天皇制のためにいわばタブーとされていたことによって、ほとんど見るべきものがないのであり、その意味ではこの私の乏しい研究も、いくらかの存在理由を主張することが許されるのではないかと思う。それが私のせめてもの望みであり、広く批判と叱正を得て、さらに将来もこの研究をいっそう発展させていきたいと念じている。

ここに、日頃私が学恩と刺戟を受けている諸先生や諸学友に対して改めて感謝するとともに、また特にこの書物の成立に直接の契機を与えて下さった東京大学法学部の諸先生に対して厚く感謝しなければならない。またこの書物の内容となった私の講義を聴いてくれた東京大学大学院の学生諸君等にも感謝したい。さらに最後に、この書物の出版に当って格別のお世話になった日本評論新社の岩田社長や林・西沢の諸氏にも厚くお礼を申し上げたい。

昭和三二年三月二九日

佐藤　功

目　次

はしがき
序　章 …… 一
第一章　君主制の理論 …… 一一
第一節　国家形態としての君主制 …… 一一
第二節　元首としての君主 …… 四三
第二章　諸憲法における君主制の類型 …… 六四
第一節　今日における君主制の分布 …… 六四
第二節　イギリスの君主制 …… 七〇
第一項　序　説 …… 七〇

目次

第二項　歴史的背景……七三
第三項　国王の地位……九一
第四項　国王の権能……九八
第五項　君主制としての特色……一三三
第三節　フランスの君主制……一三七
第一項　序　説……一三七
第二項　歴史的背景……一三九
第三項　一七九一年憲法……一四八
第四項　一八〇四年第一帝制憲法……一六七
第五項　一八一四年シャルト……一七七
第六項　一八三〇年シャルト……一九四
第七項　一八五二年の第二帝制憲法……一九八
第四節　ドイツの君主制……二〇四
第一項　序　説……二〇四
第二項　歴史的背景……二〇六
第三項　一九世紀初頭における諸邦の憲法……二一三
第四項　フランクフルト憲法……二二三

第五項　一八五〇年のプロシヤ憲法……二三九
第六項　一八七一年帝国憲法……二四六
第五節　ベルギーの君主制……二五五
第一項　序　　説……二五五
第二項　歴史的背景……二五七
第三項　国王の地位……二五九
第四項　国王の権能……二六四
第五項　君主制としての特色……二六六
第六節　北欧三国の君主制……二六九
第一項　序　　説……二六九
第二項　歴史的背景……二七一
第三項　ノルウエーの君主制……二七四
第四項　スエーデンの君主制……二八一
第五項　デンマークの君主制……二九〇
第七節　今日における君主制の特色……二九七

第三章 君主制の理由づけ……三一一
第一節 君主制の理由づけの諸理論概説……三一一
第二節 君主の中立的・調整的権能の理論……三三〇
第三節 君主の象徴性の理論……三四二
結章 君主制の展望……三五三
第一節 政治権力の正統性的根拠と君主制……三五三
第二節 君主制の展望……三六二
索引〔事項・人名〕

序　章

ここで試みられようとしているのは君主制の比較憲法的研究である。すなわちそれは近代諸憲法に現われた君主制の研究である。それはまた政治機構としての君主制の研究ではあるが、主としては憲法の規定からみた、憲法学の観点からの研究である。したがって、政治学・政治史・経済史・社会史などの観点からの考察や、また君主制の社会構造や心理的基礎などの考察はここでは除外されている。しかしこのことはそれらの考察がそれら自体としてはなされていないという意味であって、まったくそれらの分野に触れていないということではない。すなわち憲法における君主制のいろいろの発現形態を問題とする場合には、それらの歴史と場所が顧みられねばならず、したがってまたそれらの背景または基礎にあるものを無視しえないことは当然だからである。このことはおよそあらゆる政治制度についてそうであるが、しかも君主制という政治制度については特にそうである。すなわち君主制という政治制度は、本来、単なる法律学的思惟のみによっては蔽いつくしえない側面をもっているものなのである。また実はそこに君主制の問題の興味ある所以があるといってよい。

右に述べたことを最もよく示している好例として、今日のわが国における天皇の地位および権限をめぐる論議を挙げることができよう。すなわち日本国憲法の定める天皇の「象徴」たる地位を「元首」のそれに改め、同時にその権限をも拡大強化しようとする改正論をめぐる論議がそれである。日本国憲法における天皇を君主と呼び、その政治体制を君主制と呼ぶことがはたして許されるかの問題はともかくとして[1)]、いずれにせよ天皇は君主的なものでありまたその政治体制は君主制的なものであることは否定できない。その意味でこの改正論議の問題は君主制の問題である。そして、しかもそこで最も論議せらるべき点、また現に論議されている点は、天皇の地位・権限の法律的規定よりはむしろ天皇の実質的な機能についてであり、またこの改正によってもたらされる政治的・心理的効果についてである。すなわちこの論議においては、単に外国の諸憲法における君主の地位・権限の規定についての比較憲法的考証だけでは問題は解決されないのである。

すなわち諸憲法における君主制の発現形態にはいろいろの型があり、君主制の憲法的表現はきわめて多種多様である。しかしそれらは特に優れた意味において歴史的・政治的性格をもち、また人間の感情や心理がそこにまとわりついているのである。

(1)　この問題については、後に詳しく論ずる。特に結章第二節。

レーヴェンシュタインの指摘をまつまでもなく[1]、確信的な君主制論者は君主制の本質の核心が理性的にだけではまったく把握しえないものであると常に主張する。その例証は、後に述べるようにきわめて多い。君主制は、前に述べたように、法律学的思惟の対象だけとしては十分に理解しえないものであるのみではなく、しばしば論理的・理性的思惟からさえ除外されることがある。わが国の過去における天皇制はその最も顕著な例であったが[2]、このことはおよそどのような君主制にもみられる共通の現象である。それはおそらくは、君主制が人類の有する制度の中で最も古く、最も耐久力のある、したがってまた最も光栄ある制度の一つであることにもよるというべきであろう。まさにそのために「君主制の本質はきわめて強く感情的価値によって満たされており、その結果、君主制はしばしば形而上学的・神秘的・神話的な特徴を帯び、理性よりもむしろ信仰がそれを解く鍵となる[3]」のである。

君主制がこのような意味で非理性的・非合理的なものであるということは、周知のようにバジョットによって最も雄弁に説かれたところであった。すなわち君主制についてのバジョットの光彩に満ちた叙述の中で、人も知る有名な個所は、「人間らしい心臓が健全で、人間理性が微弱な間は王制は健全である。摑みどころのない感情に訴えるからである。そして共和制は理解力に訴えるが故に薄弱である」[4]といっている。ここにまた、レーヴェンシュタインのいうように、共和制はホイットマンのような稀な例を除いてはほとんど詩人によって讃えられることがないのに、君主制は多くの詩人によって讃えられまた無数の文学作品が君主制に関して生み出されたことの理由もあるといえるであろう[5]。

（1） K. Loewenstein ; Die Monarchie im modernen Staat, 1952, S. 19.

（2） 戒能教授は次のように述べている。「天皇制はいうまでもなく今まで政治的思惟の系列から除外されていた。それは単に官憲が暴力による圧迫によって、天皇制への反省を禁止していたというだけのことでない。天皇制否認を以てその一つの目標とする筈の革命主義者にとってすら、天皇制がなお論理的な思惟対象となることとなく、しばしば天皇制を取り囲んで醸成された不愉快、無責任、不誠実な官僚主義に反撥する感情的憎悪の表現にすぎなかったことを意味している。天皇制は――明治期以降の僅かな経験によるものであるが――これほどまで理性にでなく国民の感情にその根柢を張っている。天皇制に対する国民の感情は、ある場合には畏敬であり、ある場合には恐怖であり、他の場合には憎悪であった。しかしともかくも天皇制が純粋感情の課題として把握せられている限り、天皇制の客観的検討は不能である」（戒能通孝「近世の成立と神権説」一頁）。

（3） K. Loewenstein : S. 19.

（4） W. Bagehot ; The Englisch Constitution, 1867. 深瀬基寛訳「英国の国家構造」七三頁。

（5） K. Loewenstein : S. 19.

君主制が右に述べたような特色をもつものであることの結果として、憲法の規定の上に現われた君主制、すなわち君主制の憲法的表現だけからは、現実における君主制、すなわち君主制の機能は理解しえないという現象が生ずるのである。それはまた君主制の憲法的表現とその実体とが必らずしも一致しないことがあるということでもある。このことの例としては、常にイギリスの君主制が引かれる。すなわち、広く説かれているように、君主国イギリスの国王の地位と権限はその法律的表現においてはあたかもルイ一四世のそれを想起させるような形式において現わされている。しかるにこのような形式にかかわらず、国王の権限は現実においてはなきに等しく、君主国イギリスの実体はおそらくは最も民主的な共和国に等しい。これは、イギリスにおけるすべての制度についても同じであるが、君主制の憲法的表現は不変でありながら、その実体ははなはだしく変化していることを示している。この点が、たとえばバーカーによって、イギリス君主制が決して単なる保守的な制度ではなく、「それは時の経過において自らを変化させた。これがその長い存続の原因である。それは自ら変化したこと、時代の動きとともに動いたことによって生き永らえてきた[1)]」と説かれるところなのである。そしてこのような特色は、程度の相違こそあれ、およそ君主制について一般的にも認められることである。

右のことは、いうまでもなく君主制の伝統の問題でもある。君主制は前に述べたように人類の歴史における最も古い制度の一つであり、また人間の感情と心理に基礎を置くものであるが故に、君主制は本来伝統的な政治体制であるからである。イギリス君主制の場合、その伝統がその憲法的表現の中に現われているのである。ここに、当然のことながら、特に君主制についてはその歴史的考察が要求される理由がある。

しかるに君主制の歴史的考察を試みるとき同じく君主制が維持されていながら、イギリスの場合とは異なり、その憲法的表現が、瀕繁にめまぐるしく変化する場合をみることもできる。その最も顕著な例としてフランスを挙げることができよう。すなわちそこでは、大革命前のブルボン絶対専制君主制・一七九一年憲法の君主制・一八〇四年憲法下のナポレオン第一帝制・一八一四年シャルトによる復活ブルボン王朝の君主制・一八三〇年憲法下のルイ・フィリップの七月王制・一八五二年憲法下のナポレオン三世の第二帝制など、きわめて多くの君主制の変遷をみることができる。そこには君主制がいろいろの憲法的表現を与えられて、現われては消え、消えては現われた。それは君主制の諸類型を展示するものであり、またこのようなフランス君主制の歴史は君主制をいかに考えるかについての思想の交替の歴史でもある。すなわち、フランスにおける憲法的発展の性格は、イギリスのそれと対照的であり、フランスにおいてはフィロソフィーが、イギリスにおいてはプラクティスが支配するといわれ、またフランスにおいては政治的理論が実際の政治的変化に先行し、イギリスにおいては政治的理論が実際の政治的変化に追随するといわれる。[2] 憲法的発展の性格のこのような相違が君主制に関してもよく現われているのである。かくしてフランスの君主制憲法の歴史の中に、いろいろの君主制思想がそれぞれいかなる憲法的表現を身につけて立ち現われるかをみることができる。そしてこれはイギリスの君主制の歴史の中にはみることのできない点なのである。

(1) E. Barker: British Constitutional Monarchy (Essays on Government, 1951.) p. 1.

(2) P. W. Buck & J. W. Masland: The Governments of Foreign Powers, 1950, p. 280, p. 282.

もとより君主制の比較憲法的考察の対象はイギリスとフランスとに限られるものではない。特にドイツ・ベルギーはもちろん、スエーデン・ノルウエー・デンマークの北欧三国の君主制は逸することはできない。また明治憲法下の日本の天皇制も当然にその対象に加えらるべき資格をもつ。さらに日本国憲法の下における今日の日本も、レーヴェンシュタインのいう如く、まさに君主制の「特殊な場合」[1] として考察の対象とならなければならない。

ただ、これらおよびこれら以外の君主制においても、イギリスおよびフランスの君主制が多かれ少なかれ影響を及ぼしている。すなわち、すべての君主制国家にとって、一般的にいって、イギリスの君主制は常に、いわば理念的に、すなわち在るべき君主制の模範として眺められてきたし、またフランスの君主制は、いわば立法技術的に、すなわち君主制の憲法的表現の豊富な実例として参照されてきたということができよう。君主制の比較憲法的考察の大きなテーマの一つは、諸国の憲法がイギリス君主制の理念をどのような形において取り入れようとしたか、およびその際にフランス君主制の憲法的表現をどのような立法技術で利用しようとしてきたかという問題であるといえるであろう。

(1) K. Loewenstein : Die Monarchie im modernen Staat, S. 17.

しかし忘れてはならないことは、右のような君主制の比較憲法的考察においても、単なる機械的・併列的・平面的な比較のみでは不十分であるということである。このことは、改めて述べるまでもなく、およそあらゆる政治機構についてもそうであるが、特に君主制については、それがすでに初めに述べたような性格を本来もっているものであるが故にいっそうそうである。すなわち仮りにいずれかの国において、たとえばフランスの諸憲法のうちのいずれかの規定と同じ規定が君主に関して設けられているとしても、そこからただちに両者の同一性を導き出してはならない。それぞれの憲法に現わされているところの君主制は、それぞれ異なった歴史的性格をもつものである。ここに、繰り返して述べるように、君主制の歴史的考察が必要である理由がある。すなわち、一言でいえば、比較憲法的考察とは、比較的・歴史的考察のことであり、また比較憲法史的考察のことである。

そしてこのような歴史的考察においては、諸国における君主制がいろいろのヴァリエーションを示しながらも全体としてどのような方向をたどりきたったかということを見失ってはならない。その方向とは　いうまでもなく、絶対君主制から立憲君主制へ、そしてさらに議会主義的君主制へという定式で指摘されているものである。また君主に注目していえば、「君主は君臨すれど統治せず」という周知のことばで示されるところへの発展の方向である。あるいはまた「国家の元首」(Head of the State)であると同時に「政府の首長」(Head of the Government)でもあった君主が、単に名目的な「国家の元首」たるにとどまり実質的な「政府の首長」たる地位は内閣なり首相なりに移って行くという方向であるということもできる。それらは一言でいえば君主の地位および権限の名目化の方向であるといえる。そしてこのような方向をたどる経過の中で、国家形態を君主制と共和制とに分ける国家分類論がその重要性を失うにいたったことを注意する必要がある。

すなわち君主制と共和制との区別を中心とする国家形態の分類論はギリシャに始まった国家学・政治学そのものとともに発生し[1]、またこの国家形態の問題が国家学・政治学のすべてであったとさえいえる。そしてこの形勢はその後も長く持続され、たとえばイェリネックによって集大成されたドイツ国法学が君主の概念・君主制の概念を厳密に確立することによって君主制と共和制との区別に関する緻密な理論を完成したのであった。しかるにこの間において君主制が前に述べたような歴史的方向において変貌を遂げた結果、君主制か共和制かという問題はいちじるしくその重要性を失うこととなった。

この点はたとえば宮沢教授によって次のようにきわめて明確に述べられているところである。

「絶対君主制が、すべて、ほろび、君主が、どこでも、現実に政治権力を独裁的に行使することをやめてしまった今日、君主の概念を確立し、それによって、君主制と共和制とを区別することは、なんら重要性をもたない。たとえば、ヒトラァ時代のドイツは、共和制であった。ムッソリニ時代のイタリヤは、君主制であった。しかし、ひとしく君主制だからといって、イギリスとファッショ・イタリヤとを一方におき、ひとしく共和制だからといって、アメリカ合衆国とナチ・ドイツとを他方において、両者を対立させ、比較してみることに、意味のないことは、明らかである。むしろ、一方には絶対制としてのナチ・ドイツとファッショ・イタリヤとをおき、他方には、民主制としてのイギリスとアメリカ合衆国とをおき、両者を対立させ、比較することが、きわめて重要な意味をもつ」[2]。

また蠟山教授が、イェリネックの法律的な分類論は、立憲的君主制と共和的議会制との区別をどこに求めるかについて困難に逢着し、そこではわずかに裁可権というようなきわめて形式的な権限をもつだけの君主の存在のみにその区別のメルクマールが求められることとなり、また同じ共和制の下で議会的共和制と異なる寡頭的・専制的な共和制が現われるにいたると、そこにドイツ国家学における君主制と共和制との二分法はもはや政治的には無意味なものとなるとし、「なぜなら、ナチズムやコンミュニズムが共和制の下に発生するとき、これと議会主義共和制とが同一の分類に入れられたり、君主制のイギリスと共和制のフランスとが異った分類の下に立たせられるとき、それは常識的にも受けとり難い分類とならざるをえないからである」[3]といわれるのも同じ趣旨である。

要するに、このようにして、今日において伝統的な君主制と共和制の国家形態分類論はかつてそれがもっていた意味を失わざるをえなくなっている。そこに新しい国家形態論が要求される。たとえば、ラッセルが、「今日、絶対君主制は衰えかけていると思われているが、きわめて絶対君主制に近いものが、ドイツ・イタリヤ・ロシヤトルコ・日本などで流行している」[4]と述べるとき、そこには、君主制と共和制という伝統的な分類が解体されていることを認めざるをえないのである。

(1)　蠟山政道「比較政治機構論」一頁。

(2)　宮沢俊義「憲法」第五版一〇頁。なお宮沢教授は別のところでも、次のようにいわれる。「君主制か、共和制か。これは、かつては、憲法学および政治学における大問題であった。しかし、絶対君主制およびその亜流ともいうべきドイツ型の立憲君主制がほろび、すべての君主制において、君主が単なる虚無を擁するかざり物的存在になってしまった現在においては、ある国が君主制であるか、共和制であるかは、なんらの重要性をもたない問題になってしまっている」（宮沢俊義「王冠のゆくえ―君主制の運命」〔「神々の復活」所収〕七二頁）。

（3） 蠟山政道・前掲・一六七頁以下。

（4） B. Russell: Power—Its Social Analysis, 1938. 東宮監訳「権力―その歴史と心理」一九一頁。

このようにドイツ国家学・国法学的な君主制の観念が影の薄いものとなったことは、同時に、君主なるものもまた法律的・政治的にきわめて意義の少ないものとなったことをも意味する。そこに、今や君主制または君主は「憲法的・法律的には無価値な研究対象であり、もしなんらかの価値をもつとしてもそれは非法律的部面において」であるという評価[1)]がなされるのも理由があるのである。この評価は、君主制が単にドイツ国法学的に法律学的に把握されるだけでは無意味であること、そしてここでいわれている「非法律的部面」において君主制を捉える必要があることを指摘する意味では確かに正しい。たとえばフリードリッヒおよびワトキンスが、君主制を定義して、「広くいって、それは、王の純粋の血統の上に基礎づけられた憲法上の正統性の特殊な型を指す。そしてその王はそれによって、その統治権能の範囲がいかに制限されているかにかかわりなく人民の有機的統一を代表しうるのである」[2)]と述べ、君主の象徴的機能を君主のおそらくは唯一のメルクマールとして挙げているのは、「非法律的部面」に焦点を置いた君主制の観念の典型であるといえよう。

しかし、いうまでもないことながら、このような新しい君主制の観念の把握にも、きわめて多くの問題があるのである。すなわち伝統的な、ドイツ国法学的な意味での君主制の重要性が減少し、また君主の価値が減少したということは、ただちにその研究が無用となったということを意味しない。むしろそこには君主制が新しい研究分野を広め、新しく価値の多い研究対象として立ち現われてきたというべきであろう。しかもそれは従来の伝統的な研究と無関係なものではない。

すなわち、何故に君主が名目化し形骸化したのであるか、何故に君主制が政治的・実質的にその重要性を失ってきたのであるか、それらの経過が諸国の憲法の上にどのように現われてきたか、そしてまたそれならば今日において君主制のレゾン・デートルはどこに求めらるべきか等々の問題は、今日においても依然として、というよりは今日においてはいっそう、きわめて重要な学問的問題であるといわなければならない。そしてこれらの問題を考える場合に、ドイツ国法学における君主制研究の成果も、決して無視されるべきではないのである。

(1) 早川武夫「アメリカ大統領」（比較法研究一一号）一五頁。

(2) C. G. Friedrich & F. M. Watkins : Monarchy (Encyclopaedia of the Social Science, vol. 9.) p. 579.

ここで試みられようとする研究は、以上のような問題意識から出発する。そこで、まず、国家形態としての君主制に関する従来の理論を概観し（第一章）、次に諸憲法における君主制の歴史とその諸類型を考察し（第二章）、その後、今日における君主制の根拠づけに関する理論を眺め（第三章）、最後に総括的に君主制の回顧とその将来の展望を試みようとする（結章）。

第一章　君主制の理論

第一節　国家形態としての君主制

イェリネックがその国家形態論の冒頭で述べているように、国家形態論・国家分類論は国家学における最も古い問題に属する。[1)] すなわち何らかの基準によって国家形態を定義し、それによって諸国家を分類しようとする試みは、アテネを中心として古代ギリシャに発生し、プラトン、アリストテレスの国家形態論は、その後長く、今日にまで大きな影響を及ぼしていることは、広く説かれているところである。[2)]

古代ギリシャの国家形態論そのものについては、詳しくは述べないが、いずれにせよ、後に広く用いられた君主制・貴族制・共和制という分類は、この古代ギリシャに発したものであり、君主制という観念は、国家形態の分類において生じた観念であり、また当初、貴族制および民主制に対立する観念であった。そしてこのような国家分類論が古代ギリシャに発生したのは、事実、古代ギリシャの諸都市国家において、君主制から貴族制へ、さらに貴族制から民主制へというように、激しい政治闘争を伴いながらこれらの形態の循環的変化がみられ、また特に、君主制のスパルタと民主制のアテネとが対立していたという事情による。このような事情がギリシャ人の国家学的思惟を刺戟したのである。[3)]

しかるにその後、一方において民主制ということばが単なる国家形態以上の広い意味内容を現わすことばとして用いられるようになり、また他方、国家形態としての貴族制が事実において消滅し、貴族制ということばが用いられる場合にも、民主制の場合と同様、国家形態以外の意味内容を現わすことばとして用いられるようになった。この結果として、国家形態の分類としては、君主制に対置されるべきものとして貴族制と民主制とに代って共和制が置かれることとなり、特にマキャヴェリ以後、君主制・共和制の分類が国家形態の分類として広く行われることとなった。かくして、君主制といえば、少なくとも今日、共和制に対立する国家形態を指すものとして認められているのである。

(1) G. Jellinek : Allgemeine Staatslehre, 3 Aufl. 1921, S. 661.
蠟山政道「比較政治機構論」一頁。

(2) G. Jellinek : S. 661. H. Kelsen : Allgemeine Staatslehre, 1925. 清宮四郎訳「一般国家学」七一一頁。

(3) 蠟山政道・同右・二頁。

古代ギリシャにおける君主制・貴族制・民主制の分類、あるいは、後に述べるようにさらにこれらに僭主制(Tyranie)や寡頭制（Oligarchie）などをも加えた分類が、君主制・共和制という分類に単純化されたのは、右に述べたような理由によるだけではなく、そこにドイツの国家学・国法学の方法論が強く影響していることを注意する必要がある。すなわち君主制・共和制の観念は、ドイツ国家学・国法学において精緻に構想された観念である。すなわちそこでは国家形態を分類するに当って基準とすべきものは何であるかが追求され、その結果、唯一の分類が君主制・共和制の分類であるとされるのである。

すなわち古代ギリシャの国家学に比して、はるかに広い基礎に立つ新しい国家学の発展とともに、国家の正常の形態を君主制・貴族制・民主制に三分類するアリストテレスの国家学のカテゴリーを超克しようとする努力が増大することとなった。[1] それは一つには、古代ギリシャ人の知りえなかった新しい国家の形態が見出されるようになったことによる。たとえば、モールの指摘しているように、古代ギリシャの国家学はその当時においても、アジア的な神政制（Theokratie）や専政制（Despotie）を知ってはいなかったし、[2] またその以後において、事実として、国家形態論の対象となるべき新しい国家の形態が生じたのである。しかもこれとともに、第二に、国家形態分類の基準が、単に権力を握る者の数以外のものに求められることとなったことが、きわめて多種多様な国家分類論を生み出すこととなったのである。

そしてそれにもかかわらず、ドイツ国家学・国法学が、君主制・共和制の分類のみが唯一の国家形態の分類であると主張するのは、もっぱらその法律学的方法論の結果なのである。

（1） G. Jellinek : Allgemeine Staatslehre, S. 661.

（2） R. v. Mohl : Enzyklopädie der Staatswissenschaften, 2 Aufl. 1872, S. 110.

すなわち一方において人類の国家生活の発展がいろいろの国家の種類を生み、他方において学問の発展がそれらを眺める際の観点の多様化を生み出したことの結果として、国家分類の試みはきわめて多種多様となった。そこに挙げられる国家形態を列挙しまた批判することはほとんど不可能であり、[1] あるいはモールのいうように、それは時間の浪費でありしかも益少ない仕事であるといえよう。[2] そこにドイツ国家学・国法学が、真の分類基準の確立の必要を主張する理由がある。

すなわち、イェリネックによれば、およそこれらの分類はそれぞれ国家にとって無意味ではない要素を示してはいるが、しかし国家の最も固有な要素、すなわち国家を他の社会的団体から区別する要素を無視している。その意味でそれらはまた一面的であり恣意的である。そこでイェリネックによれば、国家に最も固有な要素、すなわち、国家を国家たらしめる要素を分類の基準とすることによって初めて分類が満足な科学的分類となりうる。そしてその要素とは何かといえば、それは国家権力にほかならない。そしてまたこの国家権力は何らかの意思の上に基礎づけられている。すなわちいかに国家の種類が変転しようともそれらすべての国家を通じて常に存在するものは国家権力であり、また国家権力がその上に立っているところの何らかの意思状態である。この共通の、普遍的な意思状態に分類の基準が求められたときにのみ、国家形態の分類は科学的に正確となりうるのである。たとえば、古代エジプト・ローマ・ルイ一四世下のフランス・帝制ロシヤ、これら諸国家は人によって種々に分類される。しかしこれらの国家のすべてにおいて、一人の人間の自然意思が全国家権力を表現しているという点では異ならない。かくして国家意思構成の方法に着目して、その相違を基準とする分類のみが、唯一の国家形態の分類となりうるとするのである。

すなわちそこでは、国家意思は一人の人間の自然的意思によって構成されるか、それとも多数の人間によって、技術的方法によって構成されるかのいずれかである。第一の場合、意思構成は完全に生きた一人の人間の内部でなされ、したがってかくして構成された国家意思は個人によって決定された意思として現われる。第二の場合、国家意思は法律上の手続に基づき多数の人間の意思活動によって構成され、したがってその国家意思は一人の特定の生きた人間の意思としてではなく単に法律的実体をもつとせられるだけにすぎない団体の意思として現われる。これによって国家形態は君主制と共和制とに二分されるのである。[3] これがイェリネックによって代表されるドイツ国家学・国法学における国家形態分類の方法である。

(1)　たとえばイェリネックも、国家形態分類の試みはほとんど枚挙にいとまがないといい、その中で特に顕著な若干の例として、次のような諸学者の分類を挙げている。G. Jellinek : Allgemeine Staatslehre, S. 662.

神政制・専政制（Despotie）・法治国家（ウェルケル）。

共和制・独裁制（Autokratie）・専政制（ヘーレン）。

遊牧国家・農業国家・有機的・機械的国家・階級制国家・軍事国家・銀行国家（Banquierherrchaft）（レオ）。

偶像国家・個人国家（Individualstaat）・種族国家・形式国家（Formstaat）（ローメル）。

父権制国家・神政制・家産国家・古代国家・近代法治国家（モール）。

単独支配制（Einherrschaft）（君主制・単独支配的共和制）・複数支配制（Pleonokratie）（複数支配制・複数支配的共和制）（ガーライス）。

君主制・複数支配制（貴族制・民主制）（ゲッフケン）。

貴族制・金権制（Timokratie）・民主制・文化的民主制。世襲制・自由国家（Freistaat）。警察国家・法治国家。集権国家・自治国家。同種語および多種語の地域国家・一民族国家・多民族国家（シュワルツ）。

（2）R. v. Mohl : Enzyklopädie der Staatswissenschaften, S. 110.

（3）G. Jellinek : S. 662 ff.

ただし以上のようなイェリネックの国家形態の分類については次の二つの点を注意する必要がある。

第一は、イェリネックにおいてもこの君主制と共和制との分類は最高の分類であって、その下に多くの細分類が可能であるとされていることである。すなわち現に彼は、後に述べるように、君主制の種類として、世襲君主制と選挙君主制、専制（無制限）君主制と制限君主制とに分け、さらにこの制限君主制を貴族君主制・立憲君主制・議会主義的君主制の三種に分けているし、また次のようにもいっている。「君主制と共和制との国家の分類は、単に最高の分類にしかすぎない。この二形態はさらにいろいろに細分される。それは国家の組織に関するすべての可能な相違に基づいて試みられる。たとえば、国民代表の存在・欠如・種類、政政の組織・執行方法、政府の他の国家機関に対する関係、集権と分権との区別、裁判所の立法に対する地位、あるいは軍隊組織の種類などに基づいてなされる」[2]。また共和制の主要な分類としては貴族的共和制と民主的共和制との別がある[3]。ただこれらの細分類は、あくまでその最高の基本分類の基礎の上に立つものであり、国家意思の構成方法の区別という基準以外の他の基準に基づくものではないとされるのである。

第二は、右の最後のところで述べたように、イェリネックにおいては、国家形態の分類が国家意思の構成方法というただ一つの基準に求められており、これと併存する二つ以上の基準によることを厳格に排除していることである。そしてこの方法が法律学的・法律的分類（juristische oder rechtliche Einteilung）として唯一の科学的な正確な方法であるとされているところである。たとえば神政制（Theokratie）は、彼によれば、国家権力の起源についての一つの見解にすぎない神政主義に基づくものであり、社会的カテゴリーであっても法律的カテゴリーではない。神政制と呼ばれる国家において神意の発現とみられるその国家意思は、一人の人間の意思であるかそれとも多数の人間の意思であるかのいずれかであるにすぎない[4]。

イェリネックが特に法律的考察方法と政治的考察方法との混同を排除するのも、右のように、彼においては国家形態論は国家意思の構成方法というただ一つの基準によるべきであるとされることとの結果である。ただし、彼によってこのように排除されている方法、すなわち国家形態の分類を併存する二つ以上の基準によって試みようとする方法も、ドイツ国家学・国法学において存在していないわけではない。その例としてはレームが挙げられる。すなわちレームは国家形態の問題を憲法形態（Verfassungsform）と政府形態（Regierungsform）とに分類して考える。そこではイェリネックと同様に国家権力に着目されてはいるのであるが、レームにおいては前者は国家権力の担当者（Träger）による分類であり、後者は国家権力の最高の行使者（Ausüber）による分類である。そして国家権力の担当者とは「単に一時的に任命されたのではないところの、国家権力の主体の最高の目に見える代表者」であり、国家権力の最高の行使者とは「最高の審級において現実に国家権力を行使する者」であり、それは国家権力の主体または担当者自身であることもあれば第三者たる法的主体たることもある。かくして彼は、君主制・共和制の区別にも憲法形態によるものと政府形態によるものとがあり、この両者の組合せによって、憲法形態からみれば共和制であっても政府形態からみれば君主制であるものもあるとする。そしてその典型的な例として一八五二年のフランス憲法の下におけるナポレオン三世の帝制を挙げている。[5)]

このレームの見解をイェリネックは当然に排斥する。すなわちイェリネックによれば、レームの挙げたナポレオン三世の帝制も、前に述べた君主制の細分類として考えるべきであり、またレームの見解ではベルギーも憲法形態としては共和制であることとなり、それは特に国家元首の国際法上の地位を考慮するとき、君主制と共和制との分類を救い難き混乱に陥れることになると批判している。すなわちベルギーは、後で述べるように、イェリネックによれば議会主義的君主制であり、これら議会主義的君主制は政治的にはしばしば共和制の一種と特徴づけられるが、彼によれば、このことはまさに、法律的考察方法と政治的考察方法との区別の重要性を教えるものなのである。[6)]

イェリネックにおける君主制・共和制の国家分類論の特徴は以上の二つの点にあるといえよう。これらの点はまた、後にも述べるように、彼の理論の根本的性格の問題でもあるのであるが、次に、このようにして共和制と区別されたところの君主制について、イェリネックの説くところを中心とし、かつそれに対する批判をも試みるという形において、なお若干考察してみることにしよう。

（1）G. Jellinek : Allgemeine Staatslehre, S. 687 ff.

（2）G. Jellinek : S. 667. 彼によれば専政制（Despotie）も君主制における統治の方法の特殊性に基づいた分類にすぎ

ない。

（3）G. Jellinek : S. 713 ff.

（4）G. Jellinek : S. 667.

（5）H. Rehm : Allgemeine Staatslehre, 1889, S. 171 ff, 180 ff.　黒田覚「日本憲法論」上・二一七頁以下。

（6）G. Jellinek : S. 667 ff.

イェリネックは君主制そのものを扱った場所で、問題を「君主制の本質」と「君主制の種類」の二つに分けて論じている。

このうち、「君主制の本質」の冒頭で、君主制を定義するかのような形で、「君主制は一個の自然的意思によって指導される国家である。この意思は法的には最高であり、他のいかなる意思からも伝来するものではない」[1]と述べている。このことは前にみたところの彼の国家形態の分類方法から当然のことであるが、そこから出発して展開される彼の君主制論において、特に注目すべき点は、次の三点に帰着するということができよう。第一は、彼がいわゆる国家法人説すなわち国家を法的統一体として把握する方法に立ち、それに基づいて君主を国家機関として捉えなければならぬということを強調し、その際特に君主が国家権力の上に固有の権利をもつという見解をきわめて強く排斥していること、第二は、君主制のメルクマールとして、君主が国家権力を体現することを挙げ、しかもこのことはその権限が極度にまで縮減されることを妨げるものではないとし、その結果君主制の第二のメルクマールとしては君主が憲法改正作用に参加することを極限としていること、第三は、一方において彼は君主制の種類をその歴史的類型として捉えていること、そしてこの点と第一および第二の点との関係をいかに結びつけて考えるべきかが問題であるように思われること、である。以下、この三つの点に座標を置いて、彼の所説を媒介としてドイツ国家学・国法学における君主制の理論の特徴を明らかにしてみたいと思う。

(1) G. Jellinek : Allgemeine Staatslehre, S. 609.

一 国家法人説の立場

イェリネックはその君主制論を、前にかかげた定義に次いで、君主制の本質は君主が国家支配の上に固有、かつ本来的な、他の何ものからも伝来しない権利をもつということにあるとする見解を強く排斥することで始めている。[1] そしてそこに展開されるのが国家法人説すなわち国家人格観念の立場であるわけである。すなわち彼によれば、右のような見解は、統一体としての国家の観念と一致しないものであり、それは二元的国家観念に由来し、君主を国家の外に置く見解であって、神政国家・家産国家においてのみ妥当するとする。

彼によれば、君主制の本質を知るためには国家に対する関係において君主の置かれる地位についての歴史的な主要諸類型を考察する必要がある。そしてその類型としては二つある。一つは君主が国家を超越しおよび国家の外部にあるものとされる見解であり、他は、君主が国家の内部にあるものとされる見解である。第一の見解はさらに二つに分れる。その一は、君主を神または神の代位者とみる見解であり、それは神政国家または神政国家的特徴を有する国家にみられる。それは君主を神格化するものであり、古代東方国家の特徴をなす。それはローマ法によってヨーロッパに移殖され、さらに中世において皇帝の権威が説かれる場合の根拠ともなった。そこでは君主は法的に国家の分肢としてはみられず、国家の外部に立つ。国家は君主に対して法的主体ではなく、また共同体とはみられないし、君主に対する国民各個人の権利は存在しない。その二は、君主を国家の所有者とみる見解であり、これも古代東方国家からローマ帝国末期にみられたし、君主を最高の封主(Lehnsherr)とみたゲルマン中期の国家観はその新しい類型である。さらに中世国家の二元性が克服された近代専制国家においては、ルイ一四世に代表されるように、君主はすべての精神的・世俗的財産に対する無制限の処分権をもつと考えられた。このような家産国家思想においても君主は国家の外部に立ち、国家は君主にとって所有権の対象であるかそれとも彼から区別される主体であるかのいずれかである。そこでも国家は法的統一体とはみられていない。

右の二つの見解はともに君主を国家から切り離して捉える見解であるのに対して、君主を国家の内部にあるものとして捉える見解は、君主を国家の分肢および国家の機関とみる。そしてここで初めて君主は国家からのみ捉えることができるとされ、そこに君主と国家とが初めて統一体として関係づけられる。このような思想の萌芽は、中世において、王はその領土に対する所有権とはかかわりなくその地位についての権利をもつという国法的な観念が生じたときにみられ、また同じく中世において、古代の世界観の影響の下で帝国を一つの人格的団体とみたことにともなって皇帝の地位が考えられたときにもみられた。そして近代国家学における専制主義学説は国家が君主によって吸収的に代表されるとする理論を打ち立てた。これによって君主と国家とが統一体として関係づけられたのである。なぜなら、かつては国家と同一視されたところの一体的国民がこんどは君主の一身と同一視されることになったからである。しかもその場合、君主はもはや一体的国民の代表としてではない。「ホッブスが国家を巨大なレヴァイアサンであるとしたとき、君主はこの巨大なレヴァイアサンの精神であり、それなくしては国家は一個の死せる物体にすぎなかった」[2)]。

君主と国家との一体化の第二の試みは、人民主権および権力分立の理論による。そこでは人民が国家権力の始源的主体であり、君主はその人民の、制限された権力を有する機関であるとされる。すなわち人民は君主に権力を委任したにもかかわらずなお法的には国家権力の始源的主体であり、君主はその機関たる地位に置かれる。この見解は、フリードリッヒ大王、レオポルド三世等の開明君主によって代表され、そしてドイツ国家学においても、まずアルプレヒトによって確立された。すなわち、イェリネックは、アルプレヒトによって君主の権利についての自然法理論が克服され、君主は国家の分肢および機関として国家秩序に従い国家的事項に関して国家的機能を行使するという見解が基礎づけられたとしているのであり[3]、イェリネックの君主制論も、この国家人格の観念・国家法人説の基礎の上に立っているのである。

(1) G. Jellinek : Allgemeine Staatslehre, S. 669 ff. ここでイェリネックが批判の対象としているのは、特にレーニング、マルティッツ、ベルナチーク、シュミットおよびレーム等である。この点については特にベルナチーク、マルティッツを中心として後に詳しく述べることにする。

(2) G. Jellinek : S. 673.

(3) G. Jellinek : S. 675. アルプレヒトについては黒田覚「日本憲法論」上・一八頁以下参照。この国家人格の観念はその後ドイツ国家学・国法学における支配的地位を占めている。

さて、ここでイェリネックは、君主の国家機関的地位の認識からさらに進んで君主が国家権力の上に固有の権利をもつとする見解のあることを指摘する。すなわち、この見解においては君主の機能の内容自体が君主の個人的権利であるとされるとし、それは究極的に考えれば君主を国家の外部に置く見解であり、神政国家観または家産国家観の思想圏から由来しているという。そしてこの見解は、君主が国家権力の所持者であるとする形式と結びついており、それは最も純粋には絶対主義国家の状態に対応するものであるとする。しかし今日の立憲君主制の構造に対して、このように君主は全国家権力を一身に総攬するという学説は何ら現実的認識を提供するものではなく、法的状態の現実と一致しない単なるフィクションとなっているにすぎないとするのである[1]。

イェリネックはここで彼が排斥する見解について詳細に紹介してはいない。ただ簡単にレーニングとマルティッツの名を挙げている。[2] しかしここで少しくマルティッツおよびさらに詳細なベルナチーク[3]の所説を顧みる必要がある。

まずマルティッツは、君主を国家の機関であるとし君主の欲するところが国家の公的意思であるとする見解——彼はこれを抽象的観念であるという——ではいまだ君主制の概念を完全に表現することはできないとする。すなわち彼によればこの見解は現代国家の本質から君主の権力万能性を理解するには欠けるところはないが、しかし国家形態としての君主制を把握しかつそれを共和制と区別する上には不十分であるとする。共和制における大統領と君主制における君主との相違は、君主が統治者（Herrscher）たる地位にあることにある。すなわち君主は統治者でありそしてこの特性によって初めて彼の機関としての機能の基礎が形成される。これによって君主の一身には全国民生活に対する特別の重要性が与えられる。君主が国家法秩序において全体の存続と繁栄のための比類なき価値をもつものとして保護され確保されねばならぬとされるのはこのためである。マルティッツはこのように述べて、君主が統治者たる地位にあることが君主制のメルクマールであり、そして君主がこの地位にあるということの本質は彼が団体としての国家に対してこのような地位にあることとの固有の権利をもつことであるとするのである。[4] そしてこの点がイェリネックによって、絶対主義国家の思想に由来するものであり、国家の法的認識とはなりえないとして非難されているところなのである。

君主が国家におけるその地位に対して固有の権利をもつという見解は、ベルナチークによってさらに詳細に述べられており、イェリネックは別の箇所でこのベルナチークの見解をも排斥している。[5]

ベルナチークは、今や君主制をいかに把握するかという問題は次のようなディレンマの形で現われているという。すなわち、国家は統治権すなわち徴税の権利、立法の権利、裁判を行う権利、刑罰を科する権利等の主体であるとすべきか——そこでは君主はこれらの機能の上に固有の権利をもたないことになる——それとも君主がこれらの権利の主体であるとすべきか——そこでは国家はそれらの権利の主体でないことになる——の二つのうちいずれかを選ばねばならぬというディレンマである。そして、このディレンマから脱するためには二つの方法があるだけである。一つは国家人格を完全に否定し国家を単に君主の統治の客体とみることによってである。この見解は「朕は国家なり」といったルイ一四世の帰依者たちのとるところであり、一九世紀のドイツにおいてもシュタールやマウレンブレッヘルの説いたところであった。しかしこの見解によれば奴隷制と国家統治とを区別する可能性が失われる。第二の方法は君主といえども固有の統治権をもたないとすることである。しかしこの見解によれば君主制と共和制との間に明瞭な相違を発見することができないことになる。[6)]

ベルナチークによれば、このようなディレンマは、君主が国家の機関であることと国家統治の上に固有の権利をもつこととを矛盾なく説明しうる理論を見出すことによって解決しうる。そしてこのことはローマ・ギリシャ的な統治観念から脱してゲルマン的な「官職の上の権利」(**Recht auf das Amt**) の観念を採用することによって可能となる。すなわち、ゲルマン法において世襲の村長、世襲の裁判官、金銭で買いうる裁判官その他の官吏の官職があった。そこに「官職の上の権利」というゲルマン的観念が生じた。そこでは官職の権能は、その官職の保持者のために法秩序によって保護される法益として現われていた。しかもこの観念は世襲または金銭で買いうる官職についてだけではなく、たとえば世襲でも金銭で買いうるものでもないカトリック教会の官職についても認められていた。そしてこれらの官職の保持者はその地位の上に固有の権利をもちつつ共同体の機関であると考えられてきた。この観念はドイツ法においてはむしろ日常的な観念であり、これによって、君主はその固有の権利によって国家を統治すると同時に国家の機関たる地位をもつことを説明することができる。[7)]

このような立場に立ってベルナチークは、君主制と共和制との相違を次のように説明する。「最高機関がその機関たる地位の上に固有の権利を有する国家が君主制である。これに対して最高の官職の所持者が単に受任者であり、国家の使用人であり、その地位の上に固有の権利を有しない国家が共和制である」。フリードリッヒ大王の有名な「朕は国家の第一の使用人にすぎない」とのことばは、政治上の主義ではあっても法的には支持できない。君主は単に国家の第一の使用人であるだけでなく国家の主人である。そしてこの二つの観念は論理的には矛盾しない。君主はその固有の権利によって統治する。これに対して共和制の大統領は単に国家の機関としてのみその統治の権能を行使し、統治の上に何らの固有の権利をもたない。ここに君主制のメルクマールがあるとベルナチークはいうのである。[8)]

(1) G. Jellinek : Allgemeine Staatslehre, S. 677.
(2) E. Loening : Die Gerichtbarkeit über fremde Staaten und Souveräne, 1903. F. von Martitz : Die Monarchie als Staatsform, 1903.
(3) E. Bernatzik : Republik und Monarchie, 1919.
(4) F. von Martitz : S. 27 ff.
(5) G. Jellinek : S. 669, S. 473.
(6) E. Bernatzik : SS. 28〜29.
(7) E. Bernatzik : S. 30 ff.
(8) E. Bernatzik : S. 33.

イェリネックとマルティィッツおよびベルナチークとの間にみられる右のような対立についていかに考えるべきかは、後にもなお触れることにするが、ここでは次の点だけを簡単に指摘しておきたい。

イェリネックの君主制論の基礎にあるものは、国家人格の観念すなわち国家が意思を有する統一体であるとするいわゆる国家法人説であり、君主が国家統治の上に固有の権利をもつとする考えは国家がそれ自身意思を有する統一体たることに矛盾するとするのである。そしてこの国家法人説の立場に立つ限りは、君主は常に国家の内部にあるものとして考えられ、君主の権利は国家に対する（an dem Staat）権利ではなく国家からの（aus dem Staat）権利であると考えられねばならぬとされるのは当然なのである。

しかしこの国家法人説は、改めて述べるまでもなく、国家を法的に認識し説明するために構成された方法論である。すなわち国家法人説は国家の実定法秩序や国家の行為を法的に認識し説明するためには、十分に役立つものであり、あるいは唯一の方法であるといってもよい。マルティッツもベルナチークもこのことを否認してはいないのである。ただ特にベルナチークにおいては、君主が国家機関たる地位にあることの根拠が問題とされているのである。そしてイェリネックはそれを神政国家および家産国家思想の残滓であるとして一蹴しているのである。

しかし、君主が国家の内部にあるものであり国家機関たる地位にあるものと考えられなければならないということと、何を根拠としてその機関的地位に置かれるかということとは、別の問題であると思われる。すなわち君主がいかなる根拠に基づいてその地位にあるかということは君主が国家機関として考えられるということと矛盾するものではない。この点をベルナチークはゲルマン法における「官職の上の権利」という観念で説明しようとしたのであるが、必らずしもこのような論理を用いる必要はない。すなわちむしろ国家法人説はいかなる国家に対しても――ひとり君主制に限らず共和制にも――妥当する国家認識のための方法論であり、君主制についていえば、君主がいかなる根拠に基づいてその地位にあるにせよ、現実に存在する君主制国家を認識し説明する上に役立つ理論である。そしてこの限りにおいては国家法人説はいうまでもなく正しいのである。しかしこのことは、反面において、国家法人説が国家の実体なり、歴史的性格なりを捨象した抽象的な理論であることをも意味する。

すなわちイェリネックは君主制を法的にのみ問題とし、したがってそこでの君主制は、それぞれの国家の実体や歴史的性格を捨象した抽象化された君主制としてである。このことは彼が国民主権主義の下における君主制について述べているところにも現われている。すなわち君主が何に基づいてその地位にあるかという問題はベルナチークが問題とした絶対主義の君主制の場合だけに存するのではなく、その反対の場合としての国民主権主義の君主制の場合にも存する。そしてイェリネックはこの国民主権主義の下における君主制も、他の君主制、たとえば絶対主義下の君主制と何ら本質的に異なるものではないとしている。すなわち彼によれば、国民主権主義の下における君主制も、一人の自然的意思により指導される国家、すなわち君主が始源的な国家機関であるという意味で、絶対君主制国家と異なるところはない。なぜなら国民主権下の君主制を憲法が定めたとしてもそれは王統の決定の歴史的事実を宣言したにすぎず、国民はその憲法を制定した後においては、君主に対して始源的な国家機関として活動するいっさいの可能性を失っているからである。[1] イェリネックの君主制論の抽象性はここで特に明らかである。

この点は根本的にいってイェリネックの国家学の特色たるいわゆる国家二側面説、すなわち国家の法律学と国家の社会学とを峻別する方法論に由来するわけであるが、いずれにせよ、イェリネックにおける君主制の観念はあくまで法的に捉えられた君主制の観念であって、それはその限りではもとより誤りではないけれども、それだけでは君主制の全面的な理解には十分でないといわなければならない。なぜなら、君主制という国家形態も、君主という国家機関も、優れた意味において歴史的な制度であり、君主制について考える場合に、その歴史的な性格を考察の外に置くことはできないからである。したがってたとえば君主の機関的地位の根拠の問題についても、君主が神意に基づいて当然にその地位にあるとされる場合と、国民主権に基づきその委任によりその地位に置かれたとされる場合との相違は、イェリネックにおけるように本質的に何ら異なるものでないとされるべきではなくて、むしろそこに君主制の考察における根本の問題があると考えるべきなのである。[2] 要するに、イェリネックにおける君主制の観念は、彼の基本的な立場すなわち国家および君主制をもっぱら法的観念として把握する立場に立つ限りにおいては正しい。しかし君主制はさらに別の側面、すなわち実体的・歴史的側面からも考察されるのでなければその全貌を眺めることはできないというべきである。イェリネックの君主制論がこのような意味で限界をもつものであるということは、なお以下述べるところでも触れられるが、ここでは一応この点を指摘しておくにとどめる。

（1） G. Jellinek : Allgemeine Staatslehre, S. 591.

（2） この点はなおイェリネックが立憲君主制と議会主義的君主制との間にも本質的な相違はないとしていることについてもあてはまる。この点については後にもなお述べる。

二　君主と国家権力

イェリネックは次に、君主が国家権力を表示するという面から君主制の本質を捉えて説明している。すなわち、君主の本質的メルクマールはもっぱら彼が国家の最高権力を表示するという点にある。そしてその権力とは国家を活動させ維持する権力であり、それは君主の、法律によって制限はされるにしても内容的には特定されない、自由な国家行為の中に現われる。たとえば法律の裁可・条約締結および宣戦講和等の対外交渉・軍の統帥・官吏の任免・恩赦等の権利がそれであり、これらの分野において君主の真の、自由な命令権が存在する。「このような、最高の、国家を活動させ、維持する権力が一人の手に存する限り、その国家は君主制である[1]」。

このようにイェリネックは君主の手に存すべき国家権力として特定の性質のものを挙げ、それらのものが君主一人の手に存する限り、その国家は君主制であるとしているのであるが、ここで問題は、右の「君主一人の手に存する」といわれていることの意味である。すなわちここでは旧き絶対君主におけるような全国家権力の掌握は必要とされてはいない。

この点について、イェリネックの有名な説明は、「今日すべての国家秩序は法律によるものであるが、しかしその法律は一度は君主の意思の内容でなければならなかったという意味において、そしてそれは永続的には立法者の意思から生じたものと考えられているという意味において、人は今日においても全国家権力が先天的に君主の中に含まれていると考えることができる[2]」といっているのである。

しかしここでさらに注意すべきことは、彼がそれにつづけて、「しかしそれは活動的な君主ではなくて一つの抽象的な制度である」としている点である。すなわちこのことによって、君主制は種々の歴史的・社会的事情に対する大きな適応能力をもつことができ、そのために君主のもつ国家権力の現実の量に大きな相違が存するにもかかわらず君主制の本質と概念は変ることなく維持されているとされるのである。そこで、いかに君主の現実の権力が少なくても、その君主の権力を除外すれば国家はただちにその重要な機能を妨げられるということが、すべての君主制に共通なメルクマールであるとするのである。すなわちこのことは、君主がおよそ考えられる最も小さな現実の権力しかもたない国家においてもあてはまるとされ、そこでイギリスが例として挙げられている。そこでは国家権力の重点は議会にあり、また議会の委員会たる内閣が現実においては国王の大権を行使している。

「しかしそれにもかかわらず国家の最高の指導は完全に国王の手中に存する」。国王は議会を開閉し法律の裁可を拒否することができる。彼の意思なくしてはすべての立法機構は停止する。「かくして国王は議会とともにすべてのことをなしうるが、議会は国王なくしては何事をもなしえない」。「国王はかくして国家の機能の出発点である[2]」。

（1） G. Jellinek : Allgemeine Staatslehre, S. 680.
（2） G. Jellinek : SS. 680～682.

以上のイェリネックの所説について、ここでも受ける印象は、彼が君主の権力についてももっぱら法的・形式的にのみ論じているということである。このことは右に引かれているイギリスの国王の例について最も明らかである。すなわち彼もそこで、イギリスの国王が法律裁可の拒否権をその長い不行使によって失ってしまっているという見解のあることを註記しているが、しかしその見解は「まったく非法律学的見解である[1]」といっている。ここで彼が「法律学的見解」といっているのは、要するに君主を国家機関とみる見解をいうのであるが、そのような見解に立つ限りは、君主の権力すなわち意思を除外すれば国家の重要な機能が妨げられるということは当然なのである。したがってむしろ問題は、たとえば法律裁可の拒否権が、君主にとって不可欠のものであるとされていながら、しかもまさに彼自身も認めているように、「失われてしまった」とも考えられるということそのことに存する。すなわち、イギリスの君主制について広く指摘されているように、国王の拒否権は長い慣行によって完全に排除されているとされ[2]、あるいは国王はもしも内閣によって求められれば自己の死刑執行令状にも署名しなければならない[3]とされているところにまさに君主制の根本問題があるのである。国王の死刑執行を命ずるという国家行為は、国王の裁可を欠いては実現しえないことは確かである。しかしイェリネックのいうようにこのような場合の国王の行為をも国王の自由な意思に基づくとし、またそこに君主制のメルクマールがあるとすることに、はたしてどれだけの意味があるであろうかといわざるをえない。すなわち君主制について考える場合には、イェリネックのいうように君主の意思を欠いては国家意思は成立しえないことを認めるとしても、問題はその君主の機関としての地位およびその意思の形式にあるのではなくてその実体・内容にある。その実体・内容を度外視して、単に形式のみを眼中に置くのがイェリネックのいう法律学的見解であるが、その下では君主制の、少なくとも実質的な特徴は見失われる。この点に関してはむしろ、ベルナチークが、専制主義および家産国家的支配と近代の君主制との相違について、専政制および家産国家における君主は、それ自身国家であり、臣民の所有者であり、国家の機関ではなかったのに対して、近代君主は同時に国家の機関であり、臣民と同じく彼もまた共同社会たる国家の高き目的の中に立ち現われているという点にあるとし、そして「君主のこのような機関的地位が憲法の法律制度の中に作り出されれば出されるだけ君主制は共和制に近づく。すなわちことばの今日的意味においては君主制は共和制と家産国家的支配との中間に位する。それは両者の混合形態である」[4]といっているのはきわめて示唆に富むと思われる。

（1）G. Jellinek: Allgemeine Staatslehre, S. 681.

（2）たとえばベルナチークも、同様に君主を国家機関とみる立場をとりながら、イギリスの国王の拒否権は長い慣行のうちに完全に排除されたとしている。E. Bernatzik: Republik und Monarchie, S. 49. なおこの点については後にも詳しく述べる。

（3）いうまでもなくバジョットの有名なことばである。深瀬基寛訳「英国の国家構造」九五頁。

（4）E. Bernatzik: S. 46.

再びイェリネックの所説に戻るならば、彼が君主のメルクマールとして、右に述べたような意味で国家権力を彼が表示するということと共に、その本質的メルクマールの第二として、憲法改正が君主の意思の参加なくしては行いえないことを挙げている。それは憲法の改正はまさに国家に方針を与える行為としての最高のものであるためである。そしてこの観点から彼は一七九一年のフランス憲法下の国家形態は君主制ではないとしているのである。[1] これがおそらくはイェリネックにおいて、君主の権限の上からみた君主制の極限の要件というべき点なのである。

しかしこの点についてもイェリネックとベルナチークとの間には対立がある。すなわち、ベルナチークも、いかに君主の権限が縮小され、制限されてもそれは依然として君主制であるとする点ではイェリネックと異ならない。しかし、その立場から、イェリネックとは異なり、ベルナチークは、あらゆる立法権が憲法の規定により議会にのみ属せしめられ、君主は何らこれに参加しないものとされている国家も君主制と呼ばれうるとする。すなわち「それは共和制的な制度を混合した君主制である。しかしそれは共和制ではない」。そしてこのことは憲法改正についても例外ではない。したがってベルナチークにおいては一七九一年憲法の下のフランスも君主制たることを失わないのである。[2]

それではベルナチークの場合、君主制の極限のメルクマールはどこに求められているのかといえば、彼は二つの点を挙げている。その一は、君主の権限が立法権および司法権の領域では完全に排除されたとしてもなお君主の手に「何らかの自主的な統治（Regierung）の機能」が残されていること、第二は前にも述べたメルクマール、すなわち君主がその地位の上に固有の権利を有することである。このうち第二の点についてはすでに述べたが、第一の点についての彼の説明は興味がある。すなわち彼も前に引いたイェリネックの説明と同じように、この場合君主の権限が法律によって制限されることは認める。ただ彼によれば、法律の任務は一般的規範を定めることに限定され、したがってその下において国家の行政は無数の統治行為を必要とし、この行政（Verwaltung）の領域においてまさに統治の神髄が存するのである。この支配の領域がいかに限定されたものであるとしても、そこでは彼は依然として最高の支配者であり、主権者でありうる。そして立憲君主制においても、議会主義的君主制においても、君主は軍隊を彼の軍隊と呼び、艦隊を彼の艦隊と呼びうるし、陛下の称号と君主制のシンボルを保持しうるのである。[3)]

右のところでベルナチークが、君主の手に残されたこれらの統治の機能が「自主的」であるとしていることについては、前にイェリネックについて批判したところがそのままに当てはまると思われる。すなわちそれは実質的には決して「自主的」とはいいえない。この点ではベルナチークの見解もまた、基本的にはイェリネックと同じくもっぱら法的・形式的な見解であるといわなければならない。したがってベルナチークにおける君主制の極限のメルクマールは、むしろ第二のもの、すなわち君主がその地位の上に固有の権利を有することだけにあるとすべきであろう。そしてこの点はイェリネックにおいては君主制のメルクマールとはされていない点であった。

(1)　G. Jellinek: Allgemeine Staatslehre, S. 684.
(2)　E. Bernatzik : Republik und Monarchie, SS. 50〜51.
(3)　E. Bernatzik : SS. 51〜52.

すなわち、君主の権限が極度にまで縮小され、制限されても、それは君主制たることを妨げるものではないとする点は、イェリネックにおいてもベルナチークにおいても変るところはない。しかし、右の点について両者を比較すれば、ベルナチークにおいてそれはいっそう徹底しているということができる。このことは前に引いたように、彼が何らかの自主的な統治の機能が君主に残されていることが必要であると主張する場合にも、それらの領域において君主が最高の主人（Herr）であり主権者（Souverän）であるということを強調するところにも現われている。すなわちそこでは君主がその有する権限とはかかわりなく、ともかく最高の主人であり主権者であると認められているという事実、すなわちいわば思想的な面に重点を置いて君主制のメルクマールが求められているといえるのである。この点は、彼が、前に引いたように、別の箇所で、フリードリッヒ大王の「第一の使用人」とのことばは政治上の主義の表明にすぎぬとして、君主はフリードリッヒ大王の場合においても同時に主人であるとし、およそいかなる国家も支配者と被支配者との区別なくしては存在しえず、この両者の不平等は共和制にも存するが、しかし共和制には固有の権利をもつ主人というものは存しないといっていることと関連する。すなわち彼によれば、共和制は特権を排除するのに対して、君主制は特権を排除しない。支配者たる君主と被支配者たる人民との不平等が君主制の原理なのである。[1)] ここでは君主制のメルクマールが、一応、君主の有する権限の範囲やさらにその内容からも離れて、支配者と被支配者との不平等という思想的な点に求められているのである。そしてこのような点の強調はイェリネックにはみられない。

すなわちイェリネックにおいては、君主の権限がいかに縮小され制限されてもそれは君主制たることを妨げないとはされていながらも、しかしそこではやはり君主制の本質から最低限度何らかの権限が君主の手に残っていなければならぬとされ、その極限が憲法改正への参加という点に求められたのであったが、ベルナチークの場合は、君主制の本質は君主がその地位の上に固有の権利をもつという一点にのみあり、君主の権限は君主制の本質とは無関係であるとされているといってよい。このことは彼がその著書の結論的な箇所において、君主制の本質から君主が憲法改正に対して絶対的拒否権を有しなければならぬとする見解は正しくない、といい、「君主制の本質からは君主の権能の内容については何ごとも生じない」、「君主の行為がどのような国家機能に及ぶかは重要なことではない」といっているところに集約的に現われているのである。また彼がその結論において、君主制のメルクマールを「君主制においてのみ、支配に対する確固たる、そしておよそ考えられる最も強固な主観的権利が存在する」[2)]という点に求めているのもそのためである。そしてこの点に関する限り、彼も単に国家法人説のみでは君主制と共和制との区別を十分に理解しえないとしたマルティッツと同じ立場に立つということができよう。彼のいう「支配の上に固有の権利をもつ」というメルクマールにも、後で述べるように問題があるが、しかし、イェリネックとの比較に関する限りは、彼やマルティッツの所説の方が、君主制のメルクマールを積極的に、かつ実質的に論じているように思われる。

(1) E. Bernatzik : Republik und Monarchie, S. 34.

(2) E. Bernatzik : S. 53.

三　君主制の歴史的諸形態

さて、イェリネック、マルティッツおよびベルナチークの所説の間には、以上述べてきたような相違があるが、しかし三者に共通なことは、いずれも、君主制が絶対君主制から立憲君主制さらに議会主義的君主制へという歴史的発展を遂げ、そしてこの歴史的経過の後に到達した近代の君主制特に議会主義的君主制に至って、それと共和制とを区別するメルクマールが不明瞭なものとなってきたという歴史的事実を背景として、そこに君主制のメルクマールを提示しようと努力しているということである。すなわち君主制がこのような歴史的発展・変貌を遂げているにもかかわらず、しかもいっさいの君主制に妥当する概念とメルクマールを発見しようという意図の下に試みられたのが、右に眺めてきた理論であったのである。

したがって、そこで提示されている君主制のメルクマールは、三者の間には若干の相違があるにしても、いずれも個々の君主制の歴史的性格なり、政治的要素なりを捨象した抽象的・形式的なメルクマールとなることとなった。この点では三者の間に決定的な対立はない。

このことは根本的にいえば、この三者の立場が程度の相違こそあれ結局はドイツ的国家学・国法学の立場であることでもある。すなわち君主制の歴史的・政治的考察は、非法律学的考察であるとして排除されているのである。この立場はもとよりそれ自体としては一つの立場であるが、しかしそこで排除されている分野にこそ、まさに君主制について最も論ずべき部分があるように思われる。

すなわち前にも述べたように、イェリネックは、「君主制の本質」に次いで「君主制の種類」をも論じており、そしてそこでは君主制の諸形態が歴史的・政治的考察の形において詳細に述べられているのである。問題はこの歴史的・政治的考察と、以上眺めてきた法律学的考察との関係にある。

すなわち彼は、「君主制の種類」[1)]を論ずるに当って、「王位就任の性質」と「君主の権能の範囲」の二つの基準によるべきであるとし、第一の基準によるものとしては選挙君主制と世襲君主制とに分け、第二の基準によるものとして無制限君主制と制限君主制とに分ける。そして、制限君主制は、さらに等族君主制・立憲君主制・議会主義的君主制の三種類に細分される。歴史的・政治的考察が豊富に取り入れられてあるのはここにおいてである。すなわち、無制限・または絶対君主制から制限君主制への発展は、まず絶対君主制下の恣意的行政または官庁権限の恣意的権限の排除という必要と、行政権からの司法権の独立の確保という必要、要するに絶対的権力の濫用の危険の排除という必要から、憲法が要求されたことに始まった。これは古代の君主制にもみられたところである。しかしその結果としてそこではこの憲法的制限の維持はもっぱら君主と彼の臣僚の意思にのみ依存していた。この点が中世および近代の制限君主制と異なる点である。すなわちそこでは君主の権力を継続的に制限するための憲法的制限が保障されねばならぬという必要から制限君主制が生まれた。そしてその第一の段階は等族がその既得権によって王権を制限しようとした等族君主制という形態として現われた。しかし次の段階はこの等族君主制における王と等族との二元性が克服されて近代的専制君主制が成立する過程の中に、この等族がイギリスにおいて特に典型的に現われたように近代議会へと吸収され、そこに直接機関としての議会が設けられ、それが王権を制限するという形において立憲君主制が成立した。そしてさらに次の段階において、これまたイギリスの一七世紀以後に典型的に現われたようにこの議会に政治権力が移行し、議会の支配という形において議会主義的君主制が登場したとする。[2)]

以上きわめて簡単に摘記した彼の説明はまさに君主制の歴史的・政治的考察にほかならない。そしてこの部分においてまさに君主制の本質が眺められねばならないのである。しかるに、このような考察の後に、彼は右の三つの制限君主制を比較して、この三者の中で法的に決定的に区別されるべきものは等族君主制と立憲君主制であるといい、立憲君主制と議会主義的君主制との区別は法的には決定的なものではないとする。

ここで「法的には」ということばが現われてくる。すなわち議会主義的君主制は「統治権の行使の一つの種類」であって国家形態を形成するものではない。なぜなら首相が議会の多数党から選ばれるということは王と議会との間の実際政治上の関係によって作り出される妥協であって法律の文字から生ずるものでは決してないとする。そして「もしも議会が法的に支配者であるとするならば、それはいかに制限された君主の権限を認めるものであるにせよ君主制を肯定する憲法と矛盾する」[3)]という。

このような見解は、繰り返していうように、彼の方法論からすれば当然なのである。しかし、そこに、まさにそれまで彼によってなされてきた歴史的・政治的考察の成果が、何ら役立たされていないという印象を受けざるをえないのである。

このことは、さらに彼が、イギリス的な議会主義的君主制が大陸に移植された場合にそれぞれの国の歴史的・社会的事情によって異なった発現形態をとることとなったということを述べ、この点でも豊かな歴史的・政治的考察を示していながら、しかしたとえばその一つとしてのベルギー憲法に関して、再びもっぱら法的な考察に戻り、この憲法における国民主権の宣言も、また国王は憲法上特に認められた権限しか有しないというその有名な規定も、法的には国王の地位に何らの結果をもたらすものではなく、その権限にとっても法的には無意味であるとし、これらの規定は、せいぜいこの憲法が民主的な勢力によって生まれたという政治的事実を表現するにすぎないと述べているところにもきわめて明らかに示されているのである。[4)]

すなわち君主制を論ずる場合には、このベルギー憲法の規定などは、まさにその中心的・本質的論点として考察されねばならないと思われるのであり、要するにイェリネックの場合、むしろ彼によって歴史的・政治的考察であるとされている部分こそが問題ではないのかといわざるをえない。そこにイェリネックの君主制論の限界があるというべきである。

(1) G. Jellinek: **Allgemeine Staatslehre, S. 687 ff.**
(2) G. Jellinek: SS. 694～701.
(3) G. Jellinek: SS. 702～703.
(4) G. Jellinek: SS. 703～708.

ベルギー憲法の君主制についてのベルナチークの見解は、右のようなイェリネックとは若干異なる。すなわちベルナチークにおいては、前に述べたように、君主制のメルクマールとして強調されるのは君主がその地位の上に固有の権利をもつという点にあるのであるが、ベルギー憲法のように国民主権の下に認められる君主制の場合については、彼は特にその点からこれを君主制であるとする説明を試みてはいない。このことはおそらく彼も、このような君主をなおかつその地位の上に固有の権利をもつものとして説明することに困難を感じたためではないかと推測される。その結果、彼においてはむしろこのような君主制は、「国民の意思による君主制」とか「君主制的形態における共和制」として概念づけられ、それは君主制と共和制との「中間形態」であると説明されているのである。[1)] そして、このような分類は、イェリネックにおいてはきわめて強く排除されたところであった。

しかし、右の点に関する限り、君主制を歴史的・政治的に、また実質的にみようとする以上は、ベルナチークの見解の方が少なくとも現実的であるように思われる。そしてこの点について、ケルゼンがその「君主制と共和制」の節の冒頭において、次のように述べているのはきわめて示唆に富むということができよう。重要なのは次の引用の最後の箇所であるが、あたかもこの章で眺めてきた問題をここで総括するためにも適当であるから、その初めの部分も引用しておきたい。

「国家形態をいかに分類すべきかの問題は、古代国家論の三分説＝君主制・貴族制・民主制と、近代国家論の二分説＝君主制及び共和制との対立においてその重点をみる。もしも共和制の概念において単に民主制と貴族制、従って非君主制的国家形態の総括のみを考えるならば、該区別は本質的のものではない。しかしながら、古代の三分法においてはむしろ実在類型への傾向が強く、近代の二分法においては理想類型への傾向が一層有力であるように思われる。一方は明らかに数多の実定的憲法において顕著な限界を設けようとし、それ故にその三つの数もまた任意に増加される。この場合に支配を行う人間の数が基礎となされるということは、いまだ全く正確に表現された思想とはいい得ぬにしても、根本において正しい思想である。……近代の二分法は明らかにある体系的根本原理を求める。しかしながらそれは中途に止まっている。共和制の概念においてそれは現実類型に帰着する。そこでこの分類に従えば、極端な平等普通選挙権に基いて選ばれた議会が立法を行うべしと主張される国家が、単に世襲機関、いわゆる君主が、議会の法律の議決に対して場合によって停止的拒否権をもつという点からしてのみ君主国とされ、立法部と執行部が、貴族あるいは富豪層の代表者として現われる少数の人々に委託されている国家が共和国としてこれと対置される。そして後者が直接民主国と同一範疇に属するのである！。近代の二分法において、国家形態の差異を二つの類型の根本的対立に遡帰せしめるのは正しい。実定諸憲法の系列を一断して二部に分つのは誤りである。寧ろ人は各実定国家について、いかなる程度までそれが両理想類型中の一つに近接するかの程度を確認し、各実定憲法を――確かにすでに種々の学者によって繰り返し強調されたことであるが、――相対立する組織原理の混合と認めることを以て満足せねばならぬ[2)]」。

(1) E. Bernatzik : Republik und Monarchie, S. 46.
(2) H. Kelsen : Allgemeine Staatslehre, 1925. 清宮四郎訳「一般国家学」七三〇頁以下。ただ、「君主政」「共和政」を「君主制」「共和制」とするなど、文字の用い方を変更した。

さて以上主としてイェリネックの理論における特徴を中心として、国家形態としての君主制の理論を概観してきた。君主制の理論としてはもとよりさらに多くの参照すべき文献があり、論ずべき論点があるが、ここでは君主制の理論そのものを論ずるのではなく、君主の比較憲法的考察の前提として必要な限度において取り扱う趣旨であるから、一応以上のところで足りるとすべきであろう。

すなわち以下ここで試みられようとしているのは、すでに序章で述べたように、君主制の比較憲法的・比較憲法史的考察であり、まさにケルゼンのことばによれば各実定国家における各実定憲法の定める君主制の研究なのである。すなわちそこでは、イェリネックによって代表されるドイツ的国家学・国法学における君主制の法律学的・法律的考察は、諸憲法における君主制の規定を眺める場合の座標を明確にするという意味においてはもとより貴重である。しかしここで必要なのは、諸憲法における君主制について、イェリネック的な法律学的・法律的な君主制のメルクマールによって、あるものは君主制であり、あるものは共和制であるというように区別することではなくて、むしろそのそれぞれの実体、すなわちその歴史的・政治的性格を率直に認めることであると思われる。そしてそのような考察の全体が君主制とはいかなる国家形態であるかを明らかにすることとなるであろう。レーヴェンシュタインは、「君主制とは一つのことばの上での容器である」[1] といっている。問題はその容器に盛られている実体にある。[2] そしてこの実体は歴史的に変貌をとげている。すなわち前にも述べたように、イェリネックにせよマルティィッツにせよベルナチークにせよ、君主制のこの歴史的変貌を認めつつそれを法律学的・法律的方法によるメルクマールによってカヴァーしようとして努力した。しかしその当然の結果として彼らによる君主制のメルクマールは抽象的・形式的なものとならざるをえなかったのである。

すなわち後にも述べるけれどもここでいささか総括的に一言しておくならば、君主制ということばがその本来の意味において用いられうるのは絶対君主制およびせいぜい立憲君主制においてである。それらは本来の意味において君主制の名を用いることが許される。これらはいわば本来の君主制といいうる。そこではベルナチークの概念に従って、君主がその地位の上に固有の権利を有するといってもよいであろう。しかしその後、議会主義的君主制を中間にはさむ歴史的経過の中において、君主制はこのようなその本来の意味を失ってくる。[3] すなわち国民主権の下における君主制という形態が現われてきた場合には、むしろ君主制の観念がそこで変化したことを認めるべきである。すなわちそこではもはや、たとえば、国家意思が一人の人間の自然的意思によって構成されるとか、最高の国家権力が一人の君主によって表示されるとか、あるいは、君主がその地位の上に固有の権利を有するとかの本来の君主制のメルクマールに固執することなしに、これらとは別の点、たとえば、かりに君主が国民によってその地位を与えられたにせよ、その選定の要件が王統に求められることとか、君主がその権限とはまったくかかわりなしに国民統一の象徴的役割を負うものと認められることとかにそのメルクマールを求めることがむしろ現実的なのである。そのような制度を、もしもなおかつ君主制という名で呼ぶことを欲するなら、それは必らずしも絶対に排除されねばならぬという必要はない。しかしそれは本来の君主制とは別のものであることを忘れてはならない。あるいはそれは君主制的なものであるとする方が望ましいというべきかもしれない。

レーヴェンシュタインが君主制とは一つのことばの上での容器であるといっていることは、右のような意味で理解してよいのではないかと思われる。そしてこの容器に盛られるいろいろの君主制の実体を捉えることがまさに比較憲法的・比較憲法史的考察にほかならないのである。

(1) K. Loewenstein : Die Monarchie im modernen Staat, S. 18.

(2) ブライスが「私は君主政治なることばを実質的に解する」といい、また「英国・ベルギー・スエーデン等の諸国に存在する君主政体は、官庁の大建物の装飾された前面――その背後にはその意匠とは没交渉に配置された多数の室において事務がとられている――に類するものである」といっているのは、君主制のこの実体に注目した考え方を示している。J. Bryce : Modern Democracies, 1921. 松山武訳「近代民主政治」第四巻二二四頁・一四四頁。

(3) いわゆる議会主義的君主制は立憲君主制と国民主権下の君主制との中間の歴史的地位を占める。しかも議会主義的君主制そのものにおいてもいろいろの段階がある。その意味において、議会主義的君主制の考察は、君主制の研究における最も重要な部分をなすということができよう。

右に述べた点は、以下この章においてなお触れられるところであるが、一応、右のことを指摘して、国家形態としての君主制についてのこの節を終ることにしたい。ただ、この節で述べてきたところの君主制の特殊性の問題は、いうまでもなく君主の特殊性という問題と関連する。あるいはその反面である。したがって次に少しく君主というものの観点から、なお少しく君主制の理論を眺めてみたい。

第二節　元首としての君主

君主制の問題は同時に君主の問題である。[1] このことは、最も素朴にいって、君主制とは君主と呼ばれるものが存在する国家の形態をいうともいいうることからも明らかである。君主制と君主とは不可分の観念であり、あるいは一つの観念の両面である。前節において、国家形態としての君主制を眺めた際に、君主についても多く触れたことになっていたのは、その意味で当然であった。ただそこでは君主そのものの問題として扱われていたわけではない。したがってここでは君主そのものの問題を取り上げ、それによって前節に述べたところを補充しようと思う。

(1) ここで君主 (Monarch) というのは、もとより一般的な呼称である。すなわち実定憲法上における国王・皇帝・大公・公などを総称することばである。

一般に、君主は君主制国家における最高の国家機関であるといわれている。君主がその中の一つでありかつ最高のものであるところの国家機関の観念については、すでに前節で述べた。すなわち国家を一つの統一体とみる理論、すなわち国家人格の観念または国家法人説の理論から、論理必然的に国家機関の観念がもたらされるのである。この点についてはここで改めて述べる必要はない。イェリネックの「一般国家学」の簡潔な縮抄版であるメルクツェルの「一般国家学概要」で、次のように集約されているところを引用するだけで足りるであろう。

「一個の組織化された統一的団体たる国家の本質からすでに必然的に、国家機関の存在が伴う。国家機関とはその権限において国家権力の全体または一部を代表し（すなわち所与の権限内において国家権力を表現する）、その行為によって全体の利益を実現する自然人もしくは多数人をいう」。[1)]

このような国家機関はイェリネックによってそれぞれの基準により詳細に分類されている。すなわち直接機関と間接機関・第一次機関と第二次機関・単独機関と複合機関・独立機関と非独立機関・通常機関と特別機関などの分類がそれである。[2)] これらの分類は今日においてももしも国家機関の分類がなされるとすれば常に用いられる分類であって、その詳細もここで紹介する必要はない。それらの中で特に基本的な分類は、直接機関と間接機関・第一次機関と第二次機関の分類であり、君主は直接かつ第一次機関でありかつ最高機関であるとされるのである。

すなわち直接機関とは、その機関たる地位を直接に憲法そのものから与えられている機関であり、その任命方法がいかなるものであってもその機関の性質上、義務を負う相手方は国家以外には存在せず、したがって他の機関の命令に服従することのない機関をいう。君主・議会・地方団体等がその例をなす。間接機関とは、その機関たる地位が直接に憲法に基づくものではなく個別的にその機関に向けられた委任を基礎とするものである。したがって間接機関は直接または間接に直接機関に従属しこれに対して責任を負う。官吏・行政官庁等がその例をなす。次に、第一次機関とは国家権力を直接に代表する機関であり、君主・選挙人団等がこれに属する。第二次機関とは第一次機関そのものと機関関係に立ち、その結果第一次機関を直接に代表する機関をいう。すなわち議会は直接機関ではあるが第二次機関であり、共和制の大統領もそうである。共和制においては第一次機関は国民共同体以外には存しない。そしてこのような大統領に対して君主制における君主は直接かつ第一次機関なのである。

次に国家において多くの独立機関が存在する場合には、これら諸機関はすべて独立機関であり、したがってそれらが平等な競合的権限を与えられて併存するために、国家の統一性が害されるおそれがある。そこにいかなる国家にも一つの最高機関が必要とされる。ただしこの最高機関の権能の中に国家権力の一切が表現されねばならぬのではない。最高機関には国家を活動させ、維持するための最高の決定権が与えられれば足りる。この点についてのイェリネックの見解は前に君主のメルクマールとして、すでに述べた。要するに、右のような意味において、君主は君主制において直接・第一次的・かつ最高の国家機関たる地位をもつとされるのである。

(1) K. Meltzer : Grundzüge der Allgemeinen Staatslehre, 1922. 有倉・小林・時岡訳「一般国家学概要」八一頁。

(2) G. Jellinek : Allgemeine Staatslehre, S. 544 ff. 有倉・小林・時岡・同右・八三頁以下。

しかし君主について論ずる場合には、それに以上のような国家機関としての位置づけを与えるだけでは不十分である。君主の地位・性格は、同時に元首 (Staatshaupt : Staatsoberhaupt) という観念との関連において論ぜられる必要がある。すなわち、元首という観念は、右に述べた国家機関の観念とは次元を異にする別個の観念であるが、[1] 君主の特殊性はむしろ元首としての君主の特殊性として考えられる必要があるのである。

それでは、元首とはどのような観念であるか。イェリネックにおいては、元首は二つの箇所で述べられている。一つは国家機関についての箇所であり、他の一つは国家機能についての箇所である。

まず、国家機関としての元首を論ずるに当って、イェリネックは代表の観念との関連において君主を捉えている。すなわち、代表の思想は立法の分野においては議会の成立とともに初めて生じたが、統治 (Regierung) の把握としては、君主が人民の受託者であるという形において、古くから用いられていた。そこから中世において王侯（Fürst）が人民の代表であるとする学説がきわめて自然に受け入れられた。しかしそこでは人民の機関的性質がなお明確ではなかったために、王侯の把握においてもその第一次機関としての性質と人民の代表たる性質とがお互いに混同されていた。このような学説に近代自然法の理論が結びつく。そしてその影響の下に、個人の総体としての人民は国家そのものではなく国家はむしろ一つの団体の形に組織された人民を現わすものであるとの観念に道を開いた。かくして人民は国家の中に置かれるが、しかしそこでは継続的にあらゆる権力の源泉としてにとどまり、権力は人民が直接に行使するのではなくその定立した国家機関を通じて行使されるものとされる。このことはまずアメリカ憲法に、次いで一七九一年のフランス憲法の中に現われた。すなわち大統領および国王は人民を代表する第二次国家機関となった。

さらにルソーの思想の影響の下に、元首は人民の使用人でありしたがって間接機関であるとの学説が生じた。しかし人民は何ら主人ではなく、元首に委任を与え元首をしてその命令権に服従せしめるものではないから、この見解は正しくない。かくして元首は、そのように組織された国家においても無責任であるかあるいは彼に与えられた権力の行使を誤まったことに対して責任を負うのみであり、また彼に課せられた制限の下にある限りは何らの上級の権力の下にあるものではない。かくして、近代の民主的共和制における元首は常に直接の、しかし第二次国家機関であるとの命題が出てくるのである。

そしてこれに対して君主は第一次機関である。一七九一年のフランス憲法およびこれにならった一八三一年のベルギー憲法が国王を国民代表とみたとしてもそれは法的には無意味である。イェリネックはここでその理由として、前にも引いたように、「なぜなら人民は国王を任命もできず、罷免もできず、人民には国王に対して第一次機関として行動するいっさいの可能性が奪われているからである」とし、それらの憲法における人民主権の規定は王統の決定の歴史的事実を宣言しそして国王の権限を確定したという意味しかもたないとし、かくして民主主義の原則によって設定された君主制においても、元首は国民代表たる性質をもたないとしているのである[2]。

次に、国家機能の箇所で元首が論ぜられている場合には、イェリネックは統治（Regierung）の観念との関連で元首を把握している。すなわち彼によれば、第一に統治は実質的・客観的意味においては、最高の権力が権限を有する機関によって行使されるときに存在する。それは機能としての統治である。そして君主制においては最高の統治が君主に与えられる。統治の最高の指導は最高機関のメルクマールである。第二に、統治は形式的・主観的意味においては政府の観念とひとしい。すなわち統治的権限を与えられている諸機関——君主・共和制の元首およびその下の官庁等——を総称して政府と呼ぶ。この政府が統治の機能を行使するのである。そしてイェリネックはこのように統治の観念を捉えた後、それと元首との関係を次のように述べていることを注意すべきである。「国家の指導的活動としての統治の存在は——私は本能的にといってよいと思うが——各国家における政府の最高機関が元首と呼ばれることによって現わされる。民主的共和制においても、そこでは行政の首長が必らずしも諸国家機関の中で最高の地位を認められていないにもかかわらず、やはり事態は同じである[3]」。この点、すなわち統治という観念を明瞭ならしめるということが元首の役割であるという点は、きわめて示唆に富む。元首の観念はここから考えられるべきでないかと思う[4]。以下この観点から、元首としての君主の特殊性を考察しようと思う。

（1）ケルゼンは、通常の意味における最高機関の観念のほかに、立憲君主制国家において、議会に君主と対等の地位を認めることを避けようという特別の意図から、最高機関の観念を元首という名によって、別の特殊の方法で考える傾向が現われてきたと述べている。清宮四郎訳「一般国家学」四五頁。この点についてはなお後にも述べる。

（2）G. Jellinek : Allgemeine Staatslehre, SS. 590〜591.

（3）G. Jellinek : S. 619.

（4）佐藤博士は、君主制の特質として、この体制においては「国家意思は君主の意思によりて構成せられしたがって国家の活動はことごとく君主に発し万機の政務はすべて君主に帰一」すると述べて、イェリネック的の法律的なメルクマールを挙げながらも、具体的な特質として、㈠国家の政務を統一し易きこと、㈡公平無私なる施政の行われ易きこと、㈢兵力の伸張を期し易きこと、㈣敏速果断に政務を行い易きこと、㈤専横圧制の政治に陥り易きこと、㈥階級制度の弊害を生じ易きこと、の六つを挙げている。これはいわゆる政治学的な見解であるといえるであろうが、このうち第一から第四までの特質は、要するに、君主制が統治という観念を明瞭ならしめることに役立つという特質の具体的な現われであるということができよう（佐藤丑次郎「政治学」三五頁〜三九頁）。

すなわち、元首という観念は、広く承認されているように、国家有機体説に由来する。国家有機体説そのものについてはここで詳しく述べる必要はないであろうが、わが旧憲法第四条の解釈を論ずるに当って、井上密博士が次のように述べているところに、この思想はよく現われている。

「天皇は国の元首なりという文字は、主として国家神識、すなわち国家活動の本源は天皇なりということを表わすものなり。元来この文字は、国家は有機体なりという学説に胚胎したるものなり。この説においては国家を以て人類のごとき有機体となすが故に、国家と人身とを比較説明し、君主の国家におけるはあたかも頭脳の人身におけるがごときものなり。君主は国家万機の政出づる所にして、頭脳は人身活動の神識潜む所なり。国務大臣以下の国家機関が国家に存在するはあたかも耳、目、口、鼻、五臓六腑が人身に存在するがごときものなり。国土はなお骨のごとく、国民はなお筋肉のごときものなりといえり。この有機体説が一時欧州を風靡せしが故に、当時制定せられたる憲法においてはみな有機体説の真意に基き、君主は国の元首なりという明文を掲げたり。たとえばオランダ及びドイツ諸国の憲法のごときこれなり。わが憲法はその制定に際し、その模範を欧州諸国、殊にドイツ諸国の憲法に採りたるが故に、彼と同じく天皇は国の元首なりという明文をその第四条に掲げ、天皇の国家における関係は、あたかも頭脳が人身活動の神識伏在する所たるごとく、天皇は国家活動の神識存在する所たることを具体的に示したり[1)]」。

「憲法義解」がその冒頭の一句において、憲法制定の趣意を「上元首の大権を統べ、下股肱の力を展べ」しめることにあるとし、また第一条の註釈の中に「故に一国は一個人の如く、一国の疆土は一個人の体軀の如く、以て統一完全の版図を成す」といい、また第四条の註釈の中に「譬えば人身の四肢百骸ありて而して精神の経絡はすべてみなその本源を首脳に取るがごときなり[2)]」といっているのも同じ思想である。

元首ということばは、右のように本来比喩的なことばであるが、しかし単にそれにとどまるものではなく、このことばによって意味される内容が問題であることはいうまでもない。たとえば佐々木博士によれば、「一般に国家の元首というとき二義あり。一は君主国における君主の地位あたかも人身における頭脳の地位の如く国家の活動の本源たることを示す。これ全く比喩的の語にして、法的にいえば統治権の総攬者たるに外ならず。この意味においては君主のみ国家の元首なり。二は国家の行政の首長たることを示す。この意味においては君主はもちろん、大統領もまた国家の元首なり[3)]」といわれている。

このように佐々木博士にしたがえば、元首の法的意味は統治権の統攬者たることおよび行政の首長たることにあるとされるのであるが、しかしそこには人によりいろいろのニュアンスの相違がある。すなわち、一般的に元首を定義する場合に、あるいは、「外に向って国家を代表し、国民に向っても統治を行うの権能を有するもの[4)]」

といわれ、あるいは単に対外的関係の面だけに限定して「元首とは国の首長のことで、外に向って国を代表する権能をもち、それに関連して、外交使節を任免する権や、国際条約の締結へ参加する権を有する国家機関をいう」[5]といわれる。このようにいろいろのニュアンスをもってその意味が説かれていることが、まさに元首の観念の特殊性なのである。[6]

(1)　井上密「大日本帝国憲法講義」(大正三年)・六〇頁〜六一頁。
(2)　「憲法義解」岩波版・二一頁・二三頁・二七頁。なお軍人勅諭の中にも、軍人は天皇を「頭首と仰ぎ」天皇は軍人を「股肱と恃み」云々とのことばがあった。
(3)　佐々木惣一「日本憲法要論」三二〇頁。
(4)　美濃部達吉「逐条憲法精義」一二三頁。佐藤博士も「元首とは国内に在りては国政を統轄し、国外に対しては国家を代表する者をいう」としている。佐藤丑次郎「政治学」一三七頁。
(5)　宮沢俊義「憲法」一九七頁。
(6)　小島助教授は、元首の意味内容を確定しようとした多くの解釈に次のような六つの類型があるとしてそれらのニュアンスの相違を精密に指摘している。
(a)　このことばが国家有機体説と密接に結合した表現であることに着目して、国家の活動においてその頭部にあたる作用を営むもの、すなわち国家活動の本源ないし国家生命の首脳と理解する態度
(b)(a)のニュアンスをより強めてこのことばの意味を解し、全国家権力を体現しこれを代表するものとまで理解する態度
(c)(a)のニュアンスにあまり拘泥しないがしかし国家における頭のような地位にあるもの、すなわち国家機関中最高の地位にあるものと理解する態度
以上の三つは元首ということばの表現そのものに着目して、そこから国家諸機関中におけるその地位を解しようとするものであるが、また比較法的にみて元首ということばが必らず特定の権能をもつものについて用いられているという現象

に着目して、これをまったく特定権能をもつ国家機関の呼称にすぎぬと解するものとして、さらに次の三つがある。

（d）行政の首長ないし執行権の名目的帰属者を指す。

（e）国内的には行政の首長として国政を統轄し、対外的には国家を代表する権能をもつものを指す。

（f）対外的に国家を代表する権能をもつものを指す。

これらのうち、国内法的概念としては、（e）および（d）をとる論者が圧倒的に多く、（f）はむしろ例外的といえる。小島和司「天皇――象徴から元首へ？」（法律時報二七巻一号）一一頁。

さらに、前に引いた佐々木博士のように、元首という観念は法的には無意味であるとし[1]、またさらに進んで、「無用の閑文字」[2]なりとする見解もある。あるいはまた市村博士においては、わが旧憲法第四条の解釈に当って、同条の「天皇ハ国ノ元首ニシテ統治権ヲ総攬シ」との規定は「統治権ヲ総攬シ」の箇所に重きを置いて解すべきであり、それはまた統治権が天皇に所属するのではなく天皇によって行使さるべきことを現わし、その意味でいわゆる天皇主権ではなく天皇が最高機関たることを示すにすぎず、それ以外には無意味であるとされている。要するにこのように国家法人説に基いて考えるならば、元首の文字は天皇が国家の機関であるという当然のことを示すだけであって、その意味では無用の文字であるということになるのである[3]。

（1）美濃部博士は「要するに『天皇は国の元首』なりということばは、正確なる法律上の観念をいい現わしたものではない」ともいっている。美濃部達吉「逐条憲法精義」一二三頁。

（2）清水澄「国法学第一篇憲法篇」二九六頁。

（3）市村光恵「帝国憲法論」二八六頁。この市村博士の所説は、清水博士が元首の文字は無用の閑文字なりとしたことをも排斥している興味ある見解であるから、次に引用しておきたい。「此ノ文字ハ元ト有機体説ニ淵源ス。人ニ頭アルガ如ク国家ニモ亦首長アルコトヲ意味スルナリ。従テ天皇ガ国家ノ元首ナリト云ウコトハ同時ニ天皇ガ国家ヲ超越セル地位ヲ有スルモノニアラズ、国家ノ中ニ在リ其ノ構成分子ニシテ又頭ガ人ノ全身ノ作用ヲ司ドルガ如ク、国家ノ最高機関ナリト謂ウ意味ナリ。我国ニ於テ君主ハ統治権ノ主体ナリト主張スル学者ガ此ノ文字ノ解釈ニ就キ頗ル苦心ノ跡アルハ理由ナキコトニ非ズ。清水博士ハ此ノ文字ヲ以テ憲法上ノ閑文字ナリトナスモ、是レ憲法ノ用イタル『天皇ハ国ノ元首ニシテ』ト謂ウ文字ガ其ノ真義ニ於テ天皇機関説ヲ言イ現ワシタルモノナル結果、此ノ文字ニ意義ヲ附スルハ氏ノ抱懐スル天皇統治主体説ト牴触スルヲ憚カリテノ議論ナリ。吾人ハ憲法ガ無用ノ閑文字ヲ連ネタリトハ信セズ。故ニ有機体説ニ基ク『国ノ元首』ナル文字ヲ用ユル以上、憲法ノ解釈トシテ天皇ハ国家ノ機関ナリト断定スベキコトヲ主張スルモノナリ。去レバ吾人ノ立場ヨリ云エバ『国ノ元首』ナル文字ハ天皇ノ地位ヲ説明スルニ最モ必要ナル文字ト謂ワザルベカラズ。自己ノ解釈ニ不利ナル用語ヲ捉エテ閑文字ナリト排斥スルガ如キハ吾人ノ採ラザル所ナリ」。

右の市村博士の見解は、元首という文字が「最も必要なる文字」であるのは国家法人説の方法を適用して憲法を解釈する上に最も必要であるという主張、したがってそれ以外には無意味であるという主張に帰着するのであるが、しかし果して元首という観念は単にこれだけの意味しかない文字であろうか。すなわち、市村博士の見解はいいかえれば、「天皇ハ国ノ最高機関ニシテ」と書くことと同じであるということになるのであるが、「国ノ元首ニシテ」との規定は、これと果して同じであると単純に断定しうるものであろうか。すなわち「元首」という文字には「最高機関」という文字とは異なった歴史的・心理的側面があるのではなかろうか。

ここでケルゼンのいうように元首という名称は「君主制の観念圏から出ている」[1)] ことを注意する必要がある。すなわち、共和制の大統領も元首であるといわれるが、それは多かれ少なかれ君主制の君主の地位にならっていわれているのである。そこに元首という観念が君主と特別の関連をもつことが示されている。すなわちケルゼンのいうように、元首の権限には強弱広狭の差があり、権限の上からみれば元首と呼ばれるに足るかどうかが疑問であるものもある。しかもそれにもかかわらずそれらが元首と呼ばれ首相や両院議長等は、元首の権限を与えられている場合があるにもかかわらず、元首と呼ばれない理由が問題なのである。そしてこの点について、ケルゼンは次のように述べているのである。

「いわゆる国家元首は立憲君主国においても共和国においても——指称されるところによるとそう見えるかも知れぬが——唯一の最高機関ではなく、他の諸機関とならんで一つの『最高』機関である。行政各部の首長としての諸大臣と並んでの元首の如きはそれである。元首はそれらと同位に位し、副署の規定によって一つの機関に結合されている。いわゆる国家元首殊に立憲君主が諸憲法の用語において、なお且つ唯一の最高機関として現われ、彼自身が、実定法の文言において、全国家組織が元首の一身に頂点をもつかの如くいい現わされるのは、国家的秩序の統一性を単一人の看取・且つ捕捉できる人格性において象徴的に表現しようとの欲求からなされるのである。法理論が、人は規範を定立する人間にではなく、規範にのみ服する、すなわち服従義務があることの認識を固守せねばならぬと丁度同じ程度に、多くの人は、抽象的思惟を好まぬ故に、感性的に知覚できる権威の象徴を必要とするように思われる。他のいかなる作用よりも、この象徴作用に国家元首制度の意義が存する。元首は、君主の地位を伝統的に表現する外部的形式＝王冠、王笏、儀式等が全くこの象徴作用を目的とするにつれて、彼のこの作用を正に君主として一層有効に実現し得る[2]」。

このように象徴作用の中に元首の意味があるとするケルゼンの見解は、恒藤博士のいわれるように、伝統的意味における元首の観念を適確に捉えたものということができる[3]。そして、しかも元首のもつこのような象徴作用は、君主としていっそう有効に発揮されるのである。ここに同じ元首ではあっても、大統領と比較される君主の特殊性がある。イェリネックは、前に述べたように、元首という観念は統治の観念を明瞭ならしめる機能を果すと指摘したが、その機能は、君主が右のように象徴作用を特に有効に発揮するが故に、いっそう君主によって積極的に営まれるということができよう。

（1）清宮四郎訳「一般国家学」六七九頁。
（2）同右・六七九頁〜六八〇頁。
（3）恒藤恭「我国には元首が存在するか」（季刊法律学第一〇号）四七頁。

すなわち君主も国家機関たる性質をもつけれども、国家機関としてのその特殊性は、右に述べたような特質がその機関としての機能の基礎を形成していることによる。[1] たとえば佐々木博士によれば、前に述べたように、同じく元首と呼ばれても君主は行政の首長たると同時に統治権の総攬者であり、これに反して大統領は行政の首長たるにすぎないとされるのであるが、ここで、統治権の総攬者といわれている場合に、その地位がこのような象徴的機能と結びついて考えられているという点に、両者の根本的な相違があるというべきである。ケルゼンが元首という名称は君主制の観念圏から出ているといったことの意味もこのように考えて理解することができよう。したがって共和制の大統領についても、この君主制の観念圏から出た元首の観念にならって、元首たる地位を認めようとする場合にも、果してその大統領が右のような象徴的機能を十分に果しうるかが問題なのである。[2] マルティッツが、「最近、共和制の国民もまた執行権の君主的基礎によって彼らの大統領に元首の名称を与える必要を感じている。しかし君主的元首の決定的メルクマールは君主が有機的国家団体に対する権利をその本質とするところの支配者的地位にあるということである[3]」と述べているのも、この問題の所在を示しているといえるであろう。

すなわち君主が統治権の総攬者であるといい、あるいは行政の首長であるといっても、すでに述べたように、君主のもつ権限の強弱・広狭は多種多様であり、しかもそれは漸次に制限・縮小される傾向にある。[4] 君主のメルクマールとしてはその権限の問題は重要でないということはすでにいろいろの箇所で述べた。しかしそれにもかかわらず、君主が元首の地位にあるということが通常の場合疑われないのは、権限の制限・縮小にもかかわらず君主のもつ象徴的機能が重視されていることによる。象徴性が君主をして君主たらしめ、元首の典型たらしめていると考えられるのである。

(1) F. von Martitz : Die Monarchie als Staatsform, S. 28.

(2) ケルゼンがもとより知りえなかったところではあるが、きわめて最近において、一九四六年のイタリー憲法はその第八七条において、「大統領は国の元首であり国の統一を代表する(represents the unity of nation) と定めた。この規定には国家ないし国民の統一を象徴するという君主の観念のアナロジーが明らかにみられる。問題は大統領がこのような役割を、君主と同じく果しうるかにある。

(3) F. von Martitz : S. 28.

(4) 君主のどのような権限が、どのような方法によって制限・縮小せられるかは、後に個々の君主制憲法について述べるところである。

宮沢教授は、君主のメルクマールについて次のように簡潔に述べられている。

「君主の標識は、かならずしも、明確ではない。従来は、(1)独任機関であること、(2)統治権の重要な部分、少くとも行政権を担任すること、(3)対外的に国家を代表する資格をもつこと、(4)多かれ少かれ、一般国民とちがった身分を有し、したがって多くの場合、その地位は世襲であること、(5)その結果として、その地位に多かれ少かれ、伝統的な威厳が伴うこと、および(6)国の象徴たる役割を与えられることなどが、君主の標識とされている。君主制という定型は、元来まったく歴史的なものであるから、君主の標識も、いきおいかように歴史的・経験的にのみ、あげられうるにすぎない[1]」。

ここで挙げられているもののうち、まず独任機関であることには問題はない。統治権特に行政権を担任することおよび対外的に国家を代表するという点については、前に述べたように具体的な権限は漸次に制限・縮小され、その結果、国の象徴たる役割を営むことに重点が移されることとなるのである。そしてそこに、世襲制との密接な関係が存することを注意する必要がある。すなわち君主の象徴的機能はその世襲制によって特に有効に発揮されるからである。この点もここでは詳しく述べない。ただたとえばブラックリーおよびオートマンが、近代国家における元首の地位と権限を比較憲法的に考察した後に、結論として、元首の選定方法についての英・米・仏の制度、すなわち世襲制・公選・立法部による選挙の三制度にはそれぞれ長短があることを指摘しながら、次のように述べていることを引用するにとどめる。

「英国にみられる世襲制は、より威厳ある元首を生み出す。すなわち国王は国家の象徴となり、その結果、臣民に対して感情的に訴え、また執行権に対して、より強固な継続性を与えかつ社会生活の中心を創り出す[2]」。そしてこれと同時に彼らは、元首の権限についても英・仏・米を比較して、特に英国の国王が政府においていかなる重要な役割をも果してはならぬということが、一般に認められていると述べている[3]。

このような見解はここで多くの文献を引くまでもなく君主制について広く認められる見解である。したがって世襲的地位を君主のメルクマールの重要なものとしてかかげることは正当である。この意味で、鵜飼教授が、君主の概念のメルクマールとして通常挙げられるものは、一自然人として国家の最高機関であること、およびその地位が世襲によることとの二つであるとし、日本国憲法の天皇の制度に触れて、さらに次のように述べていられるのはきわめて示唆に富むと思われる。

「君主の二つの要素のうち、第一の要素は、法律の建前としては保持されながら、事実の上では存在しないことが多い。イギリスの立憲君主制をはじめとして、今日の君主制は、多かれ少かれ、この方向をたどっている。したがって、建前そのものをも変えて、天皇になんらの政治的権能はないと定めても、それによって根本的な変化がおこったようにみえないし、少くとも変化はおこらなかったと主張する人々に、口実を与えることになる。そしてそれをさらに支えているのが、君主の第二の要素である世襲主義の存続である。したがって、世襲制の象徴を認めるという日本国憲法の方式によって、はたして君主制が廃止されたかどうかがたえず問題になるのは自然であり、そこに政治的抗争の中にゆらぐ天皇制の問題がある[4]」。

（1）宮沢俊義「憲法」九頁・一〇頁。
（2）F. F. Blachly and M. E. Oatman : Introduction to comparative Government, 1939, p. 274.
（3）F. F. Blachly and M. E. Oatman : p 276.
（4）鵜飼信成「憲法」〔岩波全書〕二六八頁・二七九頁。

以上述べてきたことが、要するに、君主の権限が制限・縮小され、あるいは法律的・形式的にはもとのままであるにしても実質的には国政に及ぼす影響力を奪われ、名目的なものとなって行くプロセスである。そしてそれにもかかわらずなお君主が存続するのはその象徴的機能の故であり、そこにそのような君主をもつところの国家形態がなお君主制と呼ばれる場合にも、それは少なくとも本来の君主制とは異なるものとしてである。このことは前節の最後のところでもすでに述べたところであった。

このような君主の観念および君主制の観念の変貌の事情を、別の観点から示す理論としていくつかの理論を挙げることができる。すなわち、広く用いられている「君臨すれど統治せず」ということばもそれを一般的に表現したものであるが、また広く知られているバジョットの尊厳的部分と実践的部分との区別の理論もそれであり、さらにまた「国家の元首」と「政府の首長」との区別の理論もそれである。この後者の理論はコンスタンの名とともに知られている。すなわち一八一四年のフランス憲法、すなわち復活ブルボン王朝のルイ一八世のシャルトの成立の時期において、周知のようにコンスタンの提唱した王権と執行権との区別、王の中立的権力の理論が強い影響をおよぼした。[1)] この詳細は後に詳しく述べるけれども、要するに彼は、従来、君主が王権と執行権との二つをともに有するものとしていたところに誤りがあったとする。そしてこの王権とは他の権力とはかかわらずただそれらの権力に対して調整的に機能するところの中立的権力にとどまるべきであるとする。すなわちそれは常に中立化された「国家の元首」と政治的な「政府の首長」との区別の主張であり、また受動的な「国家の元首」と能動的な「政府の首長」との区別の理論でもある。[2)] そしてこの際コンスタンはこの理論を当時のイギリスの君主制から学んだのであった。君主制に関する思想の発展史の上で眺めるときに、このコンスタンの後、半世紀にして、バジョットが同じくイギリスの君主制を論じて、周知のように、王は尊厳的部分の頂点にあり首相が実践的部分の首位にあるとしたことは興味深い。

この「国家の元首」と「政府の首長」との区別は、その後の君主制憲法の理解の上にも君主制の理論の上にも大きな影響を及ぼしているといってよい。すなわち、君主がなお「国家の元首」として規定されまた「国家の元首」として論ぜられている場合においても、そこにはこの区別の思想が含まれているといってよいのである。

（1） Benjamin Constant de Rebecque : Esquisse d'une Constitution, 1814. Cours de Politique constitutionnelle, 1837. Carl Schmitt : Hüter der Verfassung, 1931, S. 11, S. 232. 藤田嗣雄「井上毅の憲法立法への寄与」（日本学士院紀要一二巻二号）七八頁〜八〇頁。

（2） 藤田嗣雄・同右・七九頁

さて、君主制の比較憲法的・比較憲法史的考察の前提として、君主制とはどのようなものであるか、そしてそれを君主の側面から補足するものとして、君主とはどのようなものであるかについての概説としては、およそ以上述べてきたところで一応足りるとしてよいであろう。[1] 以上眺めてきたような君主制ないし君主が、いろいろの時代いろいろの国家の憲法においてどのように規定せられ、そしてどのような方向で発展してきたかを眺めることが、ここで試みられようとする研究なのである。

(1) 君主制ないし君主の理論の論点として、なお論ずべき点はもとより多い。ただしそれらは抽象的・一般的な形において取り上げるよりは、むしろそれぞれの時代と制度との関連において、すなわち後に試みられるように、それぞれの然るべき場所において触れることの方が適当であると思われる。また君主制の包括的研究としては、もとより近代以前にさかのぼり、すなわち古くは遠く人類の歴史において記録に残っている最古の王たるエジプト・バビロニヤ・ペルシャ・マケドニヤおよびシナ等の君主にまでさかのぼり、さらにギリシャ・ローマ・中世を経て一七、八世紀における専制君主制に至る歴史およびその理論をも顧みることが必要であるというべきであろう。しかしこれらの分野は、直接にはここでの研究対象ではない。ここで試みられようとするのは、何よりも憲法における君主制の研究であって、かつそこで憲法というのは近代の成文諸憲法をいう。したがって近代以前の君主制については、これら諸実定憲法の前史にあるものとして、すなわちそれらにおける君主制の背景にあるものとして、必要な限度において触れることはあるとしても、ここでは直接に取り上げない。ただここでは、包括的な君主制の歴史的・思想史的考察に関しては、わが国における文献として是非とも参照さるべきものとして、戒能通孝「近世の成立と神権説」および蠟山政道「比較政治機構論」の二著があることを特記しておきたい。

ただし次の章すなわち諸憲法における君主制そのものの考察に入る前に、ここで次の問題について簡単に述べておきたい。

それは根本的にいえば、憲法と君主制との関係という問題である。ここでこのような問題を改めて提示することは、再び一般的・抽象的な論点に逆戻りするかのようであるが、この問題が必要であると思われるのは、憲法上の君主制の諸規定を眺める場合に、憲法が君主制を規定する場合の立場・方法ないしはその規定の仕方ともいうべきものを注意する必要があると思われるからである。すなわち諸憲法上の君主制を考察するに当っては、それぞれの憲法がどのような立場に立って君主制を対象としているかによって、それらの規定のもつ意味が異なることがあるということを注意する必要があると思われるからである。

すなわち、すでに序章でも述べたところであるが、根本的にいって、特に君主制については憲法の規定だけでは蔽いつくしえない部分が多い。このことは次の三つの点に現われていると思われる。

第一は、およそ君主制または君主というものは、すでに述べたように、感情的・心理的な基礎によって成立している部分が多く、それらは憲法的規定に馴染まないということである。君主制の社会心理的考察を試みた興味ある文献たるブラックの著書は、その冒頭において、君主の権威は憲法的には不明確であり、規定の行間にある印象こそが重要であると述べている。[1)]

第二は、イェリネックが指摘しているように、君主制についての憲法の規定が政治的には意味がありまたいろいろの思想的残滓を示すものではあっても、法律的には単にフィクションと化していたり、法律的には無意味となっていることがあるということである。[2)] しかし、実はそのような規定がそれにもかかわらず設けられていることが何故であるかということ、すなわちそれらのもつ政治的な意味または思想的な残滓こそが注意されるべき点なのである。

第三は、以上の二つの点と結びついていることとであるが、憲法上の規定としては同じであっても、それは時代により国により、別の意味をもつことがあるということである。そしてこの第二と第三の点は、特に比較憲法的考察においては重要視されねばならぬ点なのである。たとえばイェリネックは、法律的には無意味であり単なるフィクションと化した規定の例として、君主が統治権をその一身に総攬するという規定を挙げているのであるが、後に詳しく述べるように、この規定こそがいわゆるドイツ的立憲君主制の思想の集中的な表現なのであり、この規定を無視してドイツの君主制を論ずることはできないのである。またこの規定がある限り、かりにドイツの諸君主制憲法が他の個々の規定においてはたとえばフランス・ベルギーなどの諸君主制憲法と共通のものをもっていたとしても、それらは決して同じ意味をもつものではないのである。

すなわちイェリネックが右の規定を法律的には無意味であると主張したのは、すでに前章で述べたように、それらの規定は君主がその地位の上に固有の権利をもつという神政国家・家産国家の思想の残滓にすぎず、君主は国家の内部において捉えられねばならぬとする法律的考察方法の結果なのであるが、しかしこれらの規定は単にこのような法律的考察の方法論からのみ理解されるべきではなく、むしろ歴史的・政治的な君主制の思想、すなわちいわゆる君主主義（monarchisches Prinzip）の表現として理解されねばならない。イェリネックは法律的考察の名の下に、この規定のもつこの側面を無視する結果となっているといわざるをえないのである。

（1）Percy Black : The Mystique of Modern Monarchy with special reference to the British Commonwealth, 1953, P. 1.　この書物については、後に詳しく述べる。

（2）G. Jellinek : Allgemeine Staatslehre, S. 677.

（3）E. Kaufmann : Studien zur Staatslehre des monarchischen Prinzipes, 1906, S. 37.　君主主義については後にドイツのところで詳しく述べる。

右に述べた問題は要するにそれぞれの憲法の歴史的・政治的性格の問題であるということができるであろうが、しかし実はそれはさらに、そもそもそれぞれの憲法が君主制を規定しようとしたときにいかなる立場をとるかという問題であるといえる。そして、さらに根本的に考えるならば、それはその憲法を制定した権力が君主にあったかどうかの問題であるといってよい。すなわち同じく君主制憲法であっても、憲法制定権力が君主にあり、その君主によって作られた憲法における君主と、憲法制定権力が国民にあり、その国民によって作られた憲法における君主とは、かりに憲法上の規定は同じである場合においても、その有する意味には相違があるのである。

この相違を最も典型的に示している場合の例としては、おそらくはまずフランスにおける一七九一年憲法と一八一四年憲法とを挙げることができるであろう。すなわち両者とも君主制を定めたが、前者の場合は国民に憲法制定権力が属しその国民によって憲法が制定され王はそれを承認した。そして「王は起立してこの憲法の遵守を宣誓し国民は座してそれを受けた」1)のであった。これに反して後者の場合、憲法は王の自由な意思による作品でありそれが恩恵として国民に与えられたものとされた。全国家権力は始源的に王に属し、人民はその行使についてのみ参加を認められた。[2] そこにはかりに君主の権限について個々的には共通の規定が認められるとしても、その有する意味が同一ではないことはこのような制定の事情・制定権力の所在の相違に基づく。

さらにまた一八三一年のベルギー憲法と一八五〇年のプロシヤ憲法との相違も、この場合の典型的な例として挙げられるべきである。両者における君主の権限についての個々の規定はきわめて類似している。しかし前者は国民の憲法制定権力によるものであり、後者は王の憲法制定権力による作品であった。そこに周知のようにスメンドが、この両者の規定の類似性から両国の憲法体系の構造における内的同一性を導き出してはならないとした理由が存するのである。[3]

しかもこのプロシヤ憲法についてここで同時に注意すべきことは、ここでは一九世紀初頭以来のドイツ各邦の諸憲法にみられるところの、前にも述べた、王が統治権を一身に総攬するとの規定がみられないということである。すなわち、それではこの憲法がこの規定によって象徴されるというべきドイツ的立憲君主制の思想とは無関係であるかといえば、そうではない。プロシヤ憲法がこの規定を欠いていることは、むしろ国民主権の上に立つベルギー憲法の君主制との相違を明示するために、プロシヤにおける君主制の基本原則は憲法に基づいて初めて存在するものではなく、王の地位は憲法以前のものであることを示すためであったと解される。[4] すなわちここにも憲法上の規定のみによって君主制を眺めてはならないということの好例が見出されるのである。

以上挙げた二つの事例は、要するに立憲君主制の成立の歴史的経過における二つの型の相違を示す事例でもある。すなわち同じく立憲君主制ではあっても、「国民代表が君権主義を採りて新たに君主を迎え、一定の制限を付して、これに権力を認めたるもの」と、「君主が自由主義を容れて憲法を定め、国民代表議会を設けて、自らその権力に制限を加えたるもの」との相違である。後者の場合は「君権主義の布帛をもって民主主義の実質を包みたる」ものであり、その結果、君主はなお依然として「主権的元首」であるのに対して、前者の場合は「王室は本来的に王室として存続したるに非ず、議会の決議に基き、憲法によりて初めて王室となりし」もののである。[5] そしてこれら二つの型のそれぞれにもさらにいろいろのニュアンスの相違がみられるのである。

諸憲法における君主制の比較的考察において、それぞれの憲法の制定の事情を考慮すべきことはいうまでもないが、その場合に特に右の点が注意されねばならない。[6]

（1）R. Redslob: Die Staatstheorien der französischen Nationalversammlung von 1789, 1912, S. 73.
（2）G. Jellinek: Allgemeine Staatslehre, S. 527.
（3）R. Smend: Die Preussische Verfassung im Vergleich mit der Belgischen, 1904, S. 3.
（4）藤田嗣雄「井上毅の憲法立法への寄与」一一二頁。
（5）佐藤丑次郎「政治学」一二九頁～一三四頁。
（6）プロシヤ憲法の君主制の思想が、わが明治憲法にも大きな影響を及ぼしたことは、「憲法義解」がその第一章の註釈において次のように述べているところにもよく現われている。「恭て按ずるに、天皇の宝祚はこれを祖宗に承けこれを子孫に伝う。国家統治権の存するところなり。而して憲法に殊に大権を掲げてこれを条章に明記するは、憲法によって新設の義を表するに非ずして、固有の国体は憲法に由て益々鞏固なることを示すなり」（『憲法義解』岩波版二二頁）。

以上述べたところの憲法制定権力の問題は、また主権の問題でもあり、主権論の立場から国家形態をいかに捉えるかという問題でもある。それは国家学の根本問題である。ここではとうていそれをその問題自体として論ずる余裕はない。[1)] ただこの問題の所在を意識しながら、諸憲法における君主制を眺めようとする場合には、少なくとも次の諸点を常に頭の中に置いていなければならぬということを指摘しておきたい。

第一に、君主制憲法の規定の中には、憲法制定権力（pouvoir constituant）としての君主に関する部分と、組織化された権力（pouvoir constitué）としての君主に関する部分との区別が存すること、第二に、したがって君主に関する憲法の規定を眺める場合にはそれが組織化された権力としての君主の権限に関するものであるときには、憲法制定権力の部分との関連においてその意味を捉えなければならないこと、第三に、すなわち同じく君主の権限に関する規定であっても憲法制定権力が君主にあるか否かによって異なった意味をもつということである。

以下、諸憲法における君主制を、このような立場において眺めることとしたい。そしてそれが同時に、それぞれの君主制の歴史的・政治的性格を明らかにすることともなるであろう。

（1）憲法制定権力の問題を国家形態論との関連において論じたものとして、わが国の文献としては、黒田覚「日本憲法論」上巻二一五頁以下、および近くは鵜飼信成「憲法」〔岩波全書〕五四頁以下が参照されるべきである。

第二章　諸憲法における君主制の類型

第一節　今日における君主制の分布

諸憲法における君主制の諸類型の考察に入る前に、まず今日、どのような国家に君主制が存在しているかを概観しておきたい。それが世界における君主制の歴史の今日における帰結であるわけである。すなわちこの章で考察の対象とするものは、過去における君主制をも含み、それらがどのような経過と事情によって消滅したかをも顧みなければならないのであるが[1]、それらの消滅にかかわらず、今日なお存続している君主制としては、どのようなものがあり、またそれらはどのような分布を示しているかを、まず明らかにしておきたい。[2]

(1) 君主制の研究としてはむしろこの点の考察こそが重要であるともいうべきであろう。

(2) 今日におけるこれらの君主制の特色については、この章で、さらにそれらがどのような理由で存続したのであるかという問題については、次の第三章以下で述べられている。

ところで、今日においてどのような国家に君主制が存在しているかをみる場合に、まず誰もが感ずる印象は、君主制は漸次に減少の傾向をたどってきたということである。そしてこの傾向は特に第一次大戦を契機として著しい。このことをレーヴェンシュタインは、「第一次大戦勃発の時期には、ヨーロッパ大陸においては、フランス・スイス・ポルトガルの三国のみが共和制であった。今日では君主制は歴史上かつてなかったほど減少している」[1]と述べている。すなわち、今日、イギリスは別として、ヨーロッパ大陸における君主制は、デンマーク・スエーデン・ノルウエー・オランダ・ベルギー・ルクセンブルク（大公国〔Grossherzogtum〕）・モナコ（公国〔Principality〕）・リヒテンシュタイン（公国〔Herzogtum〕）にすぎない。[2]第一次大戦の敗戦国となったロシヤ・ドイツ・オーストリー＝ハンガリー・トルコにおいては、いずれも君主制は崩壊した。ラッセルが、君主制の欠点として、敗戦による神性の喪失ということを挙げているが、[3]敗戦が国民にとって王統の周囲により密接に結集する契機となった昔とはちがって今日では王統は敗戦を切り抜けることはできないといってよい。第二次大戦の結果としても、イタリー・ブルガリヤ・ユーゴスラビヤ・ルーマニヤ・ハンガリーの君主制が消滅した。

第二次大戦中、民族主義的な自決権の思想に基づいて多くの国家が新たに生まれたが、それらの中には君主制は見出されない。このことは何よりも革命的に成長したアジヤにもあてはまる。すなわち中国は一九一一年以来共和制であったし、インドネシヤはイギリスにならったオランダ王国の名目的な主権の下にはあったが実質的には独立な共和制であった。新しいビルマ・両朝鮮・フィリッピンも共和制である。

かくして今日君主制が多くみられるのは、回教世界・近東においては、エジプト・イラク・トランスジョルダン・サウディアラビヤ・イエーメン・イラン・アフガニスタンが君主制であり、[4]インドシナ地域ではタイ、北アフリカではエチオピヤ、中部アジヤではカシミール・ネパール・チベットが君主制である。そして日本については、レーヴェンシュタインは「特殊な場合」として君主制に数えている。南米においては一八八九年までのブラジルを除いては君主制は存在しない。要するに、レーヴェンシュタインは、このようにして、今日の世界の約八〇ヵ国のうち、君主制は二ダースに満たないと述べている。[5]

（1）　K. Loewenstein : Die Monarchie im modernen Staat, S. 13.　第一次大戦勃発の当時、ヨーロッパ大陸にお

いて共和制をとっていた国家はスイス・サンマリノ・アンドラ・フランス・ポルトガル等にすぎなかった。

(2) 君主国の君主は、ルクセンブルクでは「大公」(Grand Duc, Grand Duchy)、モナコでは「公」(Prince)、リヒテンシュタインでは「公」(Prince) と称するほか、すべて「国王」(King) と称する。なおエチオピヤは「皇帝」と称する。

(3) B. Russel : Power, its social analysis. 東宮監訳「権力」一九四頁。ラスキも、「重要なことはイギリスが終始、戦争に勝っていることである。大陸の経験では、皇帝が敗戦に耐えられるかは疑問である」といっている。H. Laski : The Parliamentary Government in England, 1938, p. 394.

(4) レーヴェンシュタインの著書は、ファルーク王の追放による君主制の崩壊以前である。

(5) K. Loewenstein : S. 13 ff.

次に、いっそう詳細に君主制の国家と共和制の国家とを分類しているピーズリーの分類をみよう[1)]。彼によれば、君主制は、アフガニスタン・ベルギー・ブータン・デンマーク・エジプト[2)]・エチオピヤ・ギリシャ・イラン・イラク・日本・ヨルダン・リヒテンシュタイン・ルクセンブルク・モナコ・ネパール・オランダ・ノルウエー・サウディアラビヤ・スペイン・スエーデン・タイ・大英連合王国・ヴァチカン・イエーメンの二四ヵ国である。彼は合計八三ヵ国について分類を試みているのであるが、君主制の国家のパーセンテージは二九パーセントであり、また世界の全人口約二二億五〇〇〇万人のうち、これら君主制の国家の全人口は二億一八〇〇万人であって、そのパーセンテージは一〇パーセントであるとしている[3)]。

(1) A. J. Peaslee : Constitutions of Nations, 1950, vol. I, pp. 4〜5.

(2) これもファルーク王の追放以前である。

(3) なおピーズリーの分類による共和制の国家を併せて列挙しておこう。それは次の五二カ国である。
アルバニヤ・アンドラ・アルゼンチナ・オーストリヤ・ボリビヤ・ブラジル・ブルガリヤ・ビルマ・バイエロロシヤ

(Byelorussia)・チリー・シナ・コロンビヤ・コスタリカ・キューバ・チェッコスロバキヤ・ドミニカ・エクアドル・エルサルヴァドル・フィンランド・フランス・ドイツ・ガテマラ・ハイチ・ホンヂュラス・ハンガリー・アイスランド・アイルランド・イスラエル・イタリー・朝鮮・レバノン・リベリヤ・メキシコ・蒙古人民共和国・ニカラガ・パナマ・パラガイ・ペルー・フィリッピン・ポーランド・ポルトガル・ルーマニヤ・サンマリノ・スイス・シリヤ・トルコ・ウクライナ共和国・ソ連邦・アメリカ合衆国・ウルガイ・ヴェネゼラ・ユーゴスラビヤ。この五二カ国は世界の全国家の六三パーセント、その全人口は一三億五〇〇〇万人であって、世界全人口の六〇パーセントであるという。なお右のうち、シナ・ドイツ・朝鮮とあるが、ピーズリーの書物においては、台湾と中国、東ドイツと西ドイツ、北鮮と南鮮との区別はなされていない。

またピーズリーは、第三の分類として、自治領（ドミニオンおよび大英連邦〔コモンウエルス〕構成国というグループを設け、オーストラリヤ・カナダ・セイロン・インド・ニュージーランド・パキスタン・南阿連邦の七ヵ国をこれに含めている。そのパーセンテージは、八パーセント、人口は四億五一〇〇万人・二〇パーセントである。

今日の世界における君主制の分布については、ここではおよそ以上述べた程度で足りるとすべきであろう。[1] これらの君主制の比較が以下の課題となるわけである。ここでは、その比較的考察をなす場合の前提として、まず注意しておくべきことを若干指摘しておきたい。

まず第一に、地理的分布の上では、アジヤ・中東等の地域に君主制が多いことおよびそれらの中には文明国と呼ぶにふさわしくない土侯国的な国家が少なくないこと。

次にそれらの君主制の制度的な特色として、第二に、選挙君主制は存在しないこと。[2]

第三に、絶対君主制の時代はもはや明らかに去ったこと。最後のそれは一九一八年以前の帝制ロシヤであった。今日においても、アラビヤおよび中部アジヤ地域にはなおその残滓がみられるということができるが、しかしそれら諸国にも制限君主制への運動がみられる。[3] おそらく今日において完全な意味での絶対君主制はただエチオピヤにのみ存するというべきである。[4)]

第四に、絶対君主制のみならず、いわゆる外見的立憲君主制の時代も去ったこと。[5)] 最後のそれは一九一八年以前の帝制ドイツおよびさらにおそらくは昭和二二年以前の日本であるというべきであろう。

第五に、かくして今日においては、議会主義的君主制のみが唯一の可能な君主制であること。そしてその典型として、イギリス・ベルギー・オランダおよび北欧三国すなわちスエーデン・ノルウエー・デンマークを挙げることには異論がないであろう。ただしこれらの中で、イギリスの君主制は、いうまでもなく特殊である。すなわちそれは広く説かれているように、輸出品ではない。レーヴェンシュタインは、イギリスの君主制は一つの類型であるというよりはむしろ「唯一の事例」というべきであるといい、[6)] ヒュー・セシルは、それは一つの「地方的変種」であるといっている。[7)] かくして要するに、一般的には、西欧的・北欧的な議会主義的君主制が、今日における君主制の政治形態であるということができる。

第六に、さらに注目すべきこととして、今日の君主制の中には、君主制とはされていながら、憲法上、主権は人民にあるとされているものが少なくないということ。すなわちピーズリーは、前にかかげた分類のほかに、主権の淵源による分類をも試みているが、[8)] それによれば、ベルギー・ギリシヤ・イラク・イラン・日本・ルクセンブルク・タイの七ヵ国においては、憲法上、国民主権が定められているのである。そしてこの点に、今日の君主制の最も根本的な論点があることは、すでに前に述べた。すなわち、右に述べたように、議会主義的君主制のみが今日において可能な唯一の君主制の形態であるといえるのであるが、これまた前に述べたように、国民主権の下における君主制という形態が、果して君主制と呼ばれるべきものであるかどうか、少なくともそれは本来の君主制とは異なるものではないのかという問題がここに生じているのである。

（1）この地理的分布については、簡単には、私の「政治の教室」三七頁の「君主国分布図」参照。なお関道雄「君主について――各国憲法に見る」（時の法令一七六号）三〇頁では、「現在、君主国といわれる国は、ヨーロッパでは、英国・ノルウェー・スエーデン・デンマーク・オランダ・ベルギー・リヒテンシュタイン・ルクセンブルク・モナコ・ギリシヤの一〇ヵ国、アフリカではエチオピヤ・アジヤではイラク・イラン・サウジアラビヤ・イエーメン・ネパール・ヨルダン・タイ、それにもしも日本を加えることができれば計八ヵ国、以上のほかにも小さな土侯国のようなものがあるかも知れないが、まず常識的には、以上の一九ヵ国と考えてよいであろう」といっている。

（2）K. Loewenstein : Die Monarchie im modernen Staat, S. 20.

（3）K. Loewenstein : SS. 21～22, S. 71.

（4）エチオピヤの一九三一年憲法がそれである。皇帝は国法上の副号として「ユダの獅子王」（Löwen von Juda）との称号を有し、公的にサロモン王およびサバ女王の後裔とされている。憲法は「その血統および聖油により皇帝の身体は神聖であり、その尊厳および権力は不可侵である」こと（第三条）、したがって最高の権力は皇帝の手に存する（第六条）ことを定める。両院制の議会は存するが、それは単に諮問機関的性質のものであり、上院（参議院）議員は皇帝により任命された貴族より成り、下院（代議院）議員は「国民が自ら選挙の能力を有するに至るまでは」（第三二条）地方的首長および貴族をもって充てられている。両院とも立法その他の事項について皇帝に上奏する権限を有する（第三六条）。大臣はその権限に属する事項について文書により皇帝に建議することができる（第六八条・第六九条）。レーヴェンシュタインはこの憲法を「一種の憲法」と呼び、また、「もしもルイ一四世がその絶対的権力を憲法的に表現しようとしたとしても、このハイレ・セラシエ皇帝のようにみごとにはなしえなかったであろう」と述べている。K. Loewenstein : SS. 22～23.

（5）K. Loewenstein : S. 71.

（6）K. Loewenstein : S. 53.

（7）H. Cecil : Conservatism, 1919, p. 218.

（8）A. J. Peaselee : Constitutions of Nations, vol. I, pp. 6～9. これら憲法の規定については後に詳しく述べる。

以上簡単にかかげた六つのことがらが今日存在している君主制を通じて認められる特色ないし傾向であるということができよう。そしてそれらの特色ないし傾向を諸憲法の歴史的発展の中でフォローすることが、この章のテーマであるわけである。そしてまたそこで考察の対象として重点的に取り上げるのが、現存のものとしては、イギリス・ベルギーおよび北欧三国の五ヵ国であり、過去におけるものとしては、フランス・ドイツの二ヵ国であるということの理由も、以上述べたところに基づくのである。そして、現存の君主制のうち、右の五ヵ国以外のものについては、この章の最後で一括して触れ、さらに日本についても別の箇所で言及することとしたい。

第二節　イギリスの君主制

第一項　序　説

君主制の比較憲法的考察にはイギリスの君主制の考察を欠いてはならず、またまず最初にそこから出発するのが適当であろう。このことの理由は、改めて述べるまでもなく明らかであるように思われるが、一応、簡単に、箇条書き的に述べておきたい。

第一には、前節で述べたように、今日存在しうる唯一の君主制の形態としての議会主義的君主制の典型がイギリスの君主制であること。

すなわち、イギリスの君主制は輸出品ではないといわれている。それは「まさに一回的環境」であるといわれ、また「それを基礎づける歴史的・心理的諸条件は他国においては人為的に形成しえない」[1]ともいわれている。

しかしこのことは大陸その他の議会主義的君主制がイギリスを模倣しようとしなかったということではない。むしろ模倣しようとしてしかも成功しなかったこと、あるいは模倣したつもりであって実は別のものとなったことを意味する。この意味で、イギリスの君主制は依然として今日の君主制の源流であるといってよいのである。

第二に、イギリスが不文憲法の国家であることの結果として、そこには君主制について他の国家が憲法典において定めていることがらだけではなく、憲法典でカバーしえない部分がむしろ前面に現われていること。すなわち前に述べたように、本来君主制には憲法典で規定しえない部分が多いのであり、したがって諸国の君主制を考察する場合に、それらの国家の憲法典の規定以外に存在する君主制の実体を看過してはならないのであるが、その際にどのような点を注意しなければならないかを、イギリスの君主制は教えているということができるのである。

第三に、そこには議会主義と君主制とがいかなる関係に立つかという問題が現われていること。すなわち、イギリスはいうまでもなく議会主義の母国でありまたその最も発達した国家である。議会政の原理もこの国で確立された。しかしそこに君主制の原理との対決がみられなかったわけではない。イギリス議会政の範典となったのはミルの「代議政体論」（一八六一年）であるといえようが、その父ミルが始めてその「政府論」（一八二〇年）で代議政体の理論を組み立てたとき、その理論は多くの反対論を惹起した。そしてその反対論は、イギリス憲政における君主・貴族・庶民の三大勢力の併存または調和形態は完全な政府形態ではなく、立法に関する限りこれを庶民に統一しなければならぬとした彼の一元論に対する反対であった[2)]。しかしこの父ミルの理論を子ミルの「代議政体論」が大成し、その後、君主制と議会主義とが調和しうることが、イギリスでは疑われなくなるにいたっているのである。この「代議政体論」の刊行の時期におけるイギリス君主制の実体が、これとまさに時期を同じくして書かれた、バジョットの「英国憲政論」によってザッハリッヒに画かれているといえるであろう。

第四に、右と関連して、そこには君主制がその歴史的発展において自らを変化せしめてきた経緯が典型的に現われていること。すなわちこれがイギリスの君主制の特色であると広く説かれている点であるが、たとえばセシルは「イギリス君主制ほど、その本質においては多く変化しながらしかもその外面においては変化なく存続している人間の制度を他に挙げることは困難であろう[3]」といっている。そしてこの存続の理由は、たとえばレーヴェンシュタインのいうように、「君主制はイギリスにおいては君主の権力万能性によってではなく、その制限によって生命を維持してきた[4]」というところに存するのである。ただしこのことは必らずしも担々たる経過によって実現したのではない。それは一七世紀の革命を経ることによってであり、またそこには思想的には神権説が克服されねばならなかった。諸国の君主制の歴史を眺める場合に、イギリスにおけるこの間の事情が、それらの諸国ではどのように現われたかをみる必要がある。

第五に、これまた右と関連して、君主の象徴性という問題がそこでは最も典型的に現われていること。すなわち国王が大英連邦の象徴であるということは、周知のように、ウエストミンスター条例によって立法的にも定められているところであり、また国王が国民統一の象徴であるということは、そこではもはや疑いないものとして広く認められているところである。君主の権能が名目化し、その地位が象徴化するということが近代の君主制の一般的傾向であるとするならば、その傾向を明らかにする上に、まずイギリスの君主制を考察することが必要であることはいうまでもないであろう。

以下、以上のような諸点を意識しながら、イギリスの君主制を考察したい。

(1) K. Loewenstein : Die Monarchie im modernen Staat, S. 45, S. 71.
(2) 蠟山政道「比較政治機構論」八六頁。

（3） H. Cecil : Conservatism, p. 218.
（4） K. Loewenstein. S. 46.

第二項　歴史的背景

イギリスの君主制の起源は、いうまでもなく古い。サクソンの年代記によれば、初めてイギリスに来た移住民の首長たちは、自ら、民政的な意味をもつ **ealdorman** または軍事的な意味をもつ **heretoga** という名称を用いていたが、中でも特に強力であった者は、それより一段上の **king** (cyning, kyning) という称号を用いたといわれる。**cynn** または **kin** とは部族の意味であり、**king** とは部族の長を意味した。これら移住民族は初め無数に分立していたが漸次に七王国に統一され、九世紀にはその中のウェセクス（Wessex）王朝の下に一つの王国をなすにいたった。このサクソン時代においては、王は世襲ではなく、当時の賢人会議すなわちウィテナゲモートによって選挙された。ただし事実上は、自由な選挙ではなくある特定の家族の中から選ぶという慣行が成立していた。[1]

これら古い時代にさかのぼってイギリス君主制の歴史をたどることは、ここでは不可能でありまた不必要でもある。ここでは中世以後、一五、六世紀における絶対君主制の成立、すなわちチュードル王朝の時期からのイギリス君主制の歴史をきわめて簡単に述べることで足りるとすべきであろう。

すなわち絶対君主制の前史について一般的に妥当することであるが、イギリスの絶対君主制もその根を封建制[1]にもっている。エドワード一世によって召集された一二九五年のかの模範議会の構成もこのことを現わしている。そして絶対君主制の成立はこのような封建制の克服によって可能となった。すなわち、改めて述べるまでもなく、封建制社会においては国王も実質的には一個の封建領主、最大の封建領主にすぎなかった。しかるに中世末期以来、王権は徐々に他の地方的封建領主を打倒して、全国統一的な規模において地方領主の手にあった諸権力を自己に集めた。ここに、中央集権的権力としての絶対君主の権力が出現した。王権がこのように中央集権的権力として作用して封建的・地方分権的体制を打破したという面では、絶対君主制の成立は近代的な意味をもつ。ただしその反面、絶対君主は依然として一個の封建領主として、全国的規模で再編成された封建制社会の頂点に立つものとして、中世的・封建的体制の延長・連続面をももっている。この面では絶対君主制はなお依然として中世的・封建制的な意味をもっているのである。[3] そしてこのような絶対君主制を支えているものは、機構的にいえば「国王の官吏」たる特権的な絶対制官僚の制度と、「国王の軍隊」たる常備軍の制度とであり、思想的にいえば王権神授説の教説であったわけである。

(1) 末延三次「イギリスの国王」（比較法研究一一号）二頁、高柳賢三「英国公法の理論」二二九頁。
(2) C. Petrie: Monarchy in the 20th Century, 1925, p. 12.
(3) 前川貞次郎「絶対主義国家」五頁〜六頁。

以上のような絶対君主制の成立事情についてはイギリスもその例外ではない。すなわちイギリスの絶対君主制はチュードル王朝（一四八五年〜一六〇三年）に至ってヘンリー七世（一四八五年〜一五〇九年）によって基礎が置かれた。枢密院や星室庁などの官僚的政治機構は彼の治世において整備された。さらに常備海軍を創設したヘンリー八世（一五〇九年〜一五四七年）を経て、エリザベス女王（一五五八年〜一六〇三年）によって、イギリスの絶対君主制は一応その完成をみたといってよい。国教の確立・幣制の統一・東インド会社の設立によって象徴される重商主義政策の採用などがその治績であった。

エリザベス女王の死後、スコットランド王ジェームス六世がジェームス一世(一六〇三年～一六二五年)として即位し、スチュアート王朝時代が始まる。そしてこの一七世紀において、イギリスの君主制は激しい内乱と革命を経験するのである。すなわち英国国教はエリザベス女王の時代に一応確立されたが、ピューリタンは国教主義に反対した。そしてこの宗教上の対立が国王対議会という政治上の対立と結びついた。一六世紀末から新興の中産階級の進出によって議会が活力をとりもどし、議会の権利が主張されるようになり、かつピューリタンの勢力はこの新興中産階級の中に強かったからである。その攻勢は王が強行しようとした増税・一部大商人への独占権許与・強制公債などに対する反対として展開された。しかるにこのような議会の攻勢に対して、ジェームス一世は王権神授説をもって対抗した。国王と議会のこの対立は、チャールズ一世(一六二五年～一六四九年)の治世においていっそう激化した。このような絶対主義と議会主義との対立、そしてこの対立が内乱にまで導かれたことの経緯は、バジョットによって、ヘンリー八世の「奴隷議会」(slavisch Parliament)がエリザベス女王の「ぶつぶつ議会」(murmuring Parliament)となり、ジェームス一世の「反抗議会」(mutioneous Parliament)を経てついにチャールズ一世の「反乱議会」(rebellious Parliament)となったと述べられているところである[1)]。

一六二八年の「権利請願」・一六四〇年からの長期議会・クロムウエルの勢力獲得・一六四九年のチャールズ一世の処刑すなわち清教徒革命・一六四九年から一六六〇年までの共和制・この間におけるクロムウエルの独裁・イギリス憲法史における唯一の成文憲法たる一六五三年のインストルメント・オブ・ガヴァメントの制定・一六五八年のクロムウエルの死・一六六〇年の王政復古。これらの経過については、ここでは改めて述べるまでもないであろう。さらに、復活スチュアート王朝のチャールズ二世(一六六〇年～一六八五年)およびジェームス二世(一六八五年～一六八八年)の反動化・専制化が名誉革命を生む。オレンジ公ウイリアムとメアリーが一六八九年共同統治者として即位する。その年「権利章典」が、さらに一七〇一年王位継承法が成立する。これらは王権に対する議会権力の拡張の立法上のモニュメントであることはいうまでもない。またこの名誉革命に至る時期において後にトーリーおよびホイッグと呼ばれる両政党が成立したわけである。

さらにウイリアム三世（一六九四年〜一七〇二年）、アン女王（一七〇二年〜一七一四年）についで、王位継承法に基づきドイツのハノーヴァー家のジョージ一世（一七一四年〜一七二七年）の即位となる。ハノーヴァー王朝がここに始まる。しかるに、広く説かれているようにジョージ一世は英語を解せず、政務を大臣たちに委ね、閣議にも出席することがなかったため、大臣の一人が国王に代って閣議を支配するようになり、その大臣が他の大臣に優越し、首相と呼ばれるものとなった。当時ジョージ一世およびジョージ二世（一七二七年〜一七六〇年）の治世において、この役割を果したのが、議会の多数派たるホイッグ党の指導者であったウォルポール（一六七六年〜一七四五年）である。ウォルポールの時代に、イギリスの議会政治が展開される。すなわち「君臨すれど統治せず」という国王の下に、議会の多数派を背景とする内閣政治が生まれ、その内閣が議会に責任を負うという体制がこの間に成立したのである。

このハノーヴァー王朝はその後今日に至るまで連続しているが、その下において、一八世紀から一九世紀を経て今日に至るまでの歴史的発展も、ここで改めて述べるまでもない。それは君主制の側からみれば議会主義的君主制への発展とその確立の経過であり、議会政治の側からみれば、議会政治とはいいながらも実質的には貴族的寡頭政治であったものが、一八三二年に始まる選挙権拡大と議会改革とによって、民主主義的議会政治への展開がみられる経過である。ヴィクトリア女王（一八三七年〜一九〇一年）の六〇年に及ぶ治世の時期はこの経過の中心的部分をなし、バジョットの「英国憲政論」（一八六七年）はこの時期におけるイギリスの君主制の記録であるわけである。彼によって書かれたところのイギリスの君主制と議会政治とは、また彼によって予告的に展望されたところの方向に、その後、進展をつづけてきたのである。[2]

（1）深瀬基寛訳「英国の国家構造」三六七頁。
（2）以上述べてきたような経過を、セシルは、「プランタジネット王朝における制限君主制はエドワード四世およびヘンリー八世のいっそう専制的な体制へと移った。その専制的君主制は展開して新しい型の制限君主制へと変った。そこでは外国の王と強力な貴族制とがその権威を分ちもっていた。そしてそれは再びいっそう寡頭的な影響力の下にある民主的議会の近代的体制へと道を譲った。そしてこの民主政と寡頭政との混合形態は変化し、現になおその性格を変化しつつある」と要約的に述べている。H. Cecil : Conservatism, pp. 219〜220.。

以上、きわめて簡単に、クロノロジー的に述べてきたイギリス君主制の歴史的経過は、いうまでもなくそれ自体としてきわめて広瀚な研究を必要とするものである。[1] ここではとうていその余裕がない。ただ、イギリスの君主の地位・権限およびその君主制としての特色を論ずるに当って、少なくともなお若干の点をその歴史的背景として、重点的に眺めておかねばならないであろう。すなわちそれは、以上のような経過の中において、王権神授説がどのような役割を果したか、および同じくこの経過の中において、「法の支配」の原理、「議会主権」の原理が、相互にどのような関係で結びつきながら発展してきたか、という問題である。イギリスの君主制の特色は、これらの問題の中に見出されるのである。

（1）この分野に関する文献は枚挙にいとまがない。ただ、特にヴィクトリア女王の時代におけるイギリス憲法について、バジョットがいわば奔放に論じたところを、きわめて実証的・資料的に論じたものとして、S. Amos : Fifty years of the English Constitution 1830〜1880, 1880. が特に参照されるべきであることを特記しておきたい。

まず王権神授説が問題となる。

すなわち広く説かれているように、名誉革命によって王権神授説は完全に破れて議会主権の原理が確立し、以後、王権神授説はもはや説かれることはないということは[1]、一般的にいってもとより誤りではない。しかしそれにもかかわらず、これまた広く説かれているように、王権神授説の思想はその後も、たとえば国王または女王の正式の称号における「神の恩寵による」のことばや戴冠式における塗油（または灌油〔Anointing〕）の儀式を引くまでもなく、なお残滓として根強く残っているところに問題があるのである。[2]

すなわちここで王権神授説とは、たとえばグーチのことばによれば、「君主制は神意の命ずるところであって、世襲の権利は侵すべからざるものであり、王は神にのみ責任を有し、正統の王に対する反抗は罪であるという教説」[3]であるが、一般的にいって、この王権神授説がヨーロッパにおいて、大きな役割を営んだ経過は二つの時期に分けて考えることが必要である。すなわちその第一の時期は、近代民族国家の第一期すなわち近代専制君主国家の擡頭の時期であり、その代表者たる君主の地位と権威を理由づける上に重要な役割を果した。[4]次に第二期はこのような近代専制君主国家が一応完成された後に、これに対して人民主権的な反抗権の思想が生じ、これがさらに新興市民階級の政治的成長と結びついた時期である。この時期に再び王権神授説は登場して、攻撃されつつある君主権力を宗教的に擁護する機能を果した。イギリスにおける王権神授説の役割は特にこの第二の時期において注目されなければならない。なぜならイギリスにおいてはチュードル王朝の歴代の君主によって、さしたる摩擦もなく王朝の基礎は確立され、またそこでは周知のように、議会が順調に成長して漸次に広汎な人民の意思を代表しつつあったために、たとえばフランスにおけるとは異なり、この第一の時期において特に王権神授説によりその君主権力を理由づける必要をみなかったからである。しかるに一七世紀に至り、重商主義の成熟にともない市民階級の政治的勢力が増大し、王朝的旧勢力に対する攻勢が開始されることとなると、これに対してスチュアート王朝の君主、特にジエームス一世とチャールズ二世が、露骨に王権神授説をもって立ち向ったのである。[5] グーチが、一七世紀のイギリス政治思想を述べるにあたって、それをジエームス一世自らの王権神授説から始め、その冒頭で、次のように論じているのはこのことを示している。

「一六世紀が神学的論争の時代であったとするならば、一七世紀は就中政治的論議の時代であった。宗教改革は伝統的なヨーロッパ体制を解体してしまった。そこで、諸国民の生活が安全に庇護されうるような別の組織を作ることが必要であった。そしてこれは権威を増した世俗的支配者に見出されたのである。ところが王が途徹もない主張をしたので、当然の逆効果として、人民の権利が要求されることになった。絶対主義国家が宗教改革の息子でありその遺産相続人であるとすれば、デモクラシーは残余遺産の受取人であった。[6]」

一七世紀のイギリス政治思想について、このようにして展開されるグーチの叙述はきわめて詳細でありまた生彩に富むが、一七世紀のイギリス君主制の発展はこのように王権神授説を離れては成り立ちえないのである。

(1)　高柳賢三「英国公法の理論」二三五頁～二三六頁。
(2)　G. Jellinek : Allgemeine Staatslehre, SS. 670～671, S. 675.
(3)　G. P. Gooch : Political thought in England. From Bacon to Halifax.　堀豊彦・升味準之輔訳「イギリス政治思想一―ベーコンからハリファックス」六頁。
(4)　王権神授説はヨーロッパにおいてのみ称えられたものではない。すなわちそれは大きく分類すれば、㈠古代または未開の種族社会における自然崇拝的神権思想、㈡ヨーロッパ諸国のキリスト教信仰における教義的神権説、㈢支那の儒教における天命的または王道的神権説、㈣日本固有の神道的・神胤的神権説の四種に区別される（今中次麿「政治統制論」五三八頁以下、同「政治学説史」一三二頁以下参照）。ここで問題になるのは、右の四種のうち第二のものである。
(5)　堀・升味訳「イギリス政治思想」における堀教授の解説（二〇四頁以下）。なお、同じく堀豊彦「政治学理説としての反抗権」（国家学会雑誌七〇巻九号）参照。

（6）　堀・升味訳「イギリス政治思想二」一頁。

ジエームス一世の場合、特殊的なことは、彼の王権神授説の信念が彼自らの二つの論文によって書き記されているということである。「帝王道」と題する論文と、「自由なる王国の真の法、すなわち自由なる王と臣民との間における相互義務」と題する論文の二篇がそれである。そして特にこの後者は、グーチによって、王権神授説が「このブリテンのソロモンともいうべきジエームスの著作におけるほど簡潔に述べられ、決然たる確信をもって弁護されているところはないのである」[1]と評せられているものである。しかし注意すべきことは、このような彼の主張が、大権の強化は国教会の強化でもあったがために国教会の僧侶によって支持されたとしても、議会によっては支持されないばかりか、激しい抵抗を受けたことである。すなわち議会はただちに、王の主張は、「下院の基本的特権そのものの完全な破棄であり、したがって下院全体の権利と自由の完全なる破棄」に至るものであるとして反撃した。議会には一人の支持者すらなかった。この点が、グーチによって、「かくてイギリス君主制と大陸の君主制の伝統的相違は消え去ったのである」とされるところである。[2]ここで伝統的相違が消え去ったといわれているのは、チュードル王朝においては、前に述べたように、王と議会とは一体をなした国家機関であったのに、ここに至って、大陸にみられたと同じく議会を除外し、議会の特権を無視する「正真正銘の絶対制」[3]が初めて現われたことを指しているのである。

クロムウエルによる革命・チャールズ一世の処刑に至る経過はここでは述べないが、いずれにせよかつてジエームス一世が、議会の抵抗に対して、一六一六年、「神が何をなし得るかを論ずるのは無神論であり、冒瀆である如くに、王は何をなし得るかを論じたり王はかくかくのことはなし得ないといったりすることは、臣民の僭越であり王に対する大侮辱である」[4]と述べて反撃したことを思うならば、チャールズ一世を「チャールズスチ・ュアート、暴君、叛逆者たり、殺人囚たり、イギリス共和国の公敵たり」として、これを断頭台に送ったこの革命が王権神授説に対して再び起つ能わざる打撃を与えたものとなったことはいうまでもない。一六六〇年の王政復活も、この事態を覆えすものではなく、一六八八年の名誉革命はそのことを実証しまた確定したものとなった。

（1） 堀・升味訳「イギリス政治思想（一）」六頁。
（2） 同右・八頁。
（3） 同右・八頁。
（4） 同右・七頁。

すなわち問題は、何故にクロムウエル革命が君主制の顚覆にまで及んだか、そしてそれによって王権神授説が再び起つ能わざることとなったとしても、何故に共和制がわずか一〇年にして再び王政復活に逆転したか、そしてまた何故にこの君主制が名誉革命を経た後においては、立憲君主制さらには議会主義的君主制として長く強固に維持されて今日に至っているかに存する。この場合にはまず、ジエームス一世およびチャールズ一世の主張が、前に引用したように、グーチのことばによれば「途徹もない主張」であったことが、それに対する抵抗をも矯激ならしめ、チャールズ一世の処刑と君主制の顚覆をも導いた根本の原因であったことを注意する必要がある。すなわち「途徹もない」とグーチがいう場合には、チューードル王朝、特に国民の信望を集めたエリザベス女王の下における善き君主制と比較していわれているのである。当時の議会には君主制そのものに対する絶対的な反対論が有力であったのではない。このことは周知のように、長老派と独立派との対立があり、前者が熱心に国王との妥協をはかったことに現われている。ただ国王はあまりにも非妥協的であった。またクロムウエルの率いた勢力の中にも、人民主権を主張したいわゆる水平運動の勢力があったとしても、クロムウエル自身の君主制に対する態度は穏健であった[1)]。

一六六〇年の王政復活は、リチアード・クロムウエルの無能によるにしても、そこに王政復活の気運が生じたのは、偉大なるクロムウエルの死によって、従来すでに存していた君主制論と共和制論との対立が再び擡頭してきたことによる。さきの長老派議員が勢力を回復し、大陸からチャールズ二世が迎えられたとき、かつてのエリザベス女王の下における君主制の再現が期待されたといえるであろう。ただチャールズ二世とジエームス二世はこの期待に反した。しかもチャールズ二世の専制はフィルマーの族父権説的な王権神授説によって再び武装された。またジエームス二世はフランスにおける王権神授説の代表者ルイ一四世と結んだ。議会がそこに再び一六四〇年代の危険を感じたことは当然といえよう。名誉革命の原因は、根本的にいって、そこに求められるというべきである。すなわち名誉革命、それにつづく権利章典および王位継承法の制定は、根本的にいって、善き君主制の確保のためのものであり、そこでは王権神授説に基づく絶対的な専制君主制は排除されたとしても、君主制そのものはむしろあくまで維持さるべきものとされ、そしてそれがその後のイギリス君主制の基礎を固めたこととものなったのである。

（1）　彼は国王の処刑にも不承不承同意したといわれる。彼はまたその権力の永続化をはかろうとした共和制的な下院の行動には強く反対したといわれる。さらにまた「王権は大きく高く、わが国民全般に理解され尊敬されているからこのような時代には極めて便利なことは確かである」ともいったといわれる。グーチは「彼が専制者として支配することを余儀なくされたのは環境の犯した罪だったのである」と述べている。堀・升味訳「イギリス政治思想一」六七頁・六八頁。

右の事情は、名誉革命の哲学者と呼ばれるロックの理論に現われている。すなわちいうまでもなく、ロックの「政府二論」（Two Treatises of Government, 1690）の前篇「ロバート・フィルマー卿の誤れる根拠の摘発ならびに打倒」は、フィルマーの族父権説的な王権神授説を徹底的に論駁する。そしてその後篇「政治社会の真の起源、限界および目的に関する論文」は、前篇における王権神授説の論駁を通じて、名誉革命およびその結果としての制限君主制すなわちウイリアム三世の立憲君主制を理由づけたのである。

ロックの理論の内容やその特色についてはここでは詳しく述べないが[1)]、要するに彼は政治社会の発生起源という根本問題から出発して、国民大多数の同意という原則の上にウイリアム三世の王権の合法性・その統治の正統性を認めようとした。それはまた正当な権威――君主――による統治の理由づけであったといってもよい。すなわち政治形態論としては、彼はその種類として、立法権把持者の如何によって、完全民主制・寡頭制・世襲君主制・選挙君主制・混合制等を挙げる。そして政治社会の起源すなわち自然状態から始まり理性的存在としての人間の理性的な活動を予定し、そこからまた社会契約の理論へと展開されるところの彼の周知のような理論体系からすれば、その帰結は完全民主制であるべきこととなるのではあるが、それにもかかわらず彼がウイリアム三世の下における制限君主制を弁護したところに、彼の理論の特色があるのである[2)]。

右の点が、彼の理論がその出発点と推理の過程においてラディカルでありながら、最後にはいつも穏和な結論に落ちついていると評される所以でもあり、また彼がウイリアム三世の立憲君主制に妥協したと評される部分でもあるわけであるが、それがまた根本的について、この「政府二論」が当時のイギリスにおいて広く歓迎され、またその後のイギリスの立憲政治・議会政治の発展の理論的基礎を形成した所以でもあるのである。

そして右の点について彼が論ずるところで特に注意すべきことは、そこでイギリス君主制の歴史と伝統ということがきわめて強く強調されていることである。すなわちその有名な節は次のようにいう。

「英国史をひもとく者は、最大の特権が常に最も賢明且つ善良な君主の手中にあったことに気付くだろう。というのは、国民は名君の行動が全く公共の福祉の方に向けられるのを見て、何がその目的のために、法律の命令なくしてなされても異議をさしはさまなかった。また、何か人間的な弱点もしくは過失が（というのは、君主もまた人間にすぎず、われわれと同じように創造されたのであるから）、公的福祉から少し逸れた二、三の小さい失政に現われても、名君の行為が主として、他ならぬ公共社会への配慮に向けられていたことは明かである。かくて国民は、これらの名君が法律を用いずに、また法律の文字通りの意味には背いて行動しても、常に彼等に満足すべき理由を見出したので、彼等が行うことには常に同意し、少しも不平をこぼさずに彼等の特権を拡大するままにまかせておいた。君主があらゆる法律の基礎と目的――すなわち公共の福祉に一致した行動をとる以上、その法律を侵害するようなことはあるまいとした国民の判断は正しかったのである。[3]」

すなわち彼によれば、ジエームス一世は、このようなイギリス君主制の光栄ある歴史と伝統に背反して絶対専制を試みた王なのであり、また「暗愚・邪悪な君主」すなわち「先祖達が法律の指図を受けずに行使した権力は、職権によって自分のものとなった特権であるから、それを公共以外の利益をはかり促進するために行使しようと自分の勝手であると主張する」君主であった。それはまた人民の信託に違反する君主でもあったわけである。そこで「従って国民としては、その権力が自分達の福祉のために行使されていた間は甘んじてそれを黙認したが、こうなっては自分達の権利を主張し、君主の権利を制限せざるを得ない」こととなるのである。[4] 名誉革命はこのようなものとして評価されるのである。

右のような叙述の中に、信託の理論および君主の信託違反に対する人民の反抗権の理論が組み入れられていることはいうまでもない。しかしこの場合に、この人民の反抗権が「神に訴える」権利のほかにはないとされ、またむしろこの反抗権が発動されるに至らない前に君主が自制自粛すること、すなわちいわばむしろ人民の反抗を事前に防止することが賢明な君主のなすべきことであると説かれていることが注意に値する。すなわちこれまた有名な節はその最後で、人民の反抗権は「不都合が大きくなって、大衆がこれを感知し、うんざりして、それを是正させる必要ありと認めてこそ始めてその効力を現わす」ものであるとし、そこで、「しかし行政権すなわち賢明なる君主は何を好んでこの危きものに近づいて手を噛まれる必要があろうか。それこそ、あらゆるものの中で、君主にとって最も避けるべき必要があり、また最も危険なものである」といっている。ウイリアム三世はこのような賢明な君主として期待され、そこに光栄あるイギリス君主制の歴史と伝統の再現が待望されていたのである。

(1)　わが国におけるものとして、特に山崎時彦「名誉革命の人間像」、丸山真男「ジョン・ロックと近代政治思想」(法哲学四季報）参照。
(2)　山崎時彦・同右・一〇〇頁・一一八頁。
(3)　後篇第一四章第一六五節。松浦嘉一訳「政治論」三八八頁。
(4)　後篇第一四章第一六四節。同右・三八七頁〜三八八頁。
(5)　後篇第一四章第一六八節。同右・三九一頁。

名誉革命はロックによってこのようにして理由づけられた。もちろん一七世紀のイギリス政治思想については特にロックの他に、ホッブスはもとより、またグーチによって「王政復古時代の最も鋭く最も独創的な思想家」[1]であると呼ばれたハリファックスを逸することはできない。ハリファックスは君主制をイギリスにとって唯一可能な体制であるとした。しかし彼が擁護したのは制限君主制であった。[2]ただし、ここでは、以上ロックを中心として、名誉革命の時期において、イギリス君主制の光栄ある歴史と伝統とが回想され、それが回復され擁護されねばならぬとされていたということを指摘するだけで一応足りるとすべきであろう。そしてこれによって絶対主義的専制君主制は終りを告げる。そして王権神授説はその後もはや説かれない。まさにグーチのいうように、「国王の権力は国王と人民の間の原始契約から起り、この契約はジエームス二世によって破られ、その故に王位は空闕であるというコンペンション議会(ロンドンに入ったウイリアムによって召集された議会)の決議において、一世紀の発展の成果がはかられる。ジェームス一世とともにイングランドに入った王権神授論は、彼の孫の行李の中に永久に置き去られたのである」[3]。

(1)　堀・升味訳「イギリス政治思想二」一三九頁。

(2)　グーチはロックについてよりもハリファックスについてきわめて多く語っている。そして君主制の擁護に関する限り、ハリファックスはロックよりもいっそう積極的であった。彼の「日和見主義者の性格」(The Character of a Trimmer, 1684)がそれである。同右・一四一頁以下参照。

(3)　同右・一三八頁。

さて以上、王権神授説の運命を中心として、一七世紀の二度の革命の経過を略説した。それは政治権力をめぐる国王と議会との政治的闘争が議会の勝利に終ったことの経過でもあったわけであり、そこにイギリス憲法の基本原理たる「議会主権」の原理が確立するに至るのである。しかしここで、同時に、同じくイギリス憲法の基本原理である「法の支配」の原理をも顧みる必要がある。すなわちダイシーを引いて述べるまでもなく、「法の支配」の原理はイギリス憲法の中核であり、アダムスのいうように、国王は法の上にあるという観念と、国王は法の下にあるという観念、この二つの矛盾したものの闘争と妥協、すなわち法と大権との争いが、イギリス憲法史の大部分を構成する[1]。そしてこのことはまさに一七世紀において最も顕著に現われた。グーチが一七世紀の二度の革命における議会と国王との対立を「法と大権の対立」であるとして述べていることも当然なのである[2]。

すなわちイギリスにおける「法の支配」を論ずるときに絶対に逸してはならないのがコークであり、そのコークの「国王は何びとの下にもあるべきではない。しかし神と法との下にあるべきである」との有名なことばは、ジエームス一世が「国王は法の下にあると主張することは大逆罪である」と主張したのに対する反撃であったことは周知のところである。[3] すなわちジエームス一世の王権神授説は一面において、「法の支配」の原理に対する挑戦であり、コークはこの原理を擁護することにおいて、ジェームス一世に対する最も強力な反対者となったのである。ジエームス一世およびチャールズ一世の政治理論に対する抵抗は、ピューリタンと国会とそして法律家との共同戦線によって戦われたといえる。そして時期的にいえば、グーチのいうように、ジエームスに対する反対は主として、コークをリーダーとする法律家によってなされ、その息子チャールズに対する反対は主としてピューリタンによってなされた。[4] またロブソンのいうように「王権神授説とそれに基づく政治活動が一七世紀に専制政治の新しい形式と認められ、反対されるに至ったとき、それに対する抵抗は、初め人民主権論ではなく、法優位の原理に基づいたのである」。[5]

そしてイギリスにおけるこの「法の支配」の伝統の母胎は中世にさかのぼる。すなわちノルマン以来チュードルに至るまで、国王といえども法の下にあるという思想は一貫して流れる思想であった。マグナ・カルタが成立し、そして常に国王によるその遵守が要求されたことの背景には、この思想が存するのである。[6] それはまたゲルマン法の思想から生まれたという点も重要であるが、要するにプライスがいうように、「英国では古くから法の至上なる観念――人々の古き慣習に基礎を有する法、王の臣民の間だけではなくもし王がそれを蹂躪するなら王に対しても適用された法――が、国民の脳裡に刻みこまれていた」。[7] チュードル王朝を経てスチュアート王朝に至って、この「法の支配」の伝統が蹂躪されようとしたのに対する抵抗が、二度の革命であり、その成果が「議会主権」の確立と同時に「法の支配」の原理の回復・確立であったわけである。そしてこの二つの原理は密接に結びついているのである。

(1) G. B. Adams : Constitutional History of England, 1935, p. 79.
(2) 堀・升味訳「イギリス政治思想一」三九頁。
(3) この一六一二年一一月一〇日のジェームス一世とコークとの論争については、簡潔には高柳賢三「英米法の基礎」一六〇頁参照。
(4) 堀・升味訳「イギリス政治思想一」三九頁。
(5) W. A. Robson : Civilisation and the Growth of Law, p. 181.
(6) 伊藤正巳「法の支配」一六頁以下参照。
(7) 松山武訳「近代民主政治二」三九頁。

チュードル・スチュアートの両王朝は、政治史的にみればイギリスにおいて近代専制君主制・絶対主義の時代として評価されるが、憲法史的・憲法思想史的にみればその間には相違がある。すなわちチュードル王朝の時代は、国王もまた法の下にあるとされていたという意味において、前に述べた中世以来の君主制の理想形態が頂点に達した時代であった。それは国王と国会とコモン・ローとが互に協調を保っていたともいわれ[2]、あるいは国家は専制的国家としてではなく国王を頭首とし聖俗貴族および庶民を四肢とする有機体的な政治体と考えられていたともいわれる時代である[2)]。国王の大権と法との対立は尖鋭化していなかった。このことが、前にも引いたように、グーチによってイギリスの君主制と大陸の君主制との伝統的相違であるとせられた点であったのである[3)]。

しかるに、すでに述べたように、スチュアート王朝に至って事態は一変する。国王と国会とコモン・ローとの対立が尖鋭化し、爆発する。そしてその対立の克服が、「議会主権」と「法の支配」の原理の確立として現われた。王権神授説に基づく国王の絶対権力の思想は終止符を打たれた。

ただここで注意を要するのは、右のような二度の革命の成果が、単に中世的な「法の支配」の原理への単純な復帰ではなかったということである。すなわちコークの果した役割はもとより大きく、またたとえば、グーチのいうように、フィルマーに対してロックよりも早く反撃を加えたシドニーにおいても、またハリファックスにおいても、「法の支配」の原理が強く主張されている。[4)] しかし単にそれだけではなくて、二度の革命の成果は「法の支配」が「議会主権」と結びつき一体となって展開されたこと、そしてこの両者を結びつけるのが「議会における国王」(King in Parliament)の思想であったことが重要である。すなわちエリザベス女王の大臣たりしトマス・スミスは、すでに「議会における国王」が主権を行使するものであることを説いたといわれる。[5)] そして彼のこの主張は同時にその「法の支配」の主張と結びついている。すなわち彼によれば、国王の権力の行使が法によって拘束されるとする。そしてその根拠は国家契約にあるとされる。したがって国王は国民の同意を得ずして法を破りまた法を作ることはできないこととなる。そしてこの場合に国民の代表たる議会の地位が高く評価されることとなる。[6)] ここに「法の支配」と「議会主権」とが結びつくのである。しかもさらに重要なことは、この「議会主権」という場合の「議会」が国王を排除した議会としてではなく、国王を含めた議会、すなわち国王・上院・下院の三者の統一体として考えられているということである。それが「議会における国王」の観念であり、そこに「議会主権」と「国王の支配」すなわち君主主権とが調和される。そしてそれを可能にしたのは、国王も法の下にあるという「法の支配」の原理の伝統であったといえる。すなわちスミスにあってはなお国王が「イギリス国家でなされるすべてのことの生命であり、頭であり、権威なのである」とされ国王の権威が高く認められていながらも、その国王が法に拘束され、しかもその法を制定するのが議会であり、しかもまたその議会とは議会単独ではなく「議会における国王」であるとされることによって、「議会主権」と「国王の支配」との調和が「法の支配」を媒介とすることによって可能となるのである。それはまた「議会主権」は「法の支配」を自らの中に包摂することによってイギリス人に広く承認されたともいいうるし、あるいは「法の支配」が承認されているからこそ「議会主権」が認容されるのであるともいいうる。[7]

（1）伊藤正巳「法の支配」一〇〇頁。
（2）高柳賢三「英米法の基礎」一五五頁。
（3）前に引いたように、プライスが、法優位の観念が国民の脳裡に刻みこまれていたと述べたのは、フランスとの比較においてであった。プライスは、フランスでは国王は法によって拘束されなかったといっている。
（4）堀・升味訳「イギリス政治思想二」一二五頁・一四二頁以下。
（5）前掲・高柳賢三・一五四頁。
（6）前掲・伊藤正巳・一〇四頁。
（7）同右・一一六頁・一一八頁。

右のような思想が、一七、八世紀以後においてもイギリス君主制の特色をなすものなのであるが、このような思想を生み出したというところに一七世紀の二度の革命の特殊性がある。それはまた「議会主権」の原理も国王からいっさいの権力を剝奪したのではなく、「法の支配」の原理を媒介として「議会主権」という新しい原理の中に、そして「議会における国王」という新しい方式において、国王の支配すなわち君主制が生かされたということであるといえる。それは政治的にいえばイギリス革命の不徹底さを示すものであるということはできよう。しかしそのような不徹底さを可能にしたところにまたその特殊性があるわけである。伊藤助教授が次のように述べているところに、イギリスの君主制の特殊な歴史的性格が要約されているといってよい。

「イギリスの政治的革命が、国王権力の完全な否定を行わなかったことは、イギリスに特殊な現象であり、国王優位の観念は変質しながらもなお新しい憲法原理のうちに生かされたともみることができる。君主主権と国民主権とが全くあい容れないものであるのに対して、イギリスにおける国王主権と国会主権とは、歴史的に対立する政治原理として抗争したのではあるが、そこに、一定の調和の余地がのこされていたのであり、その意味でイギリス革命の不徹底さを指摘しうるとしても、法思想的に完全な断層は存しなかったといってもよい。[1)]」

（1）　伊藤正巳「法の支配」一一四頁。

さて、以上述べてきたところに、イギリスの国王・君主制の特殊性の根底がある。それが以下、イギリスの国王の地位・権限について考察する場合の基礎を形成するのである。すなわちイギリスの国王の制度におけるいろいろの特殊な現われ方は、右の特殊性に基づく。たとえば、「議会における国王」（King in Parliament）といいながら、大陸的な「国王と議会とが共同して立法権を行う」というような表現はとられず、国王が「議会の助言（Advice）と同意（Consent）とにより」という表現をとり、立法権の主体はあくまで国王にあるという形式がとられているのもその一例である。しかもそれにもかかわらず、特に一八世紀以後、実質的には、すなわち議会主権の権力構造においては、国王の権力は縮小弱化の傾向をたどり、周知のように、君主国イギリスは仮装した共和国であるとされることともなっているのである。およそこのような国王の地位と権能、そしてそこにからみ合っている大臣責任制や議院内閣制、さらに国王の象徴性等々が、憲法上どのように現われているかが以下考察される問題なのである。

第三項　国王の地位

まず国王の地位について述べる。ただし、広く国王の国法上の地位といえば、王位継承の問題、すなわち王位継承資格、したがってまた王族、それと関連して摂政制度、あるいは国王の身位、その不可侵性、したがってまた、国王の不法行為責任の制度等、きわめて広汎な範囲に及ぶことになるのであるが、ここでは、それらの点はすべて省略する。[1)] けだし、ここで考察の対象となるのは、何よりも政治機構における国王の地位であるからである。

（1）　わが国の文献で、これらの点をも含めて、イギリスの国王の国法上の地位について、きわめて簡潔に概説したものとして、高柳賢三「キングの法律上の地位」（「英国公法の理論」所収）、末延三次「イギリスの国王」（比較法研究一一号）が挙げられる。

イギリスにおける国王すなわちキングということばは二つの意味に使われる。自然人としての国王と制度としての国王とである。この区別を、必らずしも厳格ではないが、The King と The Crown との二つのことばで使い分けることもある。すなわちクラウンというときは制度としての国王を意味する。そしてその場合、クラウンとは国王の象徴であり、すなわちクラウンとは王冠によって象徴される国王を指すのである。ただしこのクラウンすなわち制度としての国王ということばにも、王位（The Throne）を意味する場合、国家（The State）を意味する場合、政府（The Government）を意味する場合、執行部（The Executive）を意味する場合等がある。このように、キングまたはクラウンということばはきわめて多義的であるが、いずれにしても国王またはその象徴たるクラウンが表面に強く押し出されており、国家とか政府とかのことばが用いられていないという点が注意に値する。

たとえば、立法が「議会における国王」（King in Parliament）によって行われるものとされていることはすでに述べたとおりであり、行政は「枢密院における国王」（King in Council）が行い、政府は「陛下の政府」（His majesty's Government) であり、大臣は「国王の大臣」(Ministers of the Crown) であり、陸海空軍はそれぞれ「国王の陸軍」(Royal Army)、「国王の海軍」(Royal Navy)、「国王の空軍」(Royal Air Force) であり、国民は「陛下の臣民」(His Majesty's Subjects) である。さらに重要な犯罪は「国王の平和」(King's Peace) の侵犯であり、したがってたとえばスミスを被告人とする刑事訴訟は「国王対スミス事件」(The King v. Smith) という形式で表示される。[1)]

このように、要するに、王冠によって象徴される国王という観念が強く現われ、国家という観念は表面に現われてはいない。この点が、イギリスにおいては、ドイツ国法学にみられるような国家主権の観念もみられず、したがってまた君主は国家の機関であるとする観念すなわち国王は国家の最高機関であるとする観念がみられないことの理由でもある。すなわち国王に主権があり、国王が統治するということはいわば自明のことと考えられている。ただそれが名目的主権であるとされているところに特異な点があるのである。

すなわちイギリスにおける主権論は単純ではない。周知のようにダイシーは法的主権と政治的主権とを区別し、前者は「議会における国王」にあるといい、後者は議会または選挙民にあるとした。そしてこれらともまた区別して名目的主権は国王にあるともされている。これらの区別は理論的には明瞭を欠くともいいうるが、しかしいずれにせよ、必らずしも理論的に明瞭でないこのような主権論が一般的に認められているというところに、国王の地位の特殊性があることは疑いがない。そしてこのことがまた、名目上の君主主権と実質上の議会主権・国民主権との結びつきまたは調和でもある。すなわち名目上の国王の権威はきわめて高く、しかも宗教的・王権神授説的でさえあり、しかもそれが実質的には国民主権であり、広く説かれているように、イギリスは「仮装した共和国」または「王冠をいただく共和制」であるといわれることとなりうるのである。

（1）　高柳賢三「キングの法律上の地位」（『英国公法の理論』所収）二五九頁。

国王の地位が宗教的・王権神授説的であることは、まず国王の称号に現われている。すなわち国王の称号には「神の恩寵による」（by the Grace of God）の文字が用いられている。

第二に、このことは戴冠式における塗油の儀式に現われる。すなわち戴冠の前に、ウエストミンスター寺院の司祭長によって、聖油が国王（または女王）の頭・胸・両手に塗られ、これによって国王が神聖化されることとなる。[1)]

ただし注意すべきことは、戴冠式が右の塗油の儀式だけではないことである。すなわち戴冠式は国王に対して宗教上の承認（Sanction）と国民の承認（Recognition）とを授けるものであり、[2)] 塗油の儀式はこの前者の部分をなすものであり、そこには王権神授説の残滓が強くみられるのであるが、後者の部分に、中世以来の国家契約の思想すなわち国王と人民との契約の思想、しかも国王が法に従って統治することを人民と契約するという思想がみられることが注意に値する。すなわち塗油の儀式の前に、カンタベリーの大僧正がまず僧俗貴族および庶民の代表たる参集者に対して、国王に忠順を誓う意思があるかを問い、一同は喝采をもってこれに答え、「ゴッド・セイヴ・ザ・キング」と呼ぶ。これが人民の「承認」であるが、次いで大僧正が国王に対して「あなたはイギリス王国およびそれに属する領土の人民を、議会において合意された制定法およびイギリス王国およびそれに属する領土の法および慣習に従って統治することを厳粛に約束しかつ誓いますか」と問い、国王は「私はそうすることを厳粛に誓います」と答える。この宣誓によって国王は、法と慣習によって統治することを国民の前に誓ったこととなる。すなわち、キースのいうように戴冠式は、宗教的でありまた塗油の儀式においては神政国家的ではあるが、それは単なる「威厳と名誉の儀式」ではなく、国王と国民との間の契約でありまたよき統治と法の遵守の約束であるという面をもつ。[3] そしてまたそこに「法の支配」の原理が強く現われているのである。

戴冠式のこのような特色は、また一七〇一年の王位継承法の特色でもある。すなわち王位継承法は単に継承資格・継承の順位等を定めるだけではない。それは国王に対して種々の制限を課する規定を含んでおり、また特にその第四条は、次のように定める。

「イングランドの諸法律はその人民の生来の権利であって、この領国の王位に即こうとする国王及び女王はすべて、上記の法律に従ってその統治を執行すべきであり、また両陛下の全官吏・職員は、これに従ってそれぞれ両陛下に奉仕すべきである。ここにおいて上記聖職上院議員・上院議員及び下院議員は更に、その人民の確立された宗教及び権利ならびに自由を保全するためのこの領国の一切の法律及び法令、またその他現在有効な一切の法律及び法令は、批准され確認されるべきものであり、それらは上記聖職上院議員・上院議員及び下院議員の助言と承認とにより、またその権限によって、国王陛下により批准され確認されることを、謹んで懇願する。[4]」

そしてこの思想は、権利章典にまでさかのぼる。すなわちそこには、新教国たるイギリスがカトリック教徒またはカトリック教徒と結婚した者によって統治されることはイギリスの安全と福祉と両立しないが故に、そのような者は「この王国……の王冠と統治権を承継・所有・享有し、同王国……内においてあらゆる王者としての権利・権力・管轄権を所有し、使用または行使する能力を永久に奪われ」、国民はその場合「その忠誠義務から解放される」との規定がある。ここには宗教問題すなわち新教と旧教との対立抗争の経過が議会主権の確立の経過でもあったことが示されているのではあるが、要するに、この思想が法律たる王位継承法の中に確認されたことは、国王の地位が法律すなわち議会の意思に基づくこと、さらに人民との契約に基づくこと、すなわち国王がその契約に反したときは人民が忠誠の義務を免除されるという拘束の下に国王がおかれていることが示されているのである。

（1）　戴冠式の儀式、その順序、国王の宣誓のことば等については、末延三次「イギリスの国王」（比較法雑誌11号）四頁以下に詳しい。なお N. L. Hill and H. W. Stoke : The Background of European Governments, 1940, p. 24 ff.

（2）　A. B. Keith : The King and the Imperial Crown, 1936, p. viii.

（3）　A. B. Keith, p. 22.

（4）　この邦訳は、両院法制局・国会図書館調査立法考査局・内閣法制局編「和訳各国憲法集」による。

一方において国王の権威が形式的にきわめて高く、しかも他方において実質的には名目的なものであるということは、およそ以上のような点に現われているといえようが、同じことはさらに法律の制定文の文言にも現われている。すなわちその制定文は、「国王陛下により、この議会に参集した聖俗貴族および庶民の助言と承認により、かつその権威により、次のごとく制定する」（Be it enacted by the King's most Excellent Majesty, by and with the advice and consent of the Lords Spiritual and Temparal, and Commons, in this Parliament assembled, and by the Authority of the same, as follows : ）との文言であるが、ここに、㈠制定が国王によるものであること、㈡それは両院の助言（Advice）によるだけではなくその承認（Consent）にもよるものであること、㈢法律の権威は明らかに議会の権威に由来するものであること、㈣しかも国王の尊厳が最初の文句に現わされていること、㈤法律案が法律となるためには国王の裁可が必要であること[1)]が示されているのである。

（1）　H. Morrison : The Monarchy as Part of our Parliamentary Democracy, (Government and Parliament. 1954.) p. 73.

以上述べてきたことは、要するに国王の地位が名目的でありながらしかも高い権威を帯びたものであるということであるが、アモスは、国王のこのような地位を二つの側面において捉えて説明している。すなわち一つは立法部との関係においてであり、他の一つは執行部との関係においてである。立法部との関係においては、国王は本来、立法部の固有かつ不可欠の一部分をなす。「議会における国王」の地位がそれである。そして執行部との関係においては、国王はその頭首たる地位にある。すなわち立法部との関係に関する限り、議会とは国王・貴族・庶民を包含するものと厳格に考えられ、また立法の目的のためにこの三者の調和的な協同が確保されているとされ、国王と他のものとの間に紛争や摩擦が生ずるということはおよそ考えられていない。そこでは国王は立法部から独立であるとされる余地がないのである。これに反して執行部の頭首としての国王は、立法機関たる議会の外に立つものであり、その意味においては議会から独立である。しかしこの面においても国王は議会の意思に依存する。すなわち執行部自体が議会のコントロールを受けるのである。[1)]

国王は議会との関係において、右のような地位にある。しかしまた執行部の頭首としての国王は、たとえば議会の開閉・下院の解散等の権限を議会に対して行使しうる地位にもある。すなわち一面において議会の不可欠の部分であり、また執行部の頭首としては議会の意思に依存するものであると同時に、他方、議会に対して働きかける権能を有するのである。そして議会に対するこのような関係の媒介をなすものが、内閣であるといえよう。すなわち内閣が一方において執行部の長としての国王を補佐し、他方、議会に対して責任を負うのである。そしてそこに、いうまでもなく議院内閣制の問題が現われてくるのである。

以上述べてきた国王の地位の問題は、かくして、国王の能権およびそこにおける内閣の役割の問題に連なるのである。

(1) S. Amos: Fifty Years of the English Constitution 1830—1880, 1880, p. 209.

第四項　国王の権能

イギリスの君主制の問題の中で、国王の権能は叙述に最も困難な部分である。ラスキが「制限君主制のメタフィジックスは容易には批判的論議に親しまない。イギリス憲法における諸要素の中で国王についてのわれわれの知識ほど不正確なものはない[1]」といっている場合にも、それは特に国王の権能についていわれているのである。レーヴェンシュタインは、「イギリス国王の権能は現実においてどのようなものであろうか。それは人が純粋な国法上の規定から結論できるものよりは少なく、しかし、国王を単なる船首の装飾であるとする陳腐な定義を理由づけるものよりは本質的に大きい」といい、そこで「この問題の特殊なことは大部分のイギリス人は本来国王の権能の範囲はどこまでかについて単に推測的に想像しているにすぎないということである」というダイシーの古いことばを引用している[2]。またヒルおよびストークは、「国王は何をなしうるか。国王に属している権能のうちどのようなものが現実に彼に属しているか。彼は彼自身の発意に基づいて何ごとかをなしうるか、それとも彼は単なる憲法上の自動機械であるか。これらは答えるのに困難な問題である[3]」という。これらはおよそ国王の権能が論ぜられる場合に、常に語られるところなのである。

そしてこのようにこの問題が答えるのに困難であることの理由としては、ヒルおよびストークは、「その答は常に変動する諸要素に依存するからである」といい、「国王および彼の大臣たちの性格、時代の傾向、大衆の意見等、これらのすべてが国王の活動を狭くしまたは広くするのに役立ち、また国王の影響力の重さを変化させている」とし、「しかしいずれにしても国王はいくつかの機能を、あるときにはきわめて能動的に、あるときにはきわめて消極的に遂行している」[4]と述べている。そしてこのような「国王に与えられている仕事の範囲を政府の活動の諸分野においてトレースすること」が、たとえばキースの広汎な書物の内容をなしているのである。[5]

なおこの場合、右に挙げた学者だけではなくおよそ国王の権能または影響力を論ずる論者が、常にそれらが個個の国王の性格や気質または関心等に依存するということを強調していることを注意する必要がある。すなわち、右のことは事実として認めなければならず、したがって国王の権能を考える場合にそのことを度外視してはならないのではあるが、しかし実はそこに根本の問題があるのである。なぜならイギリスの国王の権能や影響力というものはこのように個々の国王における主観的または偶然的な事情に依存するということでよいとすべきであるのか、という問題である。すなわち、いったいイギリス憲法は、国王が積極的に活動してその影響力が強く大きいことを期待しているのか、それとも国王が消極的にしか活動せずその影響力が弱く小さいことを期待しているのか、がまさに問題であるというべきなのである。国王の権能について考察する場合にその根底にある問題として右の点を注意する必要があると思われる。

（1）H. Laski : Parliamentary Government in England, 1938, p. 388.
（2）K. Loewenstein : Die Monarchie im modernen Staat, S. 49.
（3）N. L. Hill and H. W. Stoke : The Backgrund of European Governments, P. 28.
（4）N. L. Hill and H. W. Stoke : p. 28.
（5）A. B. Keith : The King and the Imperial Crown, p. viii.

さて、以上のような国王の権能を明確にするために、国王の権能がいろいろに分類して論ぜられている。

すなわち実質的な分類としては、たとえばバーカーは、(一)国内的関係の権能、(二)対外的関係の権能、(三)コモンウエルスとの関係の権能の三種に分け[1]、ヒルおよびストークは、㈠執行的―政治的―権能、㈡代表的―儀式的―権能、㈢私的―個人的―権能の三種に分け[2]、高柳教授は、「国王の権能を執行権として表現するならば」として、㈠狭義の執行権、㈡立法権に関連をもつ執行権、㈢司法権に関連をもつ執行権の三種に分類する。

また形式的な分類としては、広く行われているように、大権（Prerogatives）と議会制定法に基づく権能（Statutory Powers）とに分類される[3]。さらに、公的な行動と私的な行動とに分ける分類は[4]、形式的ではあるが同時に実質的な分類でもあるということができよう。

（1）E. Barker : British Constitutional Monarchy (Essays on Government, 1950) p. 6 ff.

（2）N. L. Hill and H. W. Stoke : The Background of European Government, p. 28.

（3）A. B. Keith : The King and the Imperial Crown, p. 54.

（4）A. B. Keith : p. 51.

これらの分類そのものの中で、特に重要なのは、公的な行動と私的な行動という分類および大権に基づく権能と議会制定法に基づく権能という分類であるといえよう。

まず公的な行動と私的な行動という分類は、国王の行動の中には憲法または憲法上の慣習の範囲の外にある多くのものがあるとする。すなわちたとえば国王の趣味や嗜好から発するところの純然たる私的な行動が国王の自由に任せられてよいということは一般的に認められている。キースはイギリス人およびその世論が国王のこのような行動を「寛大な眼」で見ていると述べている[1]。この点については問題はない。問題は国王の行動が私的なものであるとされていながら、それが政治と無関係ではない場合に生ずる。すなわち私的な行動については政府の責任は及ばず国王の唯一の責任はもっぱら国王自身の正邪の感覚と世論とに対するものであるが、しかし公的と私的との間のボーダー・ラインにある行動があるということは明らかであるからであり、さらに国王が私的な会話において、大臣の見解と一致しない発言をなすことも生じうるからである。[2] このような場合が生じうるということは、ことがらの性質上避けえないことというべきであろう。この点について、キースは、「国王が個性を有する人間である以上、多くの点について確固たる見解をもちそしてそれが時として大臣の見解と異なることはありうる。国王にその見解を私的に告げてはならぬと期待することは無駄である。しかし憲法上の習律は、そのような事項はすべて最も秘密に扱われねばならぬというにあることは明らかである」といい、そして、この点について不謹慎であった国王もあったが、今日公衆の感情は寛容的であるとし、「しかしそれは、いうまでもなく、国王が彼の大臣に対して忠実である限りにおいてである」[3] といっている。

この点に関する限りおそらくはこのキースのような見解がイギリスにおいて一般に承認されているところであるといえるであろう。ただしこの問題がきわめて微妙であることは認めなければならない。そしてそれは、広く説かれているように、国王が単に政治機構の中の重要な一部分であるだけでなく、その社会的活動で果す役割がイギリスの君主制の有用性の大きな部分を形成していることを認めるときに[4]、いっそう重要な問題となる。すなわち根本的にいって、バジョットを引用するまでもなく、君主制は人々の注目が一人の国王に集中される体制であり、イギリスの場合ももとよりこの例外ではない。そこでは国王の私的な一挙一動・私的な談話等その私的な行動のすべてが注目される。その意味では、私的な行動と公的な行動とは明確に区別されえないともいいうるのである。このように考えると、この区別やそれに関するキースの見解などは、イギリスの君主制における根本の論点に触れているものであるともいうべきであろう。

さらにこの問題は、いうまでもなく、国王が絶対に内閣の助言に拘束されるかという問題とも連なる。そしてその場合には、周知のようなバジョットのいう国王の三つの権利、すなわち大臣から相談を受ける権利・大臣を激励する権利・大臣に警告する権利の問題が現われてくるのである。そしてこの問題もまたイギリスの君主制の中心的問題であることはいうまでもない。

(1) A. B. Keith : The King and the Imperial Crown, p. 51.

(2) A. B. Keith : P. 53. キースはここでこの古典的な実例として、一八六四年、ヴィクトリア女王の発言がパーマーストン内閣のデンマークおよびドイツに対する政策と一致しなかったとして問題となった例を挙げている。

(3) A. B. Keith : P. 54.

(4) 国王の社会的活動の範囲はきわめて広い。たとえばいろいろの儀式、陸海空軍の閲兵、博覧会・展覧会・祝賀会・慈善事業・大学・病院・工場・炭坑・造船所等への訪問、競馬・記念碑除幕式・オペラ・演劇・映画等々。末延三次「イギリスの国王」（比較法研究一一号）一二頁。

次に、大権と議会制定法に基づく権能との区別は国王の権能の根拠または源泉に関する区別であり、そこにまたこの区別の重要な意味がある。

すなわち、大権とは国王が古くから慣習法ないしコモン・ローに基づいて獲得してきた権能の総称であり、議会制定法に基づく権能とは議会制定法によって国王に附与された権能である。そしてこの区別の重要性は、大権の範囲が漸次に縮減されてきたこと、かつては不可侵のものとされていた大権が議会によって制限されるものとなってきたこと、したがってまた議会が制定法によって大権の範囲を成文化しうることとなってきたことにある。すなわちかつては無制限に国王によって行使されるものとされていた大権は漸次に議会によって制限されてきた。また議会によって制限されずに残されている大権についても、もはや国王はそれを恣意的に行使しうるものではなく、内閣の助言に拘束されるものとなっている。それにもかかわらず、なお歴史的に古くから国王の有するものとされている大権という観念は存在している。したがって今日において大権が問題となるのは、ラスキのいうように、大権の限界はどこにあるか、そしてその限界を決定するのは誰であるかという点についてなのである。[1]

すなわち形式的にみれば、国王の議会制定法に基づく権能は増大の傾向をたどってきた。前に述べた一七世紀の国王と議会との闘争の成果は大権を議会が制限しうるという原則の確立であったことはいうまでもない。今日では、大権を議会が取り上げることができるという点については何らの疑もない。[2] しかもこの間に内閣責任の制度が完成し、国王の権能は実質的には議会に責任を負う内閣の行使するところとなり、国王の権能といってもそれは要するに議会に責任を負う政府の権能に他ならぬこととなる。したがってこの体制の下においては議会の制定する法律によって政府・内閣に種々の権能を与え、またそれが法律上は国王の権能であるという表現で現われるとしても、その国王の権能は、かつてのように議会の権力と対立する意味におけるものではないのである。要するに議会制定法に基づく国王の権能が増大してきたことは、一方には議会制定法が国王の大権を自らの中にとりこんだことの結果であり、また同時に議会がその統制の下に置かれた政府・内閣に対して新しい権能を与えたこととの結果である。そして大権との関係においては、右の後者に属する権能は特に問題とはならない。問題になるのは大権が議会制定法の中にとりこまれてきた経過であり、また今日なお大権として国王の手に残っているとされているものについて、それらがどの程度においてかつての大権としての性質をなお帯びているか、すなわちどの程度において国王の意思が働きうるかという問題なのである。以下、この立場から国王の大権の内容に入って考察する。

(1) H. Laski : Parliamentary Government in England, p. 396.
(2) A. B. Keith : The King and the Imperial Crown, p. 60.

すでに述べてきたところからも明らかなように、大権とは古くから国王の手に残されてきた無制限な、すなわち裁量的・恣意的な権力の残滓である。そのことをそれが慣習法に基づくものであるともいうのである。すなわち国王はもと、政府の維持・領土の保全・他の機関との関係の保持等の包括的な権能を有するものとされていた。大権はこのような国王の地位に源泉をもつ。キースが「大権の源泉は戦争に際しての人民の指揮者・公安の保障者・最高の裁判官としての古き国王の観念にさかのぼる」[1)]といっているのも同じ趣旨である。ただ大権の範囲については、その後、今日に至るまで時代により変化があった。すなわち概説的にいえば、古くサクソン時代には慣習による制限が認められていたのが、ノルマン征服以後その制限が除去された。またこの間、封建制の結果として国王の大権が強化されるという面も生じた。すなわち臣民と支配者との関係は土地所有に縛られるという封建制の原理から、国王が土地の究極的所有者であるとされ、その結果として、最高の執行者・立法者・裁判官としての国王の諸権利に加えて種々の権利が国王に認められることともなってきた。そしてこの封建制の原理に代ってチューードル・スチュアート両王朝の下で大権を理由づけるものとして用いられたのがいうまでもなく王権神授説であったわけである。そして一七世紀の二度の革命によって、大権が議会制定法よりも上であるとされた時代が決定的に終了することとなった。この点は前に詳しく述べたところである。

(1) A. B. Keith : The King and the Imperial Crown, p. 55.

右のような経過において、要するに今日なお国王の大権と認められているものは当初認められていたものよりはるかに少ない。すなわちたとえばハモンドが列挙しているところによれば、もと大権は次の諸権能を包括するとされていた。

一、法律の免除　二、法律の停止　三、恣意的な課税　四、恣意的な処刑　五、布告による立法　六、議会の同意なき常備

軍の保持　七、議会の召集・閉会・解散　八、大使の任命　九、宣戦講和・条約の締結　一〇、陸海軍の統帥　一一、裁判官の任命　一二、恩赦

そしてハモンドによれば、これらのうち、今日なお存在するのは単に七、八、九、一〇、一一、一二のみであり、他のものは消滅した。[1] 一、二、三、四、五、六の大権を決定的に否認したのが権利章典の第一条であったことは改めて述べるまでもない。[2] ハモンドはまたその他、法律案に対する拒否権も、なお理論的には認められていても実際には消滅しているという。ただし、大権の範囲は本来不明確であり、右のハモンドの列挙したものの他にも、なお今日存在するものとして、爵位および栄典の授与・大使および裁判官以外の官吏の任免・国王の名における裁判等をも加えるべきであろう。[3] そしてこれらの大権が、前に述べたように、狭義の執行権・立法権に関連する執行権・司法権に関連する執行権の各種類に分類されるのである。

しかし重要なことは、今日なお大権として認められているものについても、その行使の要件は議会制定法によって定められ、またかりに議会制定法の外に置かれている場合でも憲法上の習律による拘束があり、またそのいずれの場合にも国王は内閣の助言に拘束されているということである。その一々についてここで述べることは必らずしも必要ではないが、たとえば議会召集の大権についてみれば、議会制定法としては古く一六九四年の三年法(The Triennial Act)があるが、今日においては一年に一回議会を召集しなければならぬことは絶対の憲法上の習律と認められている。[4]

（1）　E. Hammond : A Short English Constitutional History, 1920, p. 11.

（2）　権利章典の第一条の内容は、ジェームス二世がこれらの大権を濫用した事実を列挙した後、それらの大権の行使をすべて違法と宣言し、そしてウイリアムおよびメリーに懇願するという趣旨である。

（3）　高柳賢三「キングの法律上の地位」（「英国公法の理論」所収）二四七頁以下、末延三次「イギリスの国王」（比較法研究一一号）六頁。

（4）　議会召集の大権の歴史的な変化をきわめて簡単にたどるならば次のとおりである。㈠エドワード三世の治世における議会制定法は、議会が一年に一回、必要あればそれ以上集会すべきことを定めていた。㈡ヨーク王朝の国王は議会を不定期的に召集した。㈢チュードル王朝の末期およびジエームス一世の下においては議会はある程度定期的に召集された。㈣チャールズ二世は一六二九年から一六四〇年までの間一度も議会を召集しなかった。㈤チャールズ二世はその治世の末期において四年間議会を召集しなかった。㈥一六九四年の三年法は、一議会と次の召集までの間隔は三年を超えてはならないものとした。㈦現在においては議会は予算法の議決の必要から毎年一回召集されねばならぬことは絶対の必要とされている。E. Hammond : p. 13.

しかしさらに重要なことは、このようにして大権が議会制定法により、あるいは憲法上の習律により、さらに内閣の助言により厳密に制限されているとされている場合に、しかもそれにもかかわらずなおどの程度に国王の個人的裁量の余地があるかという問題であるわけである。それはまた大権の中でさらに学者によって「個人的大権」または「身分上の大権」（Personal Prerogative）と呼ばれる種類のものの範囲の問題でもある。[1] そしてそこで中心の論点は、内閣助言制の問題である。すなわちラスキのいうように、大臣助言制はまさにイギリス人のもつ君主哲学の中心命題なのであるが、[2] この内閣の助言が国王の自由な個人的判断に対してまったく完全に拘束を及ぼすものであるのか、それともなおわずかながらも国王の意思が働きうる余地が残されているのかという問題である。そしてそこにまさにイギリス君主制の、いわばギリギリの問題があるともいえよう。以下、現に問題となった事例についてこの問題を考察してみたい。

（1）　市村今朝蔵「英国に於ける憲政の理論と実践・国王篇」五九頁。

（2）　H. Laski : Parliamentary Government in England, p. 396.

（イ）　まず国王が議会召集の場所を特定の場所に指定することができるかが問題となったことがある。すなわち一八三四年、ウイリアム四世は内閣の意思に反して彼の欲する場所で議会を召集しようとした。その際メルボルンは次のように答えたといわれている。

「陛下の仰せのごとく議会の会合場所を指定するのは陛下の明白な大権であることは疑う余地はない。しかしかつてチャールズ二世の時代に非常な特殊事情に基いてオックスフォードで一度議会を召集したことがあって以来、長い間変更なく現在の場所がその会合場所となった。この度の陛下の御主張は、下院が投票によって議会召集に必要な経費の支出総額の決定を協賛しないことができるという権限をもっていることを注意しないでいられるのである。私は両院との完全な諒解の上でなければ、この大権行使を奏請しがたいと考えるものであり、またこの大権行使はある程度、仁徳に反するものであることを憂慮するものである。[1)]」

これは要するに議会召集場所の変更は議会の同意なくしては行いえないということを意味した。

（1）　Lord Melbourne's paper, p. 213 ff.　市村今朝蔵「英国に於ける憲政の理論と実践・国王篇」六〇頁。

（ロ）　次に国王が法律案の裁可を拒否しうるかが問題となったことがある。元来、国王の裁可（royal assent）の制度は、古い時代の請願（petition）の制度に由来する。すなわち古い時代においては、請願は何らかの損害その他を救済する措置をとるべきことの要求とともに国王に捧呈された。そしてもしも国王がそれに賛成である場合は、国王はその請願を Le Roi le veut ということばを附して裁可し、もし賛成でない場合は Le Roi s'avisera ということばを附して裁可した。しかるに一四世紀以来、国王が請願を承認しながら事実それを実行しないことがあるのを防止するために、請願がその趣旨を実施するために制定される議会制定法の案の形式で捧呈されるという慣行が生じた。そしてその案を「ビル」（法律案）と呼んだ。このビルを国王は全体として承認するか却下するかの一を選ばねばならなくなった。法律案の裁可またはその拒否、すなわち不裁可の制度はここから由来するのである。そしてチュードル王朝の下においては、裁可の拒否は稀にしか行われなかった。しかしそれは国王の好まない法律案は本来裁可のために提出されなかったという理由にもよる。スチュアート王朝の下では国王の好まない法律案にも裁可が与えられることが多かった。しかしそれは法律が成立した後においても国王がその停止権および免除権によってその効力を失わしめることができたためでもある。拒否権はウイリアム三世以後にはほとんど行われず、広く説かれているように、一七〇七年スコットランド民兵法案に対するアン女王の拒否を最後として、その後は一度も行われたことはない。ハモンドは、この点について、「革命以来、拒否権は事実上消滅した。それは大臣を通じての国王の統治という方式から、国王の名における・国王を通じての大臣の統治という方式へと移行したことの結果である」といっている。[1]

ところが一九一三年ジョージ五世がアイルランド自治法案の裁可を拒否するのではないかという懸念が生じたことがあった。このときに首相アスキスが提出した覚書が有名である。それは拒否権の問題のみに関してではなく、大臣助言制の原則そのものに関する古典的な文章であるともいえよう。すなわちそこでアスキスはアン女王以来の慣行を指摘して次のように述べた。

「われわれは現在において、結局は王位にある方は彼の大臣の助言を受け入れ、またそれによって行動するという二〇〇年来の立派な伝統をもっている。国王（sovereign）は彼の個人的な権力や権威の中のあるものを失っているかもしれないが、その代りに国王（crown）は政党政治の暴風と浮沈から隔てられている。そしてわが君主国は長い伝統と普遍的確信――国王の身分上の地位はわれわれの国民生活の存続にとって至上の保障であるという――の両者によって堅められた鞏固な基礎の上に立っている。[2]」

さらにアスキスは、国王の拒否権行使は内閣の罷免を前提としてのみ行われるものであることを指摘した。なぜなら内閣の助言にかかわらず国王が裁可を拒否すれば内閣は当然に辞職の途をとるからである。そしてその際には次の内閣の成立に関して国王は責任をもたざるをえなくなる。そこでは国王がいわゆる政治的プレーに出場することとなり国王の政治的中立性が失われる。アスキスの覚書の核心はここにあり、それが大臣助言制の原則そのものの闡明の上で古典的な位置を占めるというのはこのためなのである。

(1) E. Hammond : A Short Englisch Constitutional History, p. 19.

(2) Spender : Life of Lord Oxford and Asquith, II, p. 29 ff.　市村今朝蔵「英国に於ける憲政の理論と実践・国王篇」六一頁。

(ハ) 第三に、右の第二と同じ問題ではあるが、国王が内閣を罷免しうるかという問題がある。国王がそのイニシァティヴによって内閣を罷免したのは一七八三年ジョージ三世がフォックス・ノールスの連合内閣を勅命によって罷免したのが最後の例であるといわれている。そしてこのような大権の行使が国王をいわゆる政治上のプレーに出場せしめることとなるという点はすでに述べた。ラスキはこの点について、それは国王をして、いわば自分自身で組織させた内閣の政党と運命を共にせしめることとなり、きわめて危険な冒険であるといっている。[1)]

(1) H. Laski : Parliamentary Government in England, p. 413.　ラスキはここで、「特に現在のような政治情勢の下で、国王が内閣を罷免するということは、きわめて危険な冒険である。なぜなら、それは右翼の内閣よりも左翼の内閣に対して行われるからである。それは右翼の政府をして、よりいっそうの国王の御用政党たらしめるものであり、したがって御用政党の敗北が事実上、国王の敗北となることは不可避である。そしてこの結果は必然的に重大な問題を惹き起すであろう」と述べている。

(ニ) これまた右と関連して国王には新首相の任命にあたってどの程度の選考の自由の範囲があるかという問

題がある。すなわち、首相の任命という行為は国王の大権のうち「唯一の目に見える権能」であるといわれ[1]、また「組閣の際には全執行権力が一時国王の手に復帰する」ともいわれる。[2] しかしこの場合にも少くとも今日において、国王の裁量の自由は、レーヴェンシュタインのいうように「きわめて異常な場合」に限られる。[3] すなわち、いうまでもなく下院の多数党の首領が首相に任命されるという原則は憲法上の習律であり、したがって国王の裁量の余地が認められる場合があるとすれば、それはその政党に確定的な首領が存しない場合、あるいは拮抗する三党の分立がみられる場合等に限られる。そしてこれらの場合においても、任命が辞任する首相の助言によって行われることが慣行となっているといってよい。また自由党の凋落による三党分立制の終焉の結果とも結びついて、要するに、国王の首相任命はまったく自動的に行われるのみであるといってよい。

このことは結局は首相の任命が政党政治の軌道によって自動的・機械的に行われるということであるといえる。ラスキが、首相の選定に関して国王が任意的決定権を有することは先例によって明らかであるといい、たとえば一八九四年グラッドストンの辞職後ヴィクトリア女王が三人の候補者をさしおいてローズベリー卿を任命したり、一九二二年ボナー・ローの辞職後ジョージ五世がカーゾン卿をさしおいてボールドウィンを任命したのはその例であったとし、しかし通常の実例はあらかじめ予定されていたところに従って任命が行われることを示しているといい、かくして「国王は政党の意向を無視して自己の欲する者を政党に押しつけることはできない。そのように国王の任意的選択ということは、外形はともかく実際は現実の事実によって多分に制約を受けているのである」[4]と述べていることや、またレーヴェンシュタインが、一般に国王は政党の上に超越している (über den Parteien) といわれ、それがイギリスの君主制の特色であるといわれているが、その特色が最もよく発揮される場合の例として挙げられる首相任命の場合にも実は国王は政党の下にある (unter den Parteien) のであるといっているのは、[5] このことを意味するといえるであろう。

(1) K. Loewenstein : Die Monarchie im modernen Staat, S. 50.
(2) 高柳賢三「キングの法律上の地位」(「英国公法の理論」所収) 二五五頁。
(3) K. Loewenstein : S. 50 ff.
(4) H. Laski : Parliamentary Government in England, p. 415 ff.
(5) K. Loewenstein : S. 51.

(ホ) 次に、第五に、国王は内閣の助言に反して上院議員任命を拒否することができるかという問題を挙げるべきであろう。そしてこの問題が最も顕著に現われたのが一九一〇年から一一年にかけての議会法案の成立をめぐる激しい紛争においてであった。したがってここではこのときの事例を少しく詳細に述べることとしたい。そしてまたこの事例を顧みることの意味は、単にこの事例そのものが興味あるだけではなくて、このときの事例をめぐって、国王が内閣の意思に反して大権を行使しうるとする場合の理由づけとして、国王は政治的危機に際しては憲法の擁護者 (Guardian) としてその大権を自由に行使しうるか否かが論議されていることにあるのである。この論議は特にキースとラスキの間で激しく論ぜられているのである。[1]

すなわち、問題は大権の限界、すなわち内閣の助言にかかわらず国王が行動しうる可能性の範囲の問題であるが、それはあるいは国王がどの程度内閣に働きかけどの程度自身の影響力を及ぼしうるかという問題であるといってよい。そしてそれが特に重要なのは平常の場合ではなく非常緊急の場合もしくは政治的危機の場合においてであるが、キースはそのような場合に国王はその影響力を及ぼすことによって憲法の擁護者たりうると主張するのである。

(1) キースが、すでにしばしば引いている The King and the Imperial Crown の第八章「憲法の擁護者としての国王」で述べたところに対して、ラスキはこれまたすでにしばしば引いている Parliamentary Government in England の第八章「君主制」の随所において激しく反駁している。ラスキのこの章は全体としてキースに対する反駁を目的としているとさえ思われるほどである。

まずこの事件の経緯をきわめて簡単に述べる。[1)] 問題の発端はエドワード七世治下の一九〇六年の総選挙にさかのぼる。この総選挙において自由党が大勝し、その支持の上にあるキャメル・バンナーマン内閣と、なお保守党（統一党）の圧倒的支配の下にあった貴族院との間に対立が生ずることとなった。その対立の爆発の動機となったのが一九〇九年のアスキス内閣におけるロイド・ジョージ蔵相の作成した予算案（財政法案）である。それは所得税の引上・土地税の新設等を含み、当時としては過激なものであったため、上院は、下院が圧倒的多数で可決したにもかかわらず、一九〇九年一一月三〇日、七五票対三五〇票という圧倒的多数で否決した。従来すでに財政法案に対する下院の優越が長い慣行として認められ、上院は予算案を否決または修正しないという不文の憲法上の習律が存していたのがここで破られたこととなる。アスキス内閣はただちに世論に問うため下院を解散し、一九一〇年二月二一日の総選挙の結果、自由党は一〇〇以上の議席を失ったがなお第一党の地位を保持した。よってアスキス内閣は、後に議会法として成立したところの、上院の権限を制限する法案を提出した。予算案は総選挙の結果国民の支持を得たとして一九一〇年四月、両院を通過したが、以後、この議会法案が中心の争点となる。すなわち保守党の支配する上院がこれに同意しないことは明らかであり、したがってアスキス内閣としてはもう一度総選挙に訴えるべきであるということも一般に認められてきた。しかし問題はこの総選挙において自由党が再び勝利した場合にしかも上院がなおこれを拒否した場合にいかにすべきかであり、その際は内閣が国王に奏請して新たに貴族を叙任しそれによって上院における反対勢力を制圧するより他はないとされた。この問題はエドワード七世の生前すでに話題となっていたがその死により、問題がジョージ五世に引き継がれたのである。

上院における反対を制圧するために大権により新たに貴族を製造するという方法は、従来もすでに前例があった。一七一二年アン女王がウトレヒト条約に対する上院の反対を回避するために一二人の貴族を製造したこと、また一八三二年ウイリアム四世がかの選挙法改正を可能にするため八〇人を叙任することを首相グレイに約したことがその例であるといわれる。しかるにアスキス内閣が意図したこの度の叙任は次の二点でこれらの先例とは異なった。一つはその人数が五〇〇人という多数とされていたこと。ジョージ五世はかかる大量の授爵が国王の栄典大権の権威を軽からしめるものと考えた。第二は、アスキス内閣が下院解散の条件としてこの授爵の予約を求めたこと。すなわち内閣は国王に対して、来たるべき総選挙の結果自由党が再び勝利した場合に授爵の方法によって議院法案の成立を保障する用意があることを示されたいと求めたのであり、ジョージ五世はいまその予約をなすことは総選挙における自由党を利することとなり、またその予約を拒否することは保守党を利することとなることを憂慮した。しかもアスキス内閣は一九一〇年一一月一五日、正式に国王に授爵の予約を求めた。すなわち、そこで、速かに下院の解散を行うべきこと、ただし政府は総選挙後の新下院において政府の政策が多数によって是認された場合、必要ならば国民の決定を有効ならしめるため、「陛下が授爵の大権をも含む憲法上の大権を行使する用意あり」と了解しうるのでなければ解散の助言の責任を負いえないことを申し入れた。またこの国王の意図は国家の利益上、その発動の実際の必要の生ずるまで公表されることは望ましくない、と附言した。そしてジョージ五世は不本意ながらこれに同意した。

総選挙の結果、下院の勢力分野は解散前とほぼ同様であり、一九一一年五月一五日、議会法案は下院を通過した。上院はこれに修正を加えた。そして内閣はこの修正を受けいれ難いとした。かくして七月二一日、内閣は国王に対して大権行使の助言をなすより他はないと申し入れた。またアスキスは保守党首領バルフォアに対して、政府は修正には同意し難いこと・政府は必要あれば国王の大権行使を助言すること・および国王はこの助言を容れそれに従って行為することを義務とするの意思をすでに示されたことを告げた。保守党内部にも自重論と玉砕論とがあったが、内閣問責の決議案は下院では否決されたが上院では可決された。この時期がこの事件における最高潮を示す。すなわち授爵の大権が発動される時期が切迫したと考えられたからである。

上院の論議の詳細はここでは省略せざるをえないが、要するに上院において最後の段階で、強い抵抗をつづけて大権の発動をみるに至るならばそれは上院を辱かしめるのみではなく新議会法の下になお上院が保有しうべき威信をも失うものであるとする自重派の主張が勝利を占め、八月一〇日、ついに一七票の差で議会法案は可決された。すなわち授爵の大権は辛じて発動されずに終ったのである。ジョージ五世はこの解決にはなはだ安堵したという。

(1)　この事件はイギリス憲政史上における最も重大な事件の一つであるために、当時の関係者の伝記類その他文献はきわめて多い。わが国における文献としても市村今朝蔵「英国に於ける憲政の理論と実践・国王篇」一〇二頁以下が詳しい。なおイギリスにおける最近の文献として、H. Nicolson: King George 5 th. His Life and Reign, 1452. が注目されるべきであり、その中に当時のジョージ五世の行動がきわめて詳細に述べられてある。本書の紹介として、小泉信三「或る国王の生涯について思ふ――ジョオジ五世伝を読む」(「国を思ふ心」所収)があり、要領を得ている。以下の叙述もこの小泉氏の論文に負うところが多い。

この事件の経緯はおよそ右のとおりである。すなわち結果的にいえば貴族叙任の大権は発動されずに終った。しかしそこに至るまでの間においてジョージ五世がはなはだしく悩んだといわれること、また最後の段階においても国王が両院の衝突を少しでも和らげようとし、大権発動を急ぐアスキスに対しても秘書官を通じてその性急を抑止する等、種々の影響力を及ぼしたことが注意に値する。

そしてこのことはなお、この事件につづいて一九一二年以後再び政治上の大問題となったアイルランド自治法案の場合にもまたみられたところであった。[1)] すなわちこの事件は議会法案の際にもまして激しい論議を生み周知のようにアルスターの動乱というほとんど内乱の危機をすら惹起したのであったが、この際においてもジョージ五世は首相アスキスに対して幾度も覚書を与え、自治法案の強行のもたらす危険を説き内閣の自重を求めた。ジョージ五世が、もしも同法案がそのままに成立したときに裁可を拒否するのではないかとの推測が抱かれたのはこのときであり、そして前に引いたアスキスの覚書はこの国王との応酬において書かれたものであったのである。結果的にみれば、このときも、このアスキスの覚書に述べられていたところに従って国王の法律案拒否の大権は発動されずに終ったのであるが、ここでもジョージ五世ははなはだ熱心かつ積極的に内閣を説得し、また自由党と保守党との間の調整・斡旋に努力した。[2)] 当初の自治法案にある程度修正が加えられたのはこの国王の努力に負うところが多いといわれている。そしてこの二度の事件におけるジョージ五世のこのような行動が、たとえば小泉博士をして、「激烈な国内対立の間にあって、ジョオジ五世が終始了解と平和の為めに心身を苦しめ、責任ある政府の助言によってのみ行為する筈の立憲君主としては、およそ為し得る限りの力を尽した事実は遙かに吾々の想像以上である。よく英国王は『君臨すれども統治せず』といはれるが、若しもジョオジ五世も亦たさうであったとすれば、君臨するということは、実に並み大低のことでないことを知るのである[3)]」といわしめる所以なのである。そしてこの点が、要するに、大権の範囲または限界の問題、すなわち国王が内閣に対してどの程度その影響力を及ぼしうるかの問題であるわけである。そしてキースは、このジョージ五世の如き行動を政治的危機に際しての国王の憲法擁護者たる役割から理由づけようとするのである。以下、この論点に戻って考察してみよう。

（1）さきの議会法の成立の際、アスキス内閣はアイルランド党の支持を得なければならなかったために、同党は自由党年来の政綱たるアイルランド自治法制定の公約履行を求めたのであった。この事件の概要も、小泉信三「或る国王の生涯について思ふ」に紹介されている。

（2）ニコルソンによれば、一九一四年の始め、ジョージ五世は、侍臣スタムフォダムに与えた手紙の中で、自分は国王たる責任を十分自覚しているが、「しかし私は自分のなし得る限りは協定に到達させるよう、関係当事者を説得することを続けるであらう。そしてアイルランドにおける内乱と流血を防ぐため、必ず私の力の及ぶすべてのことをなすであらう」といったといわれる（小泉信三・前掲・一八七頁）。

（3）小泉信三・前掲・一八九頁。

キースはその「憲法擁護者としての国王」の章を、かのトックヴィルの有名な「イギリスに憲法なし」とのことばを引くことで始めている。すなわちキースによれば、トックヴィルはイギリスには急激かつ無制限な変革に対する保障制度がないことをこのことばで現わそうとしたのである。しかしそれはトックヴィルが見た時代においてもイギリス憲法が急激な革新から護られていたことを看過した結果である。すなわち下院は革命的になりえないように組織されていたし、上院は財政の領域を除いては下院と対等であったし、さらにそれらの上に国王がありその権力はきわめて強かった。イギリス憲法においては、国王の権力はフランス憲法がそれを制限しかつ確定しようとしたのに比して無制限に残されており、そのためにはるかに大きい潜勢力をもっていた。キースはこのように述べて、「国王は事実上、憲法の本義（Essentials）を維持する上の最後の責任を与えられている。一九一一年の議会法の成立は変革に対する貴族の抵抗力を著しく弱めた。それは非常の際における国王の行為について残されている重要性を増大したことになった[1)]」とするのである。そしてそのいくつかの例として、彼は前に述べた一八三二年の授爵とともに議会法およびアイルランド自治法の成立の際における国王の行動を挙げているのである。すなわちキースは、国王は憲法の擁護者として、非常の際においては憲法の本義を脅かすような内閣の提案に対してその判断により行動しうるとする。そしてその際、この行動としては、内閣の助言の拒否が中心に置かれていることは明らかである。

キースは、何が「憲法の本義」であるか、またどのような事態が「非常」の際であるかについては述べていない。しかし彼のこの所説が全体として、労働党の企てる経済上の変革を予想して論ぜられていること、すなわちその阻止が憲法の擁護者としての国王に期待されていることを注意すべきである。すなわち、彼は議会法の成立の結果、唯一度の総選挙が「上院と既存の経済制度の直接の否認の権限」を内閣に与えることとなったといい、しかし、「それは選挙民が圧倒的にその内閣の計画を支持したときにのみ許される。そうでなければ、国王は法律案の成立を延期する権限を与えられている上院の慎重な措置を無視することはできないであろう」[2]という。すなわち、ここで述べられていることは、単に一度の総選挙の結果だけで内閣が上院の廃止や経済制度の変革のような計画を企て、かつその際上院の抵抗を制圧するために貴族叙任の助言を行ったときには、国王はそれを拒否することができ、いま一度総選挙に訴えることを内閣に求めることができるというに帰する。つまり、キースによれば、右のような場合に国王がなしうることは、ラスキが指摘しているように、授爵の助言を拒否して内閣をさらに二年間待たせるか、それとも内閣をして下院の解散を行わしめるか、の二つであるということになる。[3]そしてそれが国王の「憲法の擁護者」たる役割であることとなる。そしてまたこの点がラスキの激しく批判する点なのである。

すなわち、この点についてラスキの述べるところは、きわめて詳細であるが、[4]それは次のように要約される。キースは国王を「憲法の擁護者」であるというが、彼の説くところは、国王が実際は上院の保守派によって代表される経済的利益の擁護者であるということである。キースは民主主義の成功は妥協によるということを強調するが[5]、実際に妥協の義務を負わせられるのは労働党のみである。もしも労働党内閣がこの妥協を拒否したときに生ずるのは内閣の罷免しかない。しかしその結果は国王を政治的プレーに出場させることとなり君主制そのものが失われる。「何が憲法の『本義』であるか。『本義』ということは時代によって変化するだけでなく、内容についても意見の一致はない。しかし一般に承認されていることは、国王が大臣の助言によって行動するということが憲法の『本義』であるということである[6]」。

(1) A. B. Keith : The King and the Imperial Crown, p. 183.
(2) A. B. Keith : p. 209.
(3) H. Laski : Parliamentary Government in England, p. 425. 市村今朝蔵「英国に於ける憲政の理論と実践・国王篇」五〇頁。
(4) H. Laski : p. 426 ff.
(5) A. B. Keith : p. 213. キースは「憲法の本義」に関連する問題には「妥協」が必要であるということを随所できわめて強く主張する。それは前に述べたアイルランド自治法問題の際のジョージ五世の活動を理由づけるためであるようにさえ思われる。
(6) H. Laski : p. 431.

ラスキの主張の要点は以上のところにある。ただここで注意しなければならないことは、ラスキが右のように述べながら、しかしそれは国王を自動機械たらしめることではないと述べていることである。すなわちラスキは、国王の公的活動は大臣の助言に拘束されるといい、「しかし私的には国王が助言と奨励と警告の権利を十分に行使することができるのはいうまでもない。ただその場合でも内閣が断乎として行動に出ることを注意した以上、国王としては憲法上の範囲を超えて進むことは許されないのである」[1] という。すなわちラスキの場合にも、国王が最後に内閣の助言を受け入れるまでの間において内閣に働きかけ、説得する余地を認めているのである。

かくして問題は、要するに国王の影響力の問題となる。それはまた前に引いたように小泉博士が「君臨する」ということは安易で無為な受動的なものではないとしたところの問題であり、また議会法をめぐる政争はジョージ五世をいまだいかなる国王も置かれたことのない最も残酷な地位に置いた[2] といわれるところの問題でもある。すなわち国王がその憲法上の地位を意識しながらも、なおその影響力を内閣に及ぼさざるをえないと考えるような場合があるということ、そこにイギリスにおける君主制の難関があるといってよい。すなわち、右のような場合に、キースのいうように、国王がその影響力を強く及ぼそうとすること、すなわち積極的・活動的であることをイギリス憲法は期待していると解すべきか、それともラスキのいうように「活動的な国王の存在はイギリス憲法の機構内においてはとうてい考えることができない[3]」と解すべきかというところに根本の難問があるのである。

（1） H. Laski : Parliamentary Government in England, p. 430.

（2） W. S. McKechnie : The new Democracy and Constitution, 1912, p. 83.

（3） H. Laski : p. 395.

そしてこの問題はまた、周知のような、バジョットのいう三つの権利をどのように評価するかという問題でもある。すなわちバジョットは、周知のように、国家には尊厳的部分(dignified part) と実践的部分 (efficient part) とがあるという。前者は政治に力をもたらし、政治の動力を引きよせる部分であり、後者はその力をただ行使するだけである。そして国王は尊厳的部分の頂点にあり、内閣は実践的部分の首位にある。そしてバジョットはこのような尊厳的部分がイギリス憲法の傑作であるといい、ヴィクトリア女王の効用は量るべからざるものであり、女王なかりせばイギリス政府は消滅してしまうであろうという。[1]

これがバジョットの「英国憲政論」の最も特色ある部分であるわけであるが、しかしむしろ重要なことは、彼はそこで、実践的部分における国王の権限は無であることを強調している点にある。すなわち彼によれば、「議会における国王」の観念も誤りであり、国王は上院・下院とならぶ地位にはない。国王は法律案の拒否権をもたない。また執行権に関する国王の実権も長い間使われなかった間に消滅してしまった。しかし、それではもはや国王は何らの影響力をもたないか、と自問して、バジョットはそこに三つの権利、すなわち「大臣から相談を受ける権利」、「大臣を激励する権利」、「大臣に警告する権利」をもつという。そしてそれが不思議なほど効果的に行使されるというのである。すなわちバジョットによれば、「国王は大臣に向っていうだろう。『これらの政策の責任は君にある。君が最善と思うことは何でも実行せねばならぬ。君が最善と思うことなら、自分も充分有力な支援を惜しまない。ただし君もお判りだろうが、かくかくの理由によって君の計画はよろしくない。かくかくの理由によって君の計画しないことの方がよろしい。自分は反対しないし、反対するのは自分の義務ではない。しかし、よろしいか。警告を発して置くよ』と」。そしてバジョットのいうように、このような国王のことばは必らずや大臣にきわめて有効な影響を与えずにはおかないであろう。[2]

以上のバジョットの叙述はきわめて興味深い。そしてまさにそこにイギリス君主制の特色があるというべきであろうが、この三つの権利の効果に関して人によってそれぞれ異なった評価が与えられていることが興味深い。たとえば、キースは、「国王の影響力は疑問の余地なく大きい」[3]といい、ラスキは、「これらの権利はバジョットが考えた以上に本質的である」とし、いかなる大臣も国王の批判や示唆を無視しえず、国王の影響力は不断であり普遍的であり、「精力的な国王は重要な政策の形成の上に依然大きな役割を演ずることができる」[4]といい、ジェニングスは、それは「異常に価値が高い」といい、「イギリスの政治において国王の影響力を過少評価することは誤りである。国王は政府の決定を結局は承認しなければならないが、彼はこのような決定に対してかなりの影響を与えることができる」という。[5] ただし、レーヴェンシュタインはむしろそれを軽く評価し、「相談を受ける権利」(befragt zu werden) という表現は不適当であり、「報告を受ける」(informiert zu werden) と呼ぶのが実際に合致するといい、[6] またモリソンは、その閣僚たりしときの体験から「私の考えるところによれば、バジョットは国王のことばをそれが今日用いられているよりも少し強く、また私が個人的に経験したよりも強く述べている」[7] といっている。

またこの問題についての論議に共通にみられることは、国王の影響力の強弱は国王の個人的性格や関心によって異なるということが認められていることである。たとえばキースは、「国王の影響力の及ぶ範囲は主として国王の人柄と関心とに依存する」[8] といい、ラスキも前に引いたように「精力的な国王」の影響力は強いといっているのであり、またバジョットも、前に引いたようなことばは「非凡にして智恵のある国王」または「人々を動かす表現の才に恵まれている国王」によって語られるとき大臣を動かさずにはいないだろう[9] といっているのである。

これらの評価は要するに、いわば事実に対する評価である。たとえばラスキは、ヴィクトリア女王の書簡集によって女王が決して他動的な機械ではなかったことが立証されたという。[10] しかし実は、国王の影響力という問題は、このように国王の個人的性格や関心によって異なるというだけではいまだその一面を明らかにしたにすぎないというべきであろう。すなわちそれぞれの国王によってその影響力の効用が異なることを認めるとしても、しかし、前に述べたように、そもそもイギリス憲法はそのいずれを期待していると解すべきかが問題なのである。そしてこの問題は結局のところ、イギリス君主制の君主制としての特殊性という問題になる。次にいま一度総括的にこの点を考えてみたい。

(1) W. Bagehot : The English Constitution.　深瀬基寛訳「英国の国家構造」一一六頁。
(2) 深瀬基寛訳・同右・一一六頁〜一一七頁。このような影響力はまた国王が、交替する政党政治家よりも長い政治的経験をもつことが多いことによっていっそう強められる。たとえば、ヴィクトリア女王は在位五〇年、ジョージ五世は在位二五年を越えている。この点はイギリス君主制の効用を説く者が常に強調するところである。
(3) A. B. Keith : The King and the Imperial Crown, p. viii.
(4) H. Laski : Parliamentary Government in England, p. 418.
(5) I. Jennings : Cabinet Government, P. 303.
(6) K. Loewenstein : Die Monarchie im modernen Staat, S. 46.
(7) H. Morrison : **Government and Parliament, p.** 83.
(8) A. B. Keith : P. viii.
(9) 深瀬基寛訳・前掲・一一六頁
(10) **H. Laski : p.** 397.

第五項　君主制としての特色

イギリスの君主制が君主制としていかなる特色をもつかということは、すでに以上述べてきたところの全体が示しているところなのであるが、それは要するにバジョットのいう尊厳的部分の頂点にあるものとしての権威を高く維持しつつしかも民主主義・議会主義と調和してきたということに帰する。そしてそれが、ラスキによれば、イギリスの君主制が変化する時代の中において驚くべき巧妙さでその行くべき道を開いてきた[1]といわれる所以であり、また広く説かれているように、イギリス君主制が輸出品ではない[2]といわれる所以でもあるのである。

右のような特色を可能にした歴史的条件は何であるかという問題はすでにイギリス君主制の歴史的背景として前に述べたところであり、それを再び繰り返す必要はないが、ここではなおその他に指摘されているいくつかの点を挙げておきたい。すなわち、たとえばレーヴェンシュタインは、王統の連続性とか特定の王家に対する愛着とか、一般に君主制の存続に必要と思われる事情はイギリスの場合には小さな部分しか占めないといい、むしろ、㈠強力な個性の国王がいなかったこと、㈡他国では絶対君主制の支配していた時代に議会が国王を処刑したこと、㈢王室の交代が君主制の地位を弱めたこと、㈣ハノーヴァー王朝の国王が英語を解せずそれが内閣制度をもたらしたこと、等が重要であるとしている。[3] また、ラスキは、ヴィクトリア女王の治世の半ばごろまでは君主制は不人気であり、共和思想もなかったわけではないことを認め、しかもそれが以後今日に至るまで、国王に対する国民の讃美が「王権神授説を信じていた一七世紀の宗教的法悦にも比すべきほどの熱烈な水準に達した」ことの理由として、特に㈠ヴィクトリア女王に対する長年の尊敬・ジョージ五世に対する親愛感・エドワード八世に対する人気等がつけ加わったこと、㈡右の変化が生じた時期が同時にヴィクトリア女王がインド皇帝となった時期（一八七五年）から始まり、イギリス人の帝国的使命の自覚が増大し、大英帝国の統一にとって国王が本質的な要素であるとされたこと、㈢エドワード七世の時代ごろから国王が国民の福祉・社会問題・労働問題等に対する関心を示しだしたことが国王に対する国民の心理的変化に影響を及ぼしたこと、㈣イギリスが常に戦争に勝っていること、等を挙げている。[4] そしてラスキによれば、このようなプロセスにおいて、イギリスの君主制は変化する時代に巧妙に適応したとされ、またこのプロセスと併行して、イギリスの君主制は「権力（Power）に置きかえるに影響力（Influence）を以てした[5]」ことによって自らを成功的に存続せしめてきたとされるわけなのである。

イギリスの君主制を承認し、支持し、またその存在理由を積極的に根拠づけようとする多くの論者の試みの基礎には、いずれも以上のような歴史的条件を認めているのである。

(1) H. Laski : Parliamentary Government in England, p. 395. この種のことばは、イギリス君主制についての文献に常にみられるところである。
(2) K. Loewenstein : Die Monarchie im modernen Staat, S. 45.
(3) K. Loewenstein : S. 45 ff.
(4) H. Laski : p. 389 ff.
(5) H. Laski : p. 395.

たとえば、イギリスの学者によるイギリス君主制論の最も典型的なものというべきバーカーの論文は[1]、国王の権限と影響力の及ぶ範囲は、国内的関係・対外的関係・コモンウエルスとの関係という三つの領域においてトレースしなければならぬとして、次のように述べている[2]。

まず国内的関係の領域。この領域ではさらに儀式的・形式的側面と実際的側面とが分けられる。そして儀式的・形式的側面について、彼は、近代国家は「統一の象徴、忠誠の磁石および儀式の装置を必要とする。それは人々の感情と情緒を共同体の奉仕へ引きつけるのに役立つ」といい、政府の活動が国王によって儀式と形式を与えられることによって首相は国王の権威の分肢となることができるという。そしてこのことによって、同時に国王は重要な実際的役割を果しているのである。それはまた活動的な「政府の首長」と区別された「国家の元首」の役割でもある。また国王の名は無用に用いられているのではなく、国王の署名はいたずらに附されているのではない。国王は常に首相と接触を保っており、国王の長い豊富な経験は国王と大臣との間にいわば相互給付の関係を形成しているという。また国王の実際的役割は、その存在が政治における種々の要素の対立をカヴァーすることに役立っていることにある。「光栄ある陛下の反対党」ということばが示しているように、国王は種々の政治勢力の対立を包擁する「大きなマント」の役割を果す。「国王は彼の大臣の助言によって行動する。しかし彼は大臣から区別される何ものかである。彼は国民の生活における真の力と感情とを代表する。それは彼のみが代表しうるものである」。

第二に、対外的関係の領域においては、国王は友好諸国との間の厚誼と親交の上に高価な役割を果している。第三に、国王は連合王国の国王であるだけでなく、コモンウエルス（British Commonwealth of Nations）の元首である。彼なくしてはコモンウエルスの統一は不可能である。そしてバーカーは、要するに、国王は「共同体の永続的象徴であり、またその忠誠のための不断の磁石である」とするのである。

バーカーの述べるところをきわめて簡潔に要約すれば、およそ以上のとおりである。それはイギリスの学者によるイギリス君主制論のうちおそらくは最も典型的なものであり、またそれが広くイギリス国民によって抱かれている君主制観を代表しているものといってよいであろう。

（1）E. Barker : British Constitutional Monarchy (Essays on Government, 1950.) この論文についてオッグおよびズィンクは、イギリス君主制についての多くの文献のうちで、「短いけれども卓抜したもの」であると評価している。F. A. Ogg & H. Zink : Modern Foreign Governments, 1950, p. 66.

（2）E. Barker : P. 6 ff.

ところでバーカーの述べていることのうち、特に重要なのは、国王がコモンウエルスの統一の上に果す役割についてである。[1] それはまた法律的にいえば、周知のような、ウエストミンスター条例（一九三一年）の問題でもあるが、イギリス君主制の特色としてとうてい逸することができないものであり、触れておかなければならない。

前にラスキがヴィクトリア女王の治世の半ばごろまでは君主制が不人気であり共和制思想もなかったわけではないと述べていることを引いておいたが、それはかのバジョットの「英国憲政論」が書かれたのがちょうどその当時、一八六七年であったことを想起させる。すなわちバジョットはそこで尊厳的部分と実践的部分との巧みな配合がイギリス憲法の傑作であることを強調し、尊厳的部分の頂点としての国王の制度を高く評価しているのではあるが、しかし周知のように、君主制は人間の感情に訴えるものでありそれは人間理性が微弱な間だけ安泰であるといい、また「教育の未熟なためいまだに一個の象徴を必要とする国民」にとって必要であると述べている[2)]ところに現われているように、そこには一面において君主制に対する懐疑的な態度がみられないでもない。それはその当時のイギリスにおける君主制に対する考え方の一面を反映しているものと考えられないでもないのである。そしてラスキが指摘した一八七五年に始まるイギリス国民の帝国的使命の自覚の成長はバジョットの後のできごとであったわけである。

このことを指摘したのがバルフォアである。バルフォアはバジョットの「英国憲政論」第三版（一九三三年）の序言において、この観点からバジョットを批判したのであった。すなわちバルフォアはバジョットが見落したものが二つあるという。一つは文官制度であり、それは実践的部分の一つの車輪にすぎないが政党の交替による政治の変化にもかかわらず大英帝国の行政の連続性を確保し、それによって尊厳的部分の頂点にある国王の政治的中立を可能ならしめたという。そして第二に、それにもまして重要なのは、大英帝国の統一の上に国王が果す役割であるとし、そこにバジョットの知らなかった王位の近代的な側面の一つがあるとして、次のようにいう。

「国王は一党派の指導者でもなく、一階級の指導者でもない。一国民の元首である——実は、多数の国民の元首である。彼は万人の王である。このことばによって私は彼が大英帝国の支配者であるというよりも、むしろ、その帝国のあらゆる部分の共同所有物であるという意味をもたせるのである。彼はこの帝国が構成されている種々雑多の社会、その位の上下を問わず、これらのすべてを結ぶ運命を予定された一つの結帯である。自律的民主国家（その中に大英帝国も含まれ、且つそれはそれらすべての国家の母体である）は各自、王を自分たちの国家構造上の首部に当るものと見ている。なおこのほかに、世界に分散している各領地の様々の民族（その幸福のために大英帝国は数代にわたって、自から責任をとる挙に出た）の長でもある。

これらの事実は勿論バジョットの予想しなかった発展であり、現に今でも、世界の全般からは認知されていない事実である。これらの発展を見たならば、国王に対するバジョットの見方も大いに変化したことと思われる。彼も恐らく、これを昔の或る時代の尊厳的な古色蒼然たる一遺物であり、自由を脅かすような大権の全部をもぎとられ、無智な国民の想像力に無雑作に訴える故に主として価値をもつものとは見なかったであろう。むしろ帝国の地固めの上にどれだけ大きな役割を演ずる運命をもつものであるかを知ったであろう、と私は信ずる。[3)]」

このバルフォアの確信も、前に引いたバーカーの場合と同様に、おそらくはイギリス国民の支配的な君主制観を代弁しているものといってよいであろう。そしてなるほどこの点はバジョットによって説かれてはいなかったとはいえるけれども、しかし国王がそのようにコモンウエルスの結合の「象徴」であるとされる場合には、その限りでは、バジョットによって雄弁に説かれたところの国王の象徴性の思想が引きつがれており、さらにそれだけでなくむしろいっそう高められ、強められているといえるのである。その意味ではバジョットの伝統はなお活きているといわなければならない。

（1）　バーカーの強調する国王の象徴性についてはなお後にも詳しく述べる。
（2）　深瀬基寛訳「英国の国家構造」七三頁・八一頁。
（3）　深瀬基寛訳・同右・二六頁〜二七頁。

すなわち国王が象徴たる役割を最も発揮し、またそれが期待されているのはコモンウエルスの元首としてである。コモンウエルスの構成やその法制そのものについて詳しく述べることはここでは必要ではないが、[1] そこにおける国王の地位の問題を、特にウエストミンスター条例および一九五〇年のインドの独立の際の事情を中心としてきわめて簡単に述べておきたい。

いうまでもなくコモンウエルスは、いわゆる英本国すなわち連合王国 (United Kingdom of Great Britain and Northern Ireland) を中心とし、カナダ・オーストラリア連邦その他の自治領 (Dominion) さらにインドのような独立国をも包括して構成されるのであるが、このコモンウエルスの成立過程は、当初は純然たる植民地であったこれら海外領土に対する英本国ないしその国王の支配権力が漸次に緩和されてきた経過である。すなわち植民地の自治の要求にこたえて、一八四〇年代に至って、これらにいわゆる責任政治 (Responsible Government) が認められることとなった。それが自治領の制度の起源である。すなわち総督 (Governor) は国王によって任命され、本国から派遣されるが、その権限の行使は各自治領の議会に責任をもつ行政部の助言によってなされるという体制であり、これによって第一次大戦以前においてこれら自治領は内政問題に関する限り政治的独立を獲得したといってよい。ただし外交問題はなお本国政府の決するところであった。しかし第一次大戦中およびその以後において自治領の独立性は高まり、ニューファウンドランドを除き自治領は国際連盟にも加入した。一九二三年の帝国会議 (Imperial Conference) は外交問題についても自治領にある程度の独立を認め、さらに一九二六年の帝国会議において、英本国および自治領は「コモンウエルスにおける自治的団体であり、その地位は平等でありかつクラウンに対する共通の忠誠によって統合せられるが、国内的または対外的事項に関する限り、すべて相互に従属することなく、コモンウエルスの成員として自由に結合した」ものであるとした。一九三一年のウエストミンスター条例の前文の「クラウンはコモンウエルスの成員の自由な結合の象徴であり、これらの成員はクラウンに対する共通の忠誠によって統合せられる[2]」という有名な文句は、右の決定を成文化したという意味をもつのである。なお一九二六年の帝国会議は、自治領における国王の代表者は拒否権を行使してはならず自治領の責任ある大臣の助言によってのみ行動すべきであり、本国政府の代表者という立場から行動してはならぬことをも定めた。これも従来の慣行を成文化したものである。

コモンウエルスとは以上のようなものであり、植民地は別として、それぞれ対等なその成員を結びつけるものが国王に対する共通の忠誠であり、広く説かれているように、国王はそれらを結ぶ「黄金の鎖」であるとされるのである。すなわち自治領は立法・司法・行政・外交についてほとんど独立国と変らない地位を獲得した。その意味で自治領にはもはや英本国の拘束は及ばない。しかし国王に対する忠誠は自治領を共通に拘束する。すなわち自治領に立ち向うものとしての英本国は姿を消したが、国王はなお共通の忠誠の対象として自治領に対して立ち現われているといえる。そして国王のこの役割が絶大である理由は、さきに引いたバルフォアのことばによく現われていたところであった。

さらに注意すべきことは、一九五〇年憲法の制定とともに自治領たる地位から脱して独立国たる共和国となったインドが、なお引き続きコモンウエルスの一員として残った際の国王の地位の問題である。すなわちインドは共和国であり、また国民会議派の中には君主制に対する反対もなかったわけではなかった。しかし彼らも同時に依然としてコモンウエルスの一員として残ることを利益とした。そこにウエストミンスター条例の方式をどのようにしてこの事態に適合させるかが重要な憲法上の問題となったのである。一九四九年六月のコモンウエルス首相会議はこの問題を一つの新しい方式によって解決した。すなわちこの会議においてインドのネール首相は、国王を「コモンウエルスの元首（Head）」とするという方法を提案した。他の自治領の首相はこれを承認したがしかし彼らの国についてはその「元首」が国王であることを希望するとの意向を表明した。そこでこの両者の要求を満足させるための一つの方式が案出された。それは、インドは国王を「コモンウエルスの独立の成員の自由な結合の象徴として、そして、そのようなものとして（as such）コモンウエルスの元首」として認めるという方式であった。[3]

　このような解決はまさにその際に公表された宣言が述べているように、[4] コモンウエルスの伝統と新しい事態の変化との巧みな調和であるといえよう。すなわちそれは国王がコモンウエルスの元首として統一の象徴たる役割が広く認められていることを改めて示したものであるとともに、イギリスの君主制が時代の要求に応じつつ変化することによって自らを存続せしめつつあること、そしてそこに君主制の有用性が見出されていることをも改めて示したものであるといえるであろう。

（1）これらの点については、イギリス憲法に関する多くの一般的な文献のほか、特にA. Ulam : The British Commonwealth as an example of a multinational state system（A. G. Zurcher : Constitutions and Constitutional trends since World War II, 1951）. E. Barker : English Constitutional Monarchy. p. 12 ff. 末延三次「イギリスの国王」（比較法研究一一号）九頁以下、高柳賢三「英帝国法制の鳥瞰図」（「英国公法の理論」所収）等参照。

（2）……Crown is the symbol of the free association of the members of the British Commonwealth of Nations, and……they are united by a common allegiance to the Crown……

（3）末延三次「イギリスの国王」一一頁。

（4）この際公表された「コモンウエルス首相会議のコンミュニケおよび宣言」は、次のようなものであり、この事情がよく示されている。興味があるのでその全文をかかげておく。A. G. Zurcher : p. 329.

コモンウエルスにおけるインド共和国の地位に関する一九四九年六月二七日のコモンウエルス首相会議のコミュニケおよび宣言

「先週の間、連合王国・オーストラリア・ニュージーランド・南阿・インド・パキスタンおよびセイロンの首相ならびにカナダ外務大臣はロンドンに会合し、共和制憲法を採択しようとするインドの決定およびコモンウエルスの一員として残ろうとするその希望から生じた重要な憲法問題に関する見解を交換した。

討議はコモンウエルスの既存の構造およびその成員の憲法上の関係の上に生じたそのような展開の効果に関してなされた。会議は善意と相互の了解の雰囲気において進められ、またその歴史的背景の如く、その目的の統一を強化するとともにその組織と手続を事態の変化に適合させるというコモンウエルスの伝統的能力を示した。

完全な討議の後にすべてのコモンウエルスの諸国の政府の代表者は到達した結論を次のごとき宣言において記録にとどめることに意見一致した。

コモンウエルスの成員として統一されかつそれらの自由なる結合の象徴でもあるクラウンに対して共通の忠誠を負う連合王国・カナダ・オーストラリア・ニュージーランド・南阿・インド・パキスタンおよびセイロンの政府は、インドに生じつつある憲法上の変化を考慮した。

インド政府はコモンウエルスの他の政府に対して、今や採択されようとしている新憲法の下において主権を有する独立の共和国となろうとするインド国民の意思を伝えた。インド政府はしかしインドがコモンウェルスの完全な一員として引き続きとどまることを希望し、また国王を独立の成員の自由な結合の象徴としてかつそのようなものとしてコモンウエルスの元首として認めることを宣言しかつ確認した。

そのコモンウエルスの成員としての基礎がこれによって変更されないところのコモンウエルスの他の諸国の政府は、インドがこの宣言の文句に一致して引き続きコモンウエルスの成員たることを承認した。

したがって連合王国・カナダ・オーストラリア・ニュージーランド・南阿・インド・パキスタンおよびセイロンは、ここに、それらが依然としてコモンウエルスの自由かつ平等な成員として結合され、平和・自由および進歩の追求のために自由に協同しつつ、依然としてコモンウエルスの自由かつ対等な成員として結合されることを宣言する。

以上のごとき憲法上の問題のみが全首相の全員会議における討議の主題であった。」

なお、これによって国王または女王の称号は次のとおり称ばれることになった。すなわち、イギリス本国と植民地では「神の恩寵による、グレート・ブリテンおよび北アイルランド、その他の王国および領土の女王であり、コモンウエルスの元首であり、信仰の護持者であるエリザベス二世」であり、カナダ等では「神の恩寵による、連合王国、カナダおよび他の領土の女王であり、コモンウエルスの元首であり、信仰の護持者であるエリザベス二世」であり、そしてインドでは単に「コモンウエルスの元首」である。

右に述べたように国王がコモンウエルスの存立の上に不可欠であるとの思想は今日においても広くイギリス国民によって承認され、他の何ものにもましてイギリスの君主制の存在理由をなしているということができよう。今日、共和制の主張はまったくみられないといってよく、君主制に対する唯一の真の反対者はきわめて少数の共産主義者のみである。[1)]

労働党が党として君主制の否認を支持したことはかつて一度もない。オッグおよびズィンクによれば、労働党員の中には個人として主義上、共和制論者であると語った者はないではない。一九二三年の党大会において、王室はもはやイギリス憲法の一部としては不必要であるという宣言の提案がなされたことがあった。しかしそれが「共和主義は労働党の政策なりや」という形で投票に附された際、その結果は圧倒的な否決に終った。さらに近くは一九三六年の王室費に関する下院の審議の場合に、労働党は決定的に共和主義者ではないことを宣言した。[2)]労働党に属するラスキの主張はすでに述べたところであり、またモリソンの論文も、その基本的な思想においては、前に引いたバーカーのそれとほとんど変るところはない。[3)]

そして同じくウエッブ夫妻の「大英社会主義国の構成」も同様である。すなわち周知のように、この書物は、彼らの構想した来たるべき社会主義英国の青写真として書かれたものではあるが、その青写真において君主制は存続せしめられ、しかもその理由として述べられているところは、まさに前に引いたバルフォアやバーカーのそれとほとんど変るところがない。すなわちそこでは次のように述べられている。

「ここに提案せられた国の組織は古くからある世襲的君主の制度の廃止を包含していない。そして国家の名儀上の主脳者に対しては、共同社会の現実の統治ないしは管理のいかなる部分をも負担せしめないことが必要であるとともにまた望ましいとの一般の判断は、社会主義民主国においては確かに採用されるであろう。殊にわれわれが民主的形態において継続するであろうと信ずる諸国民の大英民主国にとっては、かかる名儀上の、ないしは儀式上の主脳者はほとんど欠くべからざるものであり、この主脳者と統治または管理とのいかなる結合も全然実行不可能である。そして国民が慣れているこの名儀上の、ないしは儀式上の主脳制度——主脳の資格が天賦の権利ないしは何らかの独立の称号によって与えられるものでなく、他の法律と同じく民衆は立法府の決議によっていつでも廃止しまたは修正せられる他の法令と同じ一つの法令により世襲によって間違いなく特定家族の一員に与えられる制度——にはいかなる変革の提案も必要とは考えられない。諸国民の大英民主国は、将来長くそうであるに違いないが、現に幾多の異なれる人種の共同社会や自治の幾多の異なれる段階にある文明を包含し、また民主制の幾多の異なれる段階の諸制度を網羅している事情からして、選挙によって主脳者を定める仕方には打ち克ち難い困難があるように思われる。英国流の世襲的君主のもつ政治的利益を誇張することなく、——また他方においてそれが従来伴っている社会的不利益を忘却することなく——しかもわれわれは考える。国家に必要なる名儀的ならびに儀式的主脳者は本質上その現在の形態において保存せらるべきであると。[4)]」

なおここで注意すべきことは、ウエッブがこのように君主制を支持するときに、きわめて実際的な観点から君主制の効用が考えられているということである。すなわちウエッブは右に引いた中で君主制に代る他の方法を見出すことはきわめて困難であると述べたところで次のように補註している。

「われわれはこれらの困難の解決に努力する必要はない。全国民の儀式的主脳者として選ばれ承認されるに足るほど有名な男子または女子で、しかも個人的権力を行使する野心もなく、彼の勢力によって正しき雰囲気を醸成する資格をもち、また任命及び権利の譲与を強要する関係者や取巻き連中によって妨げられることのない人物を発見することがいかに困難であるかは、フランスや合衆国やまたその他の共和国における経験によって立証せられたところである。またわれわれ自身の問題として見ても、われわれが英帝国とよぶところの、諸種の人種、宗教及び文明の集合体が一人の名儀的主脳者なくして立ち行きあるいは四億の民衆の民衆的選挙によって一人を選出し得る実際的方法を提言することは、いまだ何びともなし得ていないところである。[5)]」

すなわち、いうまでもなく、今日においてはもはや王権神授説的な思想で国王の地位を理由づけることはできない。国王が彼の称号を保持しうるのは、ウエッブのいうように、ただ議会の一法律によってであり、したがって事実上国民の不断の同意が国王の地位の根拠なのである。ただその場合、国王の存在を承認するその国民の判断に大きく作用しているのが、特にコモンウエルスの統一の上に国王が有用であるという実際的考慮であるといえる。これは根本的にいえば、イギリス人の現実主義または経験主義の所産であるというべきであろうが、要するにイギリスの君主制はこのような現実主義・経験主義的な側面をもっているということを看過してはならない。

（1）F. A. Ogg and H. Zink : Modern Foreign Governments, 1950, p. 66.
（2）F. A. Ogg and H. Zink : pp. 65〜66.
（3）H. Morrison : The Monarchy as part of our Parliamentary Democracy. (Government and Parliament, P. 89)
（4）C. & B. Webb : A Constitution for the Socialist Commonwealth of Great Britain, 1920. 大原社会問題研究所訳「大英社会主義国の構成」一一四頁。
（5）同右・一一五頁。

さて、イギリス君主制の特色はおよそ以上のようなところにあるといえるであろう。そして「キングと名のつくものが地上から消え去っても最後まで残るキングが五人ある。それはトランプの四つのキングとイギリスのキングだ」という断のように、イギリスの君主制が今日においても、少なくとも最も安定した君主制であることは一般に承認されている。しかしそこにもなお根本的な問題があることも忘れてはならない。簡単にこの点を述べてこの節の結びとしたい。

第一は、バジョットの指摘をまつまでもなく、本来君主制は非合理性・神秘性の要素に支えられるものであるということ。ウエーバーのいうカリスマ的支配はもちろん君主制のみにみられるものではないが、しかし君主制のこのカリスマ性が色褪せる時期が果してイギリスのみには永遠に訪れないと断言することはできないであろう。

第二に、国王の有用性が説かれる場合に、そこにはやはり国王が実際において有能であること、すなわち多くの人が説くように首相よりも政治上の経験と識見に富み、したがって内閣に影響力を及ぼすに足りる能力を備えているということが予想されていること。したがって国王の有用性に対するこのような確信が維持されるためには個々の国王に対するこのような期待が幻滅の運命に陥る時期が来ないということが必要であること。

第三に、国王の有用性への確信が何よりもコモンウエルスの統一の象徴たることにある以上は、この確信が維持されるためにはコモンウエルスを形成する各民族の独立への意慾が激しく主張されないということが必要であること。

第四に、国王の政治的中立性の原理の破綻が将来果して決定的に露呈されることがないかということ。すなわち今日に至るまでいくたびかの危機においても、ラスキのいうように「幸せなことに常に最後の手段として国王に訴えることはなされなかった」[1)]。国王があからさまに政治的プレーに出場せしめられることは常にその寸前で回避された。しかしながらここでラスキが、「政党の意見が根本的な問題について一致しておればこそ君主制は行われるのである」[2]といっていることは、問題の核心を衝いている。すなわち共産党は別として、保守党も労働党も根本的な点で意見が一致している限りは、その意味で国王の存在はこのいずれにとっても無害であり、また無用の用でもありうるのである。またそれは同時に、大臣の側からは、「各大臣は国王との間に摩擦を生ずるような提案を国王の前に出すことを避けた」[3]ということでもある。おそらくラスキは一九一一年や一九一四年の事例はこの点についてはきわめて異例な例外であったとするのであろうが、このことによって初めて、国王がいわゆる三つの権利の行使という形において仮りに内閣に影響力を及ぼした場合があったとしても、それは国王の政治的中立を失わしめるものではなく、国王の影響力は「権威ある緩和剤」[4]の機能を果すにとどまることもできたのである。しかし、このような意味で国王の有用性が認められるとしても、それがそれだけで積極的な君主制の存在理由となりうるかに問題がある。たとえばモリソンは、「イギリスの君主制は今日議会的デモクラシーのプロセスを容易にしている」[5]といっている。すなわち君主制が議会的デモクラシーを妨げているのではないのはもちろん、またそれを単に妨げていないだけでなく、容易にしているとするのである。しかしそこで彼が「議会的デモクラシー」といい「社会主義」といっていないこと、またあるいはもしも彼が「社会主義」といったとしてもそれは議会的デモクラシーと矛盾しないところの社会主義としてであろうということを注意すべきである。そこに、いわばイギリス君主制の存続の基盤ないし条件があるといってもよい。この条件が将来において失われないか否か、すなわち政党の政治的立場の対立が決定的なものとならないか否かによって、イギリス君主制の将来が決定されるというべきであろう。

（1）　H. Laski : Parliamentary Government in England, p. 396.

（2）　H. Laski : p. 395.

(3) H. Laski : p. 400.
(4) H. Laski : p. 396.
(5) H. Morrison : The Monarchy as part of our Parliamentary Democracy, p. 92.

第三節　フランスの君主制

第一項　序　説

何故にフランスの君主制を考察することが必要であるか、したがってまた基本的にどのような観点からそれを眺めることが必要であるかを、前節のイギリスの場合と対比しながらまず述べておきたい。

第一に、今日、フランスにはもとより君主制は存在していない。しかし過去においてはフランスには君主制があった。そして、あったばかりではなく、幾度か消滅し、また幾度か復活した。したがってその歴史のなかには君主制のいろいろの類型とまたそれらの限界が示されている。

第二に、一七九一年の憲法以来、いくつかの君主制はすべて成文憲法によるものであったこと。すなわち、イギリスの場合と異なりフランスでは成文憲法によって君主の権限を明確に定めようとした。そしてこのことがまたかえって君主の潜勢力を弱くすることともなった。[1)]

第三に、以上の点と関連するのが、そこでは君主制を根拠づけかつ維持しようとしたいろいろの思想が成文憲法の文字の中に現われていること。そしてそれがその度ごとに結局は成功しなかったわけである。すなわちいくたびかの君主制の交替の中に、君主制の制度とともにその思想の類型がみられる。このことは根本的にいって、フランスの憲法史とイギリスのそれとを対比して、フランスではフイロソフィーが政治的変革に先行し、イギリスではフイロソフィーが政治的変化に追随するといわれることの現われでもあるのであるが、そこにまた、いかなる歴史的・政治的条件の下にいかなる君主制が要求されかつ出現するかということをも示すものである。[2]

第四に、イギリスにおいてはデモクラシーや議会主義の成長と確立の過程は一三世紀以後一九世紀に至る間にきわめて漸進的に、緩慢に進行し、君主制もこの間に徐々に近代化し、時代と調和してきたのに対して、フランスにおいてはデモクラシーや議会主義の成長は大革命以来のわずか一世紀の間に圧縮集中されている。したがってこの間において現われては消え、消えては現われたいくつかの君主制の交替はきわめて激しくまた急転的な形で行われた。そしてこのことから、この間に現われた君主制の間には表面的にはいかにも断絶があるかのようではあるが、またその半面、実は継続性が認められないでもないという結果が現われているのである。

第五に、右に述べたことと同じであるが、一見奇妙のようにみえるけれども、君主制はそのたびごとの失敗と潰滅とにもかかわらず、常に潜在的には存在しており、それがまた次の変革を用意しており、時に及んで再びそれが復活する。すなわちたとえば、二〇世紀以後の第三共和制の下においてさえ、君主制的・王党的な思想が残存していたのである。このことは、フランスにおいては、前に述べたように、君主制と共和制との交替がきわめて急激にかつ頻繁に行われ、政治体制はその都度表面的には一掃されたかにみえるにしても、それぞれの政治形態を支えている思想は執拗に残存してきたことの結果なのである。[3]その意味において、イギリスの歴史が、外見は変化せずして実質が変化した君主制の歴史の典型であるとすれば、フランスの歴史は、外見は変化しても実質は変化しない君主制の断続的な歴史であるともいえるのである。

およそ以上述べたような特色をフランスの君主制憲法の歴史は示している。めまぐるしく変転するフランスの君主制のそれぞれを眺める場合にも、その歴史のこのような全体としての性格を意識していることが必要である。

(1) A. B. Keith: The King and the Imperial Crown, p. 183.
(2) P.W. Buck & J.W. Masland: The Governments of foreign Powers, 1950, p. 282.
(3) P. W. Buck & J. W. Masland: p. 280.

第二項 歴史的背景

フランスの君主制の起源も、いうまでもなく古い。しかしイギリスの場合と同様、ここでも一六世紀の末葉における絶対君主制の成立の時期からのフランス君主制の歴史をきわめて簡単に述べるにとどめる。

すなわちフランスの絶対君主制は一六世紀の後半三〇年に及ぶ宗教的内乱が終息してから、ブルボン王朝のアンリ四世(一五八九年〜一六一〇年)の治世の下で成立した。その以前においても一六世紀の初頭以後、絶対主義の萠芽は、フランソワ一世(一五一五年〜一五四七年)やアンリ二世(一五四七年〜一五五九年)の時期にもみられ[1]、またさらにさかのぼれば一四世紀初頭のフィリップ四世が王権の伸張に一時期を画したことも注意しなければならない。しかし、宗教的内乱の結果、政治的・社会的・経済的混乱がその極に達し、また内乱中貴族が封建的権利を回復して王命に従うことを拒否していたためにまさに王権が危機にひんしていた時期において即位したアンリ四世は、ナント勅令(一五九八年)の発布によって長年の宗教的内乱に終止符を打ち、また財政改革や商工業・外国貿易さらに植民活動の発展に努力し、それによって王権を強化した。彼がフランスにおける絶対君主制の成立の上に一時期を画した国王と呼ばれるのはこのためである。そしてこのアンリ四世によって基礎が置かれた絶対君主制を完成したのがルイ一四世（一六六一年〜一七一五年）であったことはいうまでもない。

しかしこのような絶対君主制の成立・完成の過程は必らずしも単純ではない。前にイギリスの場合について述べたときに、絶対君主制一般の問題として触れておいたことがフランスの場合にも妥当する。すなわちここでも絶対君主制の成立は封建的体制を打破したという面では近代的な意味をもち、新興市民階級は国王により中央集権が確立されることを「資本」の活動の自由のために歓迎した。しかしそれと同時に、絶対君主制はなお封建的勢力の基礎の上に立っていたという面では依然として中世的・封建制的な意味をもっていたのである。そしてこの事情はルイ一四世の時期において、さらに大革命の前夜の時期においても引き継がれているのである。

（1）　フランソワ一世を教育するために書かれた書物が、大司教セイセル（一四五〇年〜一五二〇年）の「大君主国」（La grande Monarchie de France, 1519）であるといわれる。この書物は、以後の絶対主義政治思想に道を拓いたものであり、そこには、フランス国王は根本法に従ってその位にあること、国王は王国における最高の存在であり、神以外には何びとにも服従しないこと、したがってすべてのフランス人は国王の人民としてこれに服従すべきことを説いた。以後の絶対主義思想家は、この理論をあるいは反復し、あるいは修正したといわれる。毛織大順「セイセルの『フランス大君主国』について」（法政研究二三巻二号）参照。

すなわちエスマンは、フランスの君主制が中世以来三つの段階を経て発展したという。[1)] すなわち封建君主制・制限君主制・絶対君主制がそれである。このうち制限君主制の時期はフィリップ・ル・ベルの時代からアンリ四世まで、絶対君主制の時期はアンリ四世から大革命に至る時期である。この場合、エスマンが制限君主制と呼ぶのは、通常用いられている近代的意味における立憲君主制のことではない。エスマン自身、「この王政に制限という形容詞をつけることによって、私は決してそれが近代的な諸自由・国民主権及び個人の自由を形造っている諸原則に基礎を置いていたなどといおうとするのではない。国民のなかには充分に発展を遂げた王権と肩をならべて、これに匹敵するような多かれ少なかれ独立ないくつかの勢力が存在していたといいたいのだ[2]」といっているように、この時期において王権が中立的な王権の観念を脱して中央集権的・官僚制的王政に転化して行くのではあるが、そこにはなお強大な封建制的勢力の障害があり、王権はそれに対抗する意味で新興市民階級に依存せざるをえず、そこにこの二つの勢力が等族会議や最高法院の機構を通じて王権を事実上制限していたのである。そしてまたそこに、この時期における王権はこの二つの勢力の利害を調整して外面的な強固な統一を樹立することを任務とし、そこにまた、国王が「共同の福祉の代表者」であるとされた理由もある[3]。

君主制特に絶対君主制の理論として逸することのできないボーダン（一五三〇年〜一五九六年）の「国家論」（一五七六年）はこの時期における所産である。すなわちそれは、周知のように、主権をもって国家の最高かつ恒久的な権力であるとし神と自然法のほかいかなる制限にも服さないものとし、絶対君主制の理論的根拠を提供したものであるが、しかしこれの書かれた時期においては国王の手にある主権は絶対・最高であったのではなく、いろいろの勢力の均衡の上に危うく支えられていたにすぎない。彼が主権の内容としてかかげた立法権・宣戦布告権・講和締結権・官吏任命権・最高裁判権・恩赦権・忠誠服従要求権・貨幣鋳造権・度量衡選定権・課税権等は、国王が当時すでにその手に収めた権利ではなくて、王権を事実上制限していた二つの勢力の手から漸次に獲得しつつあった権利であったわけである。

そしてこのプロセスを経て、絶対君主制が確立したとされるに至っても、なおこの事情は引き継がれている。すなわち一般的に絶対主義の政治的特色は、何よりも支配者たる君主が、絶対・無制限な権力をもっているとされることではあるが、しかしそれが、ある特定の階級によるその階級のための支配ではないことにあるといわれる。すなわち絶対君主の絶対性は実は権力を得ようとして相戦う二つの階級のいずれもがいまだ完全に相手を克服することができない関係、すなわち二つの階級の均衡の関係に基づくといわれる。二つの階級の上に外見上一種の均衡関係が維持されているときにそこに君主が一見いずれの勢力からも制約されないような強い権力をもつことができたのである。[4)]

（1）A. Esmein : Cours élémentaire d'histoire du droit français, 1921, p. 338 ff. 野田良之「フランス法概論」上2・三〇一頁以下。この項の以下の叙述は、野田教授のこの書によるところが多い。
（2）A. Esmein : p. 338. 野田・同右・三〇四頁。
（3）野田・同右・三〇二頁。一四世紀以来、歴代の国王が即位に当ってなす宣誓の文句は、「国王は教会の独立を維持し、貴族をも、職人をも、また商人をも、その善良なる法律と旧き慣習法とのうちに維持すべし」であったといわれる。
（4）前川貞次郎「絶対主義国家」四頁〜五頁。なお、絶対君主の超階級的地位についての特異な分析として、戒能通孝「近世の成立と神権説」九三頁以下参照。

さて、前に述べたようにアンリ四世の治世に基礎を置かれた絶対君主制は、次のルイ一三世（一六一〇年〜一六四三年）を経て「太陽王」ルイ一四世（一六四三年〜一七一五年）によって完成される。すなわちこの時期におけるリシュリュー（一五八五年〜一六四二年）・マゼラン（一六〇二年〜一六六一年）・コルベール（一六一九年〜一六八三年）の強力な政策が功を奏し、またマゼランの時代における封建貴族の抵抗であったフロントの叛乱（一六四八年〜一六五二年）の鎮定を転機として、ルイ太陽王の下に、フランス絶対君主制の最高潮が現出する。この経過はまた、アンリ四世の消極的・防衛的絶対主義からリシュリュー、ルイ一四世の積極的・権力主義的絶対主義への経過であるといわれ、[1)]また特にマゼランの死後ルイ一四世の親政的傾向が強まり、リシュリュー、マゼランにおける「国王の名による宰相の支配」からルイ一四世における「国王の名による国王の支配」への移行の経過であるともいわれる。[2)]

要するにこの時期において、新教徒の勢力は打破され、封建貴族の勢力も抑圧され、一六一四年を最後としてエタ・ジェネローすなわち正確には「王国の三身分会議」(l'Assemblée des trois états du royaume) は開かれず、最高法院の権限は制限され、これによって従来の王権に対する制限は排除された。さらに、軍隊の指揮権は国王の手に集中され、また監察官の設置によって地方の司法・警察・財政が中央集権的に統一・集中化された。絶対君主制を支える中央集権的官僚制はこの制度によって基礎を確立したといえる。そしてこれらすべての政策は特にリシュリューによって着手されその大部分は彼によって実現されたといってよい。[3)]

しかもこのような政治体制が王権神授説によって宗教的に基礎づけられた。その代表者がボスュエ (一六二七年〜一七〇四年) である。彼の思想は「絶対主義の福音書」と評されるその著書の題名がそのままに示しているように、「聖書のことば自体から導き出した政治」(Politique tirée des propres parôles des l'Ecriture Sainte) ということにあった。ジャネは「いかなる文筆家もボスュエと同じ程度に王権を崇拝したものはなかった」と述べている。[4)]

このような基礎の上に立つ政治機構の頂点に立つのが国王であった。そして特にルイ一四世の統治は文字どおり万機親裁に近かった。国王の下には諮問機関として国王顧問会議 (Conseil d'Etat du roi) がありその下にさらに国務顧問会議または高級顧問会議 (Conseil d'Etat ou Conseil d'en haut)・内務顧問会議 (Conseil de dépêches)・財政顧問会議 (Conseil royal des finances) や、司法および行政顧問会議 (Conseil d'Etat privé, finances et direction) 等があり、また執行機関としては国務大臣 (Ministre d'Etat)、宰相または大書記長 (Chancelier)・国務卿 (Secrétaires d'Etat) 等があったが、これらはいずれも単に諮問を受けるものであるか国王の下僕たる性質をもつものにすぎなかった。そのような地位においてルイ一四世は、イェリネックのいうように「考えられるあらゆる観点の下で支配者（Herrscher）である」と見られたのであり、国王は国家をその一身に代表するものであるという近代専制主義の観念が彼によって最も典型的に表現された。イェリネックによれば、ルイ一四世は「国王はすべて一体としての国民を代表する。かつ各個人は国王に対して何ら自己を代表しえない。その結果すべての権力、すべての権威は国王の手にのみ属する」といったという。[5] ルイ一四世のことばとして広く知られる「朕は国家なり」すなわち文字どおりには「国家、それは朕なり」のことばはこのような思想の圧縮された表現であるわけである。またルイ一五世が一七七〇年のある勅令において「朕は王冠を神のみより受ける。臣民が統治さるべき法の制定権は独立にかつ不可分に、朕のみに属する」とのべられていたこと、[6] さらに革命の前夜、一七八七年にルイ一六世が最高法院において「すべての主権はただ国王にのみ属する。国王は最高権力の行使においてただ神に対してのみ責任を負う。立法権は独立且つ不可分に主権者の一身にのみ属する」と述べたことも、[7] 同様の意味をもつ。

(1) 戒能通孝「近世の成立と神権説」七五頁。
(2) 前川貞次郎「絶対主義国家」六二頁。
(3) リシュリューは一六二四年以後、ルイ一三世・ルイ一四世の宰相でありまた師父でもあった。彼は「新教徒を壊滅し、大貴族の誇りを打破し、すべての人民をしてその義務に服させ、国王の名をその当時の地位にまで諸国民の間に高めること」を国王に対して約束したという。フランス絶対主義の国家観は、彼の「政治的遺書」によく現われている。カウフマンは、リシュリューを「反宗教改革の確信的・狂信的な信奉者」であり、カトリックの信仰の擁護者であり、「王国を以て神意に基づく制度なりとする思想の代表者」であったとし、「神の恩寵という観念を神学的な鋭さで最も広い範囲まで拡げた」人物であったといっている。E. Kaufmann : Studien zur Staatslehre des monarchischen Prinzipes, 1906, S. 19.
(4) 野田良之「フランス法概論」上2・三一五頁。

（5）G. Jellinek : Allgemeine Staatslehre, S. 674.
（6）F. A. Ogg & H. Zink ; Modern Foreign Governments, p. 428.
（7）美濃部達吉「仏国憲法の百年間の変遷」（「憲法及び憲法史研究」所収）三六八頁。

しかし注意すべきことは、このように絶対君主制が確立したとされた場合にも、なお前に述べたその発展の歴史的過程の複雑さがそこに現われていたことである。ドローズが、「ルイ一四世の親政下に神授権に基く無制限絶対主義が勝利した。とはいえそれははかない成功にすぎず、反政府的精神はこの太陽王の全治世を通じて、止むことなくその絶対的権威を掘りくずし、少くとも国民の上層階級の間には、失われた自由へのノスタルジイを維持しつづけてきたのである[1]」というときには、王権に抵抗しつつなお残存している封建貴族の勢力のことが指摘されているのであるが、それと同時に他方、経済的勢力を高めながらもなお政治的には何らの発言権をも認められていなかった新興市民階級が王権に対抗する勢力として成長しつつあった。すなわち、近代国家の特色である中央集権的統一はなるほどルイ一四世の治世において完全に確立したかのようにみえたが、その実体は国王を中軸とし貴族・僧侶との結託における貴族的専制政治であり、政治権力の集中化も決して社会のあらゆる領域において遂行されていたわけではない。そこにはなお多くの封建的勢力の残滓があり、それらは中央・地方の高等法院・領主としての貴族・僧侶・地方自治体・地方固有の法律制度等の形において権力の集中化を阻止していた。しかも政治上の高い地位や官職は特権的身分によって独占せられ、またこの特権的身分は古来の免税の特権を固執していた。そしてこの間に経済的実力を高め、巨額の公債を保有して実質的には王権を支えていた第三身分は、それにもかかわらず、政治的権利においてはシェイエースのいうように、まさに無であった。しかも一八世紀以来、周知のようにヴォルテール・モンテスキュー、ルソー、ディドロ等によって展開された啓蒙主義の思想は、絶対君主制を揺がしそれに代る政治形態を提示した。このようにして、要するに、この二つの勢力が、それぞれ異なる立場からではあったが、絶対君主制に対立する勢力として存在し、それが一八世紀末における絶対主義政府の財政的破綻を契機として大革命に爆発することとなるのである。

フランス革命の勃発の事情やその経過についてはここで改めて述べるまでもない。要するに右に述べたようないわゆるアンシャン・レジームの破局は何よりも財政的危機の形において現われた。そしてルイ一六世は一七八八年、一六一四年以来かつて開いたことのないエタ・ジェネローをこの段階においてすでに召集せざるをえなくなる。この会議において、新興市民階級の代表者から成る第三院と第一院・第二院との間に、直接には議決方法に関する紛争から衝突が起り、第三院は一七八九年六月一七日自ら国民議会と称してエタ・ジェネローから分裂し、かつ憲法の起草に当ることを宣言する。そして一七八九年八月二六日、人権宣言が発せられ、次いで一七九一年九月三日、憲法が制定される。この憲法は君主制を存続せしめたのであるが、ここからフランスの近代の憲法史が始まることとなり、また同時に君主制の消長・交替の歴史もそこから始まるのである。

（1）　横田地弘訳「フランス政治思想史」三四頁。

一七九一年の憲法は以上のような経過において成立したのであるが、いうまでもなく、その後の経過はめまぐるしいまでの変転を示す。一八七五年の憲法に至るまで一〇を越える憲法がめまぐるしく立ち現われる。この一八七五年憲法におけるいわゆる第三共和制の成立に至るまでの約一世紀は、実は全体として一つの連続した革命であったともいえるのである。この一世紀間に君主制は消えては現われ、現われては消えたのである。これらの経過は、それぞれの憲法について述べる際に触れることとし、ここでは一七九一年憲法から始めて一八七五年憲法に至るまでの諸憲法を列挙してみるにとどめる。それは次のとおりである。

(一)　一七九一年憲法。
(二)　一七九三年二月のいわゆるジロンド憲法草案。これはコンドルセによって起草されたが、施行されなかった。
(三)　一七九三年六月のいわゆるジャコバン憲法。またはモンタニアル（山岳党）憲法とも呼ばれる。これも施行されなかった。
(四)　一七九五年のいわゆるディレクトアール（総督）憲法。共和暦三年の憲法と呼ばれるのがこれである。
(五)　一七九九年のいわゆる統領憲法。これに一八〇二年の元老院議決により、第一統領の権限を強化する改正が行われる。
(六)　一八〇四年のナポレオンの第一帝制憲法。
(七)　一八一四年のブルボン王朝復活によるルイ一八世の憲法（シャルト）。
(八)　一八一五年のナポレオンのいわゆる百日天下の下における憲法。これはウォーテルローの敗北により、もとより実施されなかった。
(九)　一八三〇年の憲法（シャルト）。これは七月革命の結果としてのルイ・フィリップによるいわゆる七月王政の憲法である。
(十)　一八四八年憲法。これは二月革命以後におけるルイ・ナポレオン大統領の憲法である。
(土)　一八五二年のルイ・ナポレオンの第二帝制憲法。この憲法はその後、一八七〇年の元老院議決により改正される。それを一八七〇年の憲法とよんでもよい。

(土)　一八七五年の憲法。この憲法が第二次大戦中の一九四一年のいわゆるペタン憲法によって葬られるまで、最も長い生命を保つ。そしてこの間、君主制への復帰の機運はもはやまったく消滅したといってよい。この形勢は現行の一九四六年憲法の下においてももとより同様である。

さて、以上述べてきたのが、一七九一年以来のフランスの諸憲法のきわめて簡単なクロノロジーである。[1)] これらのうち、取り上げなければならないのは、第一・第六・第七・第八・第九・第一一の合計六つの憲法であるわけである。以下これらにおける君主制について、イギリスの場合と同様、国王の地位・権限および君主制としての特色を考察することにしたい。

（1）これらの諸憲法の変遷に関するわが国における文献としては、美濃部達吉「仏国憲法の百年間の変遷」（「憲法及び憲法史研究」所収）、清宮四郎「権力分立制の研究」、野田良之「フランス法概論」上2、恒藤武二「フランス法における国家権力」（「法と国家権力Ⅱ類型」所収）、西海太郎「フランス現代政治社会史」、岡義武「近代ヨーロッパ政治史」等を挙げることができる。なおこれらの憲法の条文は、L. Duguit : Les Constitutions et les principales Lois politiques de la France depuis 1789, 1952 によった。なおドイツ語訳としては、初期のものに限られるが、K. H. L. Pölitz : Die europäischen Verfassungen seit dem Jahre 1789 bis auf die neueste Zeit, Bd. II. 1833 を用いた。

第三項　一七九一年憲法

革命の勃発からこの憲法の制定に至るまでの約二年間の経過はここで述べる心要はないであろうが、特に注意すべき点として次の点だけを述べておきたい。

一七八九年五月五日エタ・ジェネローが召集され、六月一七日、第三身分の議員たちは国民の代表者として、その属する第三部を国民議会と称して特権的身分の第一部・第二部から分離した。そしてルイ一六世の解散の命令に服せず、ためにルイ一六世もついに国民議会を承認し、全身分の合同会議の開会を裁可した。これは国王の譲歩であり、革命は流血をみずして成就されたようにみえた。そして国民議会は憲法制定議会と改称した。すなわち、一七九一年憲法が生み出されたのは、事態がこのような状態で拾収されなかったことの結果であった。[1] すなわち、事態はその後急激に進展するのである。それはいうまでもなく民衆の蜂起・ラファイエットを首領とする国民軍の組織という形をとるのであるが、そのような革命の急進化をもたらしたのが、一つには宮廷の陰謀、さらに特にルイ一六世が外国の封建君主と結んで革命を抑圧しようとしたことであったことはいうまでもない。一七九一年憲法は何よりもこのような国王の企図に現われている反革命を破砕しようとする雰囲気の中で作られたものであり、君主制に対する警戒がこの憲法を支配しているのは、その結果なのである。すなわちこの憲法は君主制を存続せしめたが、君主制に対する危惧と警戒とがどのような制度に現われているかということがこの憲法を眺めるに当っての重要な観点をなす。

この憲法が君主制を存続せしめたということ自体については後に述べるが、このようにして制定されたこの憲法は、イェリネックのいうように、その後の各国の諸憲法に広汎な影響を及ぼし、特にそれは民主主義の原理に基づくその後のあらゆる君主制憲法の原型となった。イェリネックはその例として、一八一二年のスペイン憲法・一八二二年のポルトガル憲法・一八一四年のノルウエー憲法・一八三一年のベルギー憲法を挙げている。[2]

そしてこの場合に、この節の最初でも述べたように、イギリスの君主制がどのようにこの憲法に取り入れられたかが問題であるわけである。このことは特に、この憲法の起草に当って、周知のようにヴォルテールやモンテスキューによって紹介されていたイギリス憲法への模倣が顧慮されていたことを思うときに、いっそう重要であるといわねばならない。

（1）この点について恒藤助教授は、G, Godechot : Les Institution de la France sous la Révolution et l'Empire, 1951を引いて、当初、国民議会が活動を開始した時期において各地方から送られた陳情書は大部分、まったく新しい憲法の制定を要求したものではなく、絶対主義の発展によって悪しきものとなっていた古い不文憲法を再興することを希望していたものと考えてよいと述べている。国民議会において新しい憲法の制定を主張したのはシェイエースなどわずかな数にすぎなかったという。恒藤武二「フランスにおける国家権力」九二頁。

（2）G. Jellinek : Allgemeine Staatslehre, S. 524.

一　国王の地位

問題の出発点は国民主権の原則をとりながら国王の制度を認めたことにある。すなわちすでに人権宣言の第三条は「すべての主権の淵源は本来的に国民の中にある。いかなる団体、いかなる個人も明白に国民から由来しない権力を行使することはできない」として国民主権の原則を宣言していたが、この憲法も「主権は国民（nation）に属する。人民（peuple）のいかなる部分もいかなる個人も主権をわがものとして行使することはできない」（第三篇一条）と定める。しかも国王の制度は存置された。すなわち「政体は君主制とする」（Le Gouvernement est monarchique）（第三篇四条）。要するにそれは国民主権の上に認められた特殊な君主制であり、アンシャン・レジームの絶対君主制とはまったく異なるものであることはいうまでもない。「国王の地位とその根拠は一変した」[1]といわれるのはこのことをいう。

このような国王の地位について、たとえばイェリネックは、この憲法をアメリカ憲法と比較して、「それは君主制憲法ではあるが共和制憲法との相違は少ない。なぜならそこでは君主制は単なる外見にまで引き下され、そして国王の地位は大統領の地位に比して弱いからである」[2]といっており、またボルンハークは、「国民主権は革命によって完遂された。国家権力のすべての権利を一身に集めていた専制君主はその本質的権限を剝奪され、国家権力の三つの対等なトレーガーの一つとなった。革命によって歴史的な王国は崩壊し、国王は他の権力に依存する一つの制度に化せしめられた[3)]」という。これらの見解はこの憲法における君主制の評価として一般的・典型的なものであるが、それではこのような国王の地位が憲法上どのように現われているであろうか。

第一に、国王の称号。従来の称号は「神の恩寵によるフランスの王」(Roi de France par la grace de Dieu) であったのが、「フランス人の王」(Roi des Français) がその「唯一の称号」となった（第三篇二章一節二条）。これは国王の地位が神権に基づくものではなく国民の主権的意思に基づき、かつ国民から委任された権利の故に国王であることを示す。

第二に、即位に当っての宣誓。「国王は即位に当り、または成年に達したときには、立法部の面前において、国民に対し『国民と法律に忠実であること、彼に委任せられたすべての権力を、一七八九年・一七九〇年および一七九一年に国民議会によって制定された憲法を維持し、かつ法律を執行せしめるために行使すること』を誓わなければならない」（第三篇二章一節四条）。

第三に、国王は世襲でありその身位は不可侵・神聖ではあるが、一定の場合に退位せしめられることが定められた。すなわち、前述の宣誓を拒否したとき・軍の最高位にある国王が国民の意思に反して軍を動かしたときおよび彼の名においてなされた企図に、正式の行為によることなく違反したとき・国外に出て立法部の指定する期間内に帰国しないときの三つの場合には、国王は退位したものとみなされる（第三篇二章一節五・六・七条）。

第四に、前に述べたように、国王は憲法改正には参与しえない。この点をとらえて、イェリネックが、この憲法は共和制憲法であるとしたのであった。この点についてはなお後で触れる。

以上のような諸制度のうち、国王の地位が神意に基づくものではないとされたこと、即位に当り憲法の遵守を宣誓することの二点は、名誉革命によるイギリスの国王の地位の変化と相通ずる。[4] ただその場合にも、イギリスの場合に比較してこのような国王の地位を憲法の規定によりきわめて詳細に定めようとされていることが特徴的である。すなわち、宣誓の制度についても、単に前に引いたような規定を設けるだけでなく、さらに、「もしも立法府が集会しなかったときは、国王はこの宣誓の文言ならびにこれを立法府の集会において重ねて宣誓すべき旨の約束を記載した布告を公布しなければならない」と規定しているのであり、また退位とみなされる場合を、前に引いたようにきわめて具体的に定めていることも同じ趣旨の現われであるといえるであろう。

（1）　清宮四郎「権力分立制の研究」二三八頁。
（2）　G. Jellinek : Allgemeine Staatslehre, S. 523.
（3）　G. Bornhak : Genealogie der Verfassungen, 1935. S. 28.
（4）　清宮四郎・前掲・二三八頁。

しかし国王の地位に関する根本の問題は、いうまでもなく国民主権と国王との関係にある。そしてこの点に関するこの憲法の基本的な考え方は、国王が国民の委任によって執行権を行使するとするにある。すなわちこの点に関する規定が、「すべての権力は国民のみから発する。国民はその権力を委任によってのみ行使することができる。フランスの国家体制（Constitution）は代議制とする。代表者は立法府および国王である」（第三篇二条）という有名な規定なのである。ここで、主権は国民にあるとされ、しかしルソー的な直接民主制はとられず、国民からの委任という原理によって、間接民主制・代議制がとられることが示されているのではあるが、[1] その場合に、立法部とともに国王が「代表者」であるとされていることが重要である。すなわち立法権は国民から立法部すなわち国民議会に委任され（第三篇三条）、そして執行権は国民から国王に委任されるのである（第三篇四条）。[2]

また、ここでさらに注目すべきことは、代表者としてまず立法部を先にかかげ、国王をその後に置いていることである。これは後に、国民議会の規定（第三篇一章）の後で国王の規定（第三篇二章）を置くという章別になっていることと共に興味が深い。[3] また、執行権が国王に委任されることを定めた右の規定が、その冒頭で「政体は君主制とする」（Le Gouvernement est monarchique）と定めていることも注意に値する。すなわち、この憲法で政府形態が君主制であるということ自体を定めた規定はこの部分だけなのであるが、この条文は、執行権を委任された国王に関してのみの規定であって、君主制であるという文字もその規定との関連において附加されたものである。それはたとえばドイツ的な立憲君主制のようにいっさいの国家権力が君主に属するというのではなく、またイギリスのように立法権は「議会における国王」に、すなわち両院とともに国王にも存するというのでもない。先に引いたボルンハークのように、国王が国家権力の三つのトレーガーの一つにすぎなくなったといわれるのは、このことを指すものとして正しいと思われる。

次に注目すべき規定は、「フランスには法律に優る権威は存しない。国王は法律によってのみ統治し、また法律の名においてのみ服従を要求することができる」（第三篇二章一節三条）との規定である。これは立法府と国王との基本的な関係を示すものであるが、またアンシャン・レジームにおける国王の神権的な権威に代って、国民議会の代表する国民の権威を最高の権威であるとした規定であるというべきであり、またイギリス的な「法の支配」の原理のフランス的な現われであるともいえるであろう。[4] ただし、この場合に、イギリスと異なり、その法律の制定権は立法部のみにあり国王には分属しないとせられるのではあるが、しかし国王は法律の裁可権をもつ。すなわち、立法権は国民議会に委任されるが国民議会はそれを「国王の裁可をもって行使する」のである（第三篇三条)。このように裁可権が留保されていること、またこれと関連して停止的拒否権が国王に与えられていることは、前に述べたように国王には執行権のみが委任されるという原則にもかかわらず、立法権に対する関係において国王が特別な地位にあることをも示しているのである。この点をも含めて、次に国王の権限を考察しよう。

(1) この場合、「委任によってのみ」とあり直接民主制が排除されておりながら、この憲法の前文にとりいれられた人権宣言では第六条に、「すべての市民はみずから、またはその代表者により法律の制定に参加する権利をもつ」と定められていて、直接民主制をも認めていることが、この憲法の矛盾であるとされているところである。清宮教授はこれを憲法制定会議の「黒星」であるといわれる。清宮四郎「権力分立制の研究」二一七頁。

(2) この場合に、「司法権は一定の任期により国民の選挙する裁判官に委任される」(第三篇五条)と定めていながら、裁判官を「代表者」から除外している理由は解しがたい。

(3) J. T. Shotwell: Governments of Continental Europe, 1940, p. 60 はこの点をこの憲法の基本的な性格として挙げている。

(4) イギリスにおいて、「法の支配」の原理が、議会主権と結びついて専制君主制を制約する原理となった際に、その「法」がコモン・ローであったことは前に述べた。これに対して、フランスの場合、コモン・ローに代って「基本法」(loi fundamental) の観念が同様の役割を果した。すなわち革命以前、王権神授説的な絶対専制君主制に対して、特権身分がその特権維持のために、高等法院をして主張せしめた原理が、国王も固定かつ不変の法としての「基本法」の下にあるという理論であった。その「基本法」の観念が、立法部の制定する「法律」の権威という観念の中に影響を与えていると考えられる。この点について、恒藤武二「フランスにおける国家権力」九〇頁参照。

二　国王の権能

便宜上、執行権自体に関する権能・立法権との関係における権能・司法権との関係における権能の三種に分けて述べる。

（イ）　執行権自体に関する権能

前に述べたように国王は本来、国民の委任により執行権を行使する地位にある。したがって憲法が「執行権の行使」（第三篇四章）と題して規定しているところにかかげられている権能を国王の本来の権能と考えることができる。そこではまず「最高の執行権行使の権力は排他的に国王の手に存する。国王は王国の一般行政の長である」と冒頭に規定した後、秩序と安寧の維持・陸海軍の長であること・王国の対外的安全の維持・王国の財産および権利の保全に当るものとしている（第三篇四章一条）。この規定におけるこれらの権能はイギリスの国王のプレロガティヴの本体として、国家の保全の権能が認められていたことを想起させる。次に憲法は大使を初め多くの官職を列挙してそれらを国王が任命すること（第三篇四章二条）、官吏に対する公文書の作成（第三篇四章三条）、恩給および報酬表の作成（同四条）を定める。その他の権能としては、「大臣の選任および罷免の権能は国王にのみ属する」（第三篇二章四節一条）との規定が注意される。すなわち国王の一身は不可侵・神聖であり（第三篇二章一節二条）、また国王はその権威の下に「責任ある大臣および官吏によって」執行権を行い（第三篇二章一節三条）国王のいっさいの命令には国王の署名とともに大臣の副署を要し（第三篇二章四節四条）、さらに「いかなる場合にも国王の口頭または文書による命令は大臣の責任を免除することはない」（第三篇二章四節六条）との規定もあるが、その大臣の選任・罷免はもっぱら国王の権能に属することが強調されているのである。

その他、宣戦・講和等の外交権は国王に属する。ただし、戦争の決定・講和条約・同盟条約・通商条約の批准は立法院の権能であり（第三篇三章一節二条・三条・第三篇四章三節三条）、宣戦の場合には、国王が発議し立法部が議決し、国王の裁可を受け、立法院の命令（デクレ）の形式で定められ、次いで国王が形式的に開戦を布告する（同二条）。

その布告は「フランス人の王により、国民の名において」(De la part du Roi des Français, au nom de la Nation)という表現によらなければならない。[1)] なおこの他、国王には地方行政の監督権がある（第三篇四章三節）。

最後に、国王の権能に関する特殊な問題として、この憲法が栄典授与の権能を国王に与えなかったとともに、恩赦制度を廃止し国王の恩赦権を認めなかったことを注意する必要がある。[2)] 栄典授与の権能、すなわち栄誉権は伝統的に、君主は名誉の源泉であるとされることによって君主国において常に君主の権能であった。また、元来恩赦行為の性質をいかにみるべきかについては、周知のように問題があるところであるが、[3)] いずれにせよ、恩赦権は君主の仁慈の現われでもあるとされ、伝統的に君主の権能であると考えられてきた。モンテスキューが、恩赦をもって「主権の最も美しい属性」であるとしたことは広く知られている。ただしモンテスキューがその場合に述べているように、もしも君主が司法権をもつとすれば君主が裁判を決定ししかもそれを事後に取り消すのは矛盾であり、したがって彼は君主に恩赦権のみを与えるべきであり、司法権は与えるべきではないとしたのであった。[4)] イギリスを初め多くの君主制国家において恩赦権を君主に与えるのが通常であるのは、君主が執行権の長であると同時に司法権の源泉でもあるとせられてはいても司法権についてはその独立の原則が認められ、君主も実質的には司法権の行使には関与しないとされることによって、前に述べた矛盾が緩和せられると考えられるためでもあろうし、また恩赦の作用は、立法・執行・司法のいずれにも属しない特別の作用であるとも考えられる面をもち、かつ君主以外にそれを属せしめるべきものがないとされるためでもあろう。[5)] しかしいずれにせよ、この憲法は、後に述べるように、司法権については国王の関与を完全に認めていないのであるから、前に述べたような矛盾は解決されており、その意味では国王に恩赦権を与えることの障害はないというべきであるにもかかわらず、この憲法では、恩赦の制度そのものを廃止したことが注意に値するのである。すなわちフランスにおいても、この憲法の後、恩赦制度は一七九九年のいわゆる統領憲法が元老院議決によって改正された結果としての一八〇二年八月四日の憲法によって復活し、[6] その後引き続き諸憲法において認められているのであるが、この一七九一年憲法が君主制をとりながら恩赦権を国王に与えなかったことは、栄典授与の権能を与えなかったことと共に、君主の権能の制限、または君主の権能の分解の過程を示す一つの稀な例として注意さるべきなのである。[7]

（1）この手続はきわめて複雑である。それは後に述べるように、国王による戦争の開始がきわめて警戒されていたことの現われであるともいえるであろう。

（2）この点は、立法権ないし司法権との関連における権能としても挙げることができるが、便宜上ここで述べる。

（3）清宮四郎「権力分立制の研究」二五四頁。なお恩赦権の歴史については中村哲「恩赦権の史的基礎」（「国法学の史的考察」所収）参照。

（4）「法の精神」六ノ五。

（5）この意味で恩赦行為は権力分立の原理を超えたいわゆる統治行為たる性質をもつ。P. Laband : Das Staatsrecht des deutschen Reiches, Bd. III, S. 507.

（6）同憲法第八七条は、第一統領が最高裁判官・二人の大臣・二人の元老院議員・二人の参議院議員および二人の破毀裁判所の裁判官で組織される枢密院の意見をきいた後、恩赦を行うこととした。

（7）日本国憲法が栄典の授与は天皇の権能とし、恩赦については恩赦の決定権を内閣に与え、天皇には恩赦の認証の権能のみを与えたことを注意すべきである。

（ロ）　立法権との関係における権能

立法権と国王との関係については、簡単に次の諸点を挙げるにとどめる。[1]

第一に、法律案の提出権・議決権は立法院に専属し、国王には提出権なく、ただ立法部に対して何らかの問題について考慮を勧請(inviter)しうるのみである（第三篇三章一節一条）。

第二に、立法院は常設であり（第三篇一章一条）、国王の召集権は認められない。議場の決定・会期の延長・停会等は立法院が自ら決する（第三篇三章一節四条）。開会および閉会は儀礼的・形式的に国王の権能とされている（第三篇三章四節一条～三条）。ただし、例外的に、国王は、会期を延長すべきであると認め、または停会すべからずと認め、もしくは停会期間を短縮すべきであると認めたときは、立法院にその旨を通達し、立法院はそれについて審議しなければならない。また立法院の閉会中に国家のため必要と認めたとき等には、国王は立法院を召集することができる。しかしこれらの例外は、立法院の活動を抑制するためではなくむしろそれを促進するためであると解されている。[2)]

第三に、右のように国王は原則として立法権に関与しないが、法律は国王の裁可を必要とし、国王に拒否権が認められている。そしてその拒否権は停止的拒否権である。すなわちこの点について憲法が定めるところは次のとおりである（第三篇三章三節一条～六条）。

立法院の命令（デクレ）は国王に提出しなければならず、国王はその同意を拒否することができる。すなわち立法院の議決したものはいまだ「命令」であって法律ではないわけである。国王が同意を拒否した場合その拒否は停止的であるだけである。すなわち命令が提出された立法期の次の二立法期に引き続き同一の命令が同一の表現で提出されれば、国王の同意があったものとみなされる。国王は命令が提出された後二ヵ月以内にその同意または拒否を表明しなければならない。命令が国王の同意を得た場合または三会期引き続いて提出された場合は、その命令は法律の効力を有しかつ法律の名称を与えられる。[3)]

このような停止的拒否権を国王に認めるべきかどうかという問題は、一院制とすべきか二院制とすべきかの問題とともに、憲法制定国民議会において先決問題として最も論議が闘わされたところであった。[4)]それはルイ一六世が国民議会の議決した人権宣言および八月四日の特権身分の特権放棄の宣言の議決を拒否していたために、特に問題となったのである。しかし憲法制定国民議会においても、国王に拒否権を与えるべきであるという主張もあった。すなわちいわゆる極右派は、立法院の万能を警戒しその専制から国民を保護するためには公益の代表者たる国王に拒否権を与えるべきであるとし、いわゆる愛国派は執行権の長たるにすぎぬ国王に拒否権を与えることは立法権を侵害することとなるとして反対した。そしていわゆる中間派は国王と議会の間の衝突は国民の審判によって解決されるべきであり立法院の二回の再議決は国民の審判を現わすものであるとして停止的拒否権を与えることを主張した。[5] これら三派の主張は根本的にいって君主制についての考え方の相違を示すものであり、また停止的拒否権を認めたことは、相反する考え方の妥協であることを現わしているといえよう。

第四に、憲法は国王の立法院解散権を認めなかった。「立法院は国王によって解散されない」(第三篇一章五条)と明記されている。その理由としては、㈠解散の制度は大臣の議会責任の制度と対応するものであって後者を規定しないならば不必要であること、[6] ㈡国王の権力に対する警戒の念があったこと、㈢解散は国家の内部的結合を動揺させ時には国家を破壊するおそれがあること、㈣解散は選挙民に訴えることであるが選挙民は議員よりも党派心に動かされやすいこと等が挙げられた。[7] いずれにせよ、周知のように、大統領による解散に対する警戒が、一八七五年の第三共和制憲法の下において強まり、今日の第四共和制憲法においても解散権の制限が試みられているのであるが、この最初の憲法において解散権が否定されたことは、特に右に挙げた第二のものがその理由として考慮されていることとともに興味深いといわねばならない。

(1) この憲法における立法権と執行権との関係、または権力分立主義そのもの、さらにはそこにおけるルソー・ロック・モンテスキュー等の思想の影響については、周知のように、わが国において清宮四郎「権力分立制の研究」二〇五頁以下に詳細・周到な叙述がある。ここではこの問題に深入りする余裕はない。
（2）清宮四郎・同右・二三七頁。
（3）国王が同意を与えるときは、「国王は同意し、執行せしめる」（Le Roi consent et fera exécuter）との形式で現わされ、拒否するときは「国王は命令を審査する」（Le Roi examinera）との形式で現わされる。
（4）この間の事情は、野田良之「フランス法概論」上2・五五八頁以下、西海太郎「フランス現代政治社会史」三〇頁以下に詳しい。
（5）極右派の代表者はミラボー、愛国派の代表者はシェイエース、中間派の代表者はデュポール、ラメット、バルナーヴ等である。ただしこの中間派から後に最も民主主義的なロベスピエール等のジャコバン派が抬頭することとなる。
（6）この憲法は大臣の議会責任すなわち議院内閣制を明記しなかった。すなわち前に述べたように大臣の任免権は国王に存する。この点も論議のあった点であるが、結局憲法には明記せず、実際の運用に任せられた。
（7）清宮四郎・前掲・二五二頁。

（ハ）司法権との関係における権能

司法権は民選の裁判官に委任され、「司法権はいかなる場合にも立法院および国王によって行われることはない」（第三篇五章一条）。裁判が「国王の名において」あるいは「国王の権威の下に」行われるという趣旨の規定もない。また国王は裁判官の任命権をもたない。ただ国民によって選ばれた裁判官に免許状を与えるという形式的行為を行う。ただし国王はその免許状を与えることを拒否することはできない（第三篇五章二条）。要するに司法権に関しては国王の権能はまったく排除されているといってよい[1]。

（1）恩赦については前に述べた。なお国王は、裁判所の判決に当って法律が尊重されているかどうかを監視し、および判決を執行せしめるために監視委員を任命することを認められている（第三篇四章二条・第三篇五章二五条・二七条）。

さて、以上述べてきた国王の権能のうち、特に重要なのは国王と立法院との関係であるが、この点について、特に、たとえば清宮教授は、「国王に停止的拒否権だけを認めて、議会の解散権を認めないことは、国王に対して議会をいちじるしく優位におくことになり、もはや実際の君主制ではなくて、単に『外見上の君主制』であり、『国民が欲し、国王が行う』という命題が最格な意味で通用するものだとの評をまねいている[1]」と述べていられる。憲法の規定の上では、単に右の停止的拒否権と解散権との問題だけではなく、国王の権能は詳細に規定され、かつ制限されており、右の批判が当てはまるかのようにみえることは事実である。しかし、果してその実体において、国王はそのように弱く議会がそのように強かったかどうか。この問題が、この憲法の定める君主制の君主制としての特色の問題でもあるわけである。

（1）　清宮四郎「権力分立制の研究」二五二頁。

三　君主制としての特色

この憲法はもちろん絶対君主制を廃止した。しかし君主制は国民主権の上に存置された。かの革命を経ながら、何故に君主制が存続したか、そしてその事情がまたこの憲法の中にどのような形で現われているかという問題が、この憲法の君主制の君主制としての特色の問題であるわけである。

再び少しく憲法制定国民議会の初期にさかのぼって眺めてみるならば、国民議会の態度は急進する民衆の革命的昂揚と必らずしも一致していなかった。一七八九年八月四日、貴族・僧侶の代表者は自らその特権を放棄する宣言を議決したが、それは、民衆の革命的昂揚に押された結果であった。八月一一日の布告において、今や「国民議会は完全に封建制度を廃止する」と宣言したが、しかしその時、ルイ一六世を「フランスの自由の再興者」であると声明したことは注意に値する。すなわちすでに前にも述べたように、当時、君主制に対する国民議会の態度もきわめて不徹底であった。革命の初期においてはほとんどすべての革命家は君主制維持論者であった。シェイエースもそうであり、またロベスピエールもこの時期においてはそうであった。[1)]

そしてこの場合に、国民議会が廃止を宣言した封建制と君主制とを切り離して考え、そこから立憲君主制の存続を理由づけようとする主張があったこと、そしてそれが特に革命に最も大きな影響を与えた「第三身分とは何か」のなかでシェイエースによって雄弁に説かれていることを注意すべきである。すなわち、シェイエースは、アンシャン・レジームを事実上支配していたのは国王ではなくて、宮廷における貴族的身分であることを強調して、次のようにいうのである。

「まったく純然たる専制主義だけを見るルイ一一世やリシュリューの或る時代、またルイ一四世の或る時期をわれわれの年代記から除いて見よ。諸君は宮廷貴族の歴史を読んでいると思うだろう。支配したのは宮廷であって、君主ではない。大臣を任命したり罷免したり、召喚したり赦免したり、また地位を設けたり分配したりなどするのは、宮廷である。そして宮廷とはフランスのあらゆる部分を覆い、その成員を通じてあらゆるものに手をのばし、且つ公共のあらゆる部分における重要な事柄を到るところで行っているこの老大な貴族政治の頭脳以外のものであるか。また人民もその苦情の中で権力の原動力から君主を分離するのを習慣としていた。人民は国王をあれほど確実に欺かれる人間として、且つ彼の名前で行われる一切の弊害を彼の責任にすることをかつて考えなかったほどに、積極的で全能的な宮廷の中にあって無防禦の人間としてつねにみなしていた。[2)]」

ここに君主制の基盤が依然として存していたことが示される。しかも、前に拒否権の制度をめぐって国民議会内部に大別して三つの勢力があったことを述べたが、ミラボー等の極右派は革命の激化を抑えるために絶対王制の権威と旧制度的特権をできる限り残そうと試みた。中間的な停止的拒否権の制度が成立したのは、前に述べた

ように このような思想と、国王には拒否権を絶対に与えるべきではないとする思想との間の妥協であった。しかも国民議会がこのようにして国王の拒否権を承認し王権と妥協すると、民衆の間にはこれを非難して激しい煽動が開始されたのであった。一〇月六日、民衆が王宮に侵入し、ルイ一六世は逃亡を企てて果さず、民衆の要求に屈して、それまで拒否していた人権宣言を承認したのも、この停止的拒否権制度に対する民衆の反撃を契機とすることは注意すべきである。

しかもその後において、ルイ一六世は表面的には立憲君主制に従うかのような態度を示しながら、実際には国内の王党派と通じクーデターを準備し、また外国の封建君主の力によって革命を弾圧しようとしていた。一七九一年六月二〇日王と王妃はクーデターの実行のためパリーを逃れようとして、ヴァレンヌで民衆の手によって捕えられパリーに引き戻された。このヴァレンヌ逃亡は革命の経過における一つの転機となる。すなわちそこで形勢は一変し、なお強かった伝統的な君主制への信頼は失われる。六月二四日、国民議会は王権の停止を宣言し、共和派が擡頭し、共和派は王の裁判を要求する。しかしこれにともない、他方、保守的な立憲派の連合も実現した。それらは王は単に誘拐されたにすぎないといい、その無罪を宣言した。一七九一年九月一四日に発布されたこの憲法は、要するに、共和派と右のような保守的な立憲派との間の妥協的作品であるといえるのである。

（1）　五十嵐豊作訳「第三身分とは何か」訳者序文一六頁。

（2）　同右・一八頁〜一九頁。

すなわちこの憲法には、すでに述べたように、「フランス人の王」という称号や、宣誓や、退位とみなされる場合の規定等、ルイ一六世の行動にかんがみて国王を国民の意思の下に置こうとする規定がみられる。またすでに述べたように、宣戦が立法院のデクレによってなされるとしたこと（第三篇三章一節二条）は、ミルキヌ・ゲツエヴィチのいうように、近代憲法史において初めて宣戦に対する立法部の同意を定めたものであるが、それは、特にルイ一六世の行動にかんがみて、戦争と平和の問題は議会によって解決すべきであり国王の意思に期待すべきではないとの確信の結果であったとみるべきである。[1)] さらにまた、国王が即位の際に有する特殊財産は国庫に編入され、立法院が定める王室費が国民から「王位の華麗のために」支給せられるという趣旨の規定（第三篇二章一節九条・一〇条[2)]）のごときも、「フランス人の王」の思想を王室の経済の面から保障しようとしたものであるといえるであろう。

右に挙げたような特色ある規定をもちつつ、しかし君主制は存置された。そしてその思想上の論拠としては、国王が国民の代表者であるとの原理がとられたわけであるが、それは特にヴァレンヌの逃亡以後において民衆の間に急速に高まった共和主義に対する弾圧の後に成立したものであった。このことを示すものが一七九一年七月一七日のシャン・ド・マルスの虐殺である。すなわちこの日共和制樹立を請願する運動がシャン・ド・マルス練兵場において行われたが、議会の命令を受けたラファイエットの指揮する国民軍がこれに武力弾圧を加え、数百名の死傷者を生ぜしめたのであった。このように急進的な民衆の共和制への要求に対して、国民議会は弾圧を加えた。それは国民を代表するものとされた国民議会が、なお絶対王制と強く結びついている特権的身分と妥協して、その立場が必らずしも民衆のそれと一致していなかったことでもある。それはまた社会的・経済的観点からすれば、この憲法がそれ以上の革命の発展を好まない上層市民階級の作品であったといわれる点でもある。そしてこのことを最もよく現わしているのが、この憲法が直接民主制を排除したことであり、[3)] また周知のようにこの憲法の下における選挙法が極端な制限選挙制であり、その結果当時のフランス総人口二六〇〇万人のうち有権者はわずか四三〇万人に限られたことである。このことは当時の革命の推進勢力が何者であったかを示すものである。[4)]

（1）　この憲法はさらに、周知のように「フランス国民はすべて征服の目的で戦争を行うことを放棄し、かついかなる国民の自由に対してもその兵力を用いない」（第六篇一条）との規定をもっている。この点についてミルキヌ・ゲツェヴィチは、「革命憲法において、宣戦の問題が立法権の優位に結びついている論拠を理解するためには、憲法制定議会議員の心の中を知ることが必要である。革命の人々は、平和を樹立しようというその希望の中において、平和は君主によって以外には脅かされることができないと信じさせられた。……憲法制定議会の議員たちは、戦争と平和の問題はアサンブレによって解決さるべきであり、そして永久平和を保証するためには、憲法のこの唯一の条項をもって充分であると信じた」といっている。宮沢俊義・小田滋訳「国際憲法」一九五頁。なお同・二一六頁参照。

（2）　これらの規定は日本国憲法第八条・第八八条を想起させる。

（3）　シェイエースも直接民主制をきわめて強く排斥した。この点について彼の共和三年熱月二日の演説は有名である。河村又介「直接民主制」三九五頁参照。

（4）　岡義武「近代ヨーロッパ政治史」一七頁。

さて最後にここで、前に述べたようにイェリネックが、この憲法では国王が憲法改正手続から除外されていることを理由としてそれを君主制ではないとしたことについて一言しておきたい。君主制のメルクマールは何かという問題についてはすでに述べたが、この憲法についてみれば結論的にいって、この憲法で問題とさるべきことは、それが君主制であるかどうかではなくて、いかなる君主制であるかではないかと思う。世襲の国王が存在し、一定の権能を有し、特に執行権自体において広い権限を有する。また法律については裁可権を留保されている。憲法改正手続への参加が認められていないという一点のみに着眼することによって、他の君主制的諸制度を無視ないし軽視することは正当ではない。重要なのはむしろこの憲法における国王の地位や権能の規定のもつ特殊な意味である。

そしてそこに、前に述べたように、憲法制定権力の問題を考える必要がある。すなわちこの憲法はいうまでもなく、一七八九年六月一八日に国民議会によって宣言された国民主権に基づく。国民議会はその国民主権を代表するものとして行動したのであった。そしてこの国民主権との関係において国王にいかなる地位と権能を与えるべきかは、この憲法制定の経過において、最後まで留保されていた。そしてルイ一六世がそれを承認しかつ遵守することを誓った後に、名目的地位におかれたのである。[1] すなわち国民議会ではこの憲法が国民議会のみで制定しうるものであるか、それとも王の裁可が必要であるかが論議されたが、結局、国民議会のみが国民主権を代表し王はそこからその権力を受けるものであることが確認された。したがってこの憲法は王にまで提出されたがそれは裁可を得るためではなかった。ロベスピエールは「われわれは憲法をルイ一六世の審査にまで提出するのではない。われわれはただ『汝はフランス人の国王たるを欲するか』との問を提出するにすぎない」といい、そして王は一七九一年九月一四日国民議会において国民に忠実なるべきことを誓った。その際、王は起立してこの誓いをなし議員たちは座してそれを国民の名において受けたといわれている。[2]

ここに、この憲法の君主制の根本の特色がある。またそこに、この憲法が憲法改正手続から国王の参加を除外したことの意味もある。さらにまた、この憲法における国王に関するその他の諸規定のもつ意味もそこから捉えらるべきである。すなわち憲法の規定の上では国王の執行権に関する権能は相当に広くかつ強い。しかしそれがたとえばドイツの君主制諸憲法のみならずたとえば一八一四年のシャルトにおける同種の規定とは異なった意味をもつのである。

しかし最後に、なおそれにもかかわらず、右のような国民議会の思想そのものが前述したような特殊な性格をもつものであったのである。そしてそのことが、この憲法の実体すなわちその後の運命に現われる。この点は便宜、次の項で述べることとしたい。

(1) C. Bornhak; Genealogie der Verfassungen, S. 30.
(2) R. Redslob; Die Staatstheorien der französischen Nationalversammlung von 1789, 1912, SS, 68, 73, 74.

第四項　一八〇四年第一帝制憲法

一七九一年憲法から一八〇四年憲法に至るまでの十余年は、フランス革命の経過において最もめまぐるしい憲法の交代がみられた時期である。この間の歴史の詳細についてはとうてい述べる余裕がないが、何故に一七九一年憲法がわずか一年の生命しかもちえなかったかの問題を中心として、きわめて簡単に次の点を述べるにとどめる。

ボルンハークは一般論として、「国内における革命から生じた憲法は常に継続性を有しない。そのような革命憲法は単に革命の過程における一時の息ぬきを意味し、何らの安定状態を意味するものではない」[1]といっている。このことがおよそ革命から生まれたすべての憲法に一般論として妥当するかは別であるが、少なくとも一七九一年憲法については当てはまるというべきであろう。すなわちそれは全体としての革命の最初の段階の所産であり、革命はその後なお波瀾にみちたコースをたどるのであり、その各段階においてまたいくつかの憲法が生まれるのである。

いずれにせよこの一七九一年憲法は、ボルンハークがまた指摘するように、何よりもまず盲目的な激情と党派的情熱の雰囲気の中から生まれ、かつ激動する革命の流れに翻弄されて、進退を失った[2]。そしてこのことがどのような徴候として現われてきたかについて、彼は次のような現象を挙げている。第一に、無力な国王。しかも彼は敵意ある外国君主と結んで常にこの憲法を顚覆しようと心掛けていた。第二に、無力な議会。それは国民主権の名の下に全権力を要求し主張したが、事実においてはパリーの暴民のみに依存していた。第三に、無力な執行権。国王は地方行政に対する監督権を与えられてはいたが、事実上はその統制は及ばず、全王国は事実上無数の県に分裂していた。そしてこのような機構の頂点には主権者たる国民の代表たる地位を誇示しつつもしかし事実においては単にパリーの暴民によって支配されていた立法院が位置していたのである。[3] この憲法の定める政治機構を憲法上の規定からみれば、前にも述べたように、議会が国王にいちじるしく優位する体制であると評されるのではあるが、その議会というものも、事実においては右に述べたような無力なものでしかなかったことを注意しなければならないのである。[4]

（1）G. Bornhak : Genealogie der Verfassungen, S. 32.

（2）G. Bornhak : S. 32. ボルンハークはここで、カーライルの「フランス革命史」の中の、「憲法は二進も三進もできなくなった」(La Constitution ne marche pas) ということばを引いている。

（3）G. Bornhak : S. 31.

（4）この憲法下の立法院の構成においては、極端な制限選挙制のために保守派の支配がみられたのは当然であった。西海太郎「フランス現代政治社会史」三七頁以下参照。しかも立法院における各政党の対立のほかに、革命によっても解決されなかった従来の階級的対立の残滓として、立法院の外においても旧特権階級・上層市民階級・小市民・農民・労働者等の間の対立が存していたわけである。

しかもこの憲法の安定性は、直接には王と結んだ外国の介入によって破られた。すなわち一七九一年、オーストリヤ皇帝レオポルド二世とプロシャ王フリードリッヒ・ウイルヘルム二世とのピルニッツの会談が生ずる。そして一七九二年、この両国とフランスとの戦争が開始される。しかもその際、連合軍がその戦争目的として「フランス内部の無政府状態を終了せしめ、王位および祭壇に対する攻撃を中止せしめ、法的権力を再建し奪われた安全と自由を王に回復し、彼に属する正当な権力を再び行使できる地位に彼を再び置くことである」と宣言したことが、民衆を君主制打倒に蜂起させることともなった。一七九二年八月、ジャコバン派の暴動が生じ、議会に迫って国王の権限を停止し、かつ普通選挙による新議会に新憲法制定の権限を与えることに同意させた。他方戦争はヴァルミーの戦勝となる。新議会は君主制を廃止し、ルイ一六世を処刑する。いわゆるジロンド憲法草案を経て、ここに一七九三年六月二四日のジャコバン憲法が成立する。この憲法は一七九一年憲法と異なる純粋な国民主権に基づく共和制憲法であり、執行権は議会の選ぶ二四人の合議体 (Conseil Exécutif) に与えられる。革命思想家にとってはあらゆる個人的権力は君主制的であると考えられたのである。しかるにその後いわゆる第一次大同盟が結成され革命戦争はさらに拡大し、これにともなって国内の革命もいっそう急進化する。そしてまたこのような独裁的恐怖政治への反動が生じ、そこに一七九五年八月二二日の憲法が生まれる。それはジャコバン憲法に比し穏健な共和制憲法であり、国民主権の規定が除かれ、執行権は五人の総督からなる総督府 (Directoire Exécutif) に与えられる。しかしこの憲法の下では軍人の勢力の増大がみられ、また王党派とジャコバン派との対立はしばしばクーデターの企図を生んだ。また一七九九年第二次大同盟が結成される。そこにナポレオンが勢力を拡大し、彼によるいわゆるブリュメール一八日のクーデターが生ずる。その結果が一七九九年一二月一三日のいわゆる統領憲法がそれである。それは形式的には共和制であるが、次の一八〇四年第一帝制につづくものであり、フランス革命の理念に対する大きな反動であった。一八〇二年アミアン条約の成立により第一統領ナポレオンの声望はさらに高まり、そこに元老院議決による一八〇二年八月四日の憲法改正が、第一統領を終身制としかつその権限を強化した理由がある。そしてそれはいわば当然に次の一八〇四年五月一八日元老院議決による第一帝制憲法を生むこととなる。[1]

一八〇四年憲法は、要するにこのようにして現われた。一七九一年からのその経過は次のように要約することができるであろう。

「フランスの新しき革命政府は急速に戦争にまきこまれ、そして同時に国内においては大きな混乱が生じた。その結果は、権力が急速に国民議会から公安委員会へ、そしてさらに総督と呼ぶ小さな合議体に移った。そしてそれは最後に、ボナパルトによって掌握された。彼はそして彼自身を一八〇四年、皇帝たらしめ、そして一七九九年以来、効果的な独裁者としてその権力を行使した。[2]」

（1）ナポレオンはこの三つの憲法の成立に当って、常に人民投票によった。そこに、後に述べるボナパルティズムないしケーザリズムの特徴が現われているのである。

（2）P. W. Buck & J. W. Masland : The Governments of foreign Powers, p. 273.

それではこの憲法はどのような君主制を定めたものであったか。この場合、まず注意すべきことは、この憲法はフランスを共和国であるとし、しかも皇帝（Empereur）を置いていることである。しかもまた共和国であるとされる場合にも国民主権の原則が憲法上定められているわけではない。また皇帝の権限についても、通常の君主制憲法のように一章を設けて規定されてはいない。その上、国民の権利義務に関しても特別の章節はない。このことにも示されているように、この憲法においては、君主制の原理が十分な憲法的表現をとって現われているとはいえず、皇帝の権能についても、直接に規定は設けられず、元老院・国務院・法制院・立法院、さらに種々の権威官職（Grandes dignités）および大官職（Grandes officiers）等の諸機関の規定が前面に現われており、皇帝はそれらの上もしくは背後にあるものとして前提されているともいうべき体裁をなしているのが特徴である。これらの諸機関によって構成される政治機構の詳細を述べることは必らずしも必要ではない。特に次の諸点を指摘するにとどめる。

一　皇帝の地位

第一条は「共和国の統治は『フランス人の皇帝』の称号を有する皇帝に委任される。正義（la justice）は皇帝の名においてその設置する官職によって営まれる」と規定し、第二条は「ナポレオン・ボナパルトはフランス人の皇帝である」と定める。そして前に述べたように、皇帝の地位・権能については、この二ヵ条のほか、世襲制・皇帝の家族・摂政等に関する詳細な規定があるだけなのである。

右の第一条で「共和国」といっており、国民主権の原則が否認されているわけではない。そこに後に述べるように、ナポレオンが革命の子であるとされることの理由もあるわけであるが、しかし国民主権が憲法上積極的に規定されてはいないことは、一七九一年憲法との決定的な相違をなすというべきであろう。この点で皇帝ナポレオンは一七九一年憲法におけるルイ一六世と異なる。

さらに皇帝ナポレオンはアンシャン・レジームにおけるルイ一六世とも同じではない。ナポレオンの地位は王統に基づくものでもなく、また神権に基づくものでもないからである。そしてナポレオンの場合、王統や神権に代るものが人民投票であった。すなわちその人民投票がコメディであり、何ら自由なものではなかったということはピロティーのいうとおりであるとしても[1)]、そこに人民の意思に基づくという理由づけが求められたのである。

そしてそれを可能にした基盤は、もとよりナポレオンの声望ではあったが、なお外国の使嗾にもよるブルボン王朝復活の危険とアミアン条約の破毀による対イギリス戦争の再開がいっそう彼の独裁権の強化を要求したこととも注意を要する。すなわち一七九九年・一八〇二年以来、すでにナポレオンは独裁者であった。彼にとっては単独で統治するためには、既存の共和制憲法を破壊することは必らずしも必要ではなかったのである。[2] したがって、それにもかかわらずこの憲法により帝制とした必要はどこにあったか。彼自身に「第一統領」の名称に代えて「皇帝」の称号を与えること、それによる権威化、および世襲制によるその権力の安定化が、この憲法の意図するところであったというべきであろう。そしてそこにこの憲法の君主制が単に一七九一年憲法的な、国民主権の上に立つ君主制という思想とは異なるところの新しい思想、すなわちボナパルティズムまたはケーザリズムの上に立つものであることの理由もあるのである。この点は後になお述べる。

(1) R. Piloty : Autorität und Staatsgewalt, 1905, S. 11.
(2) R. Piloty : S. 11,

二　皇帝の権能

前に述べたように、憲法は皇帝の権能について系統的な規定を設けていない。執行権が皇帝に属するという趣旨の規定も存しない。ただそれは前に引いた第一条の規定から当然にうかがわれ、また憲法は重要な官職を列挙してそれらが皇帝の任命するところであることを定めている（第三一条）。立法権の所在についての原則的な規定もない。立法手続も元老院・立法院・法制院・国務院等の複雑な規定の中に散見されるだけであるが、法律案の発議権は皇帝にのみあり、皇帝は国務院の勧告に基づいて法律案を立法院に提出し（第七五条）、立法院の審議の後に元老院に送付され、元老院がこれを議決する。皇帝は法律の公布権をもつが、一〇日以内に公布されないときは消滅する。すなわち皇帝は絶対的拒否権をもつ（第六九条〜第七三条）。

裁判官は皇帝が任命する（第一三五条）。

要するに皇帝の権能に関するこの憲法の規定は、立法技術的にいって不十分であり、君主制の原理が正当な憲法的表現を与えられていないともいいうるのであるが、また本来、この第一帝制憲法がフランス憲法史の上でもつ重要な意味は、この憲法の下におけるナポレオンの独裁によって、革命によってなお完全には達成されていなかった封建制の一掃と近代的中央集権制の完成とが実現したという点にある。すなわちナポレオンは、偉大な軍隊の司令官であったとともに偉大な行政官・偉大な組織者・偉大な立法者・偉大な教育者であったといわれるが[1)]、この憲法下において、このようなナポレオンの統治がいかなる内容・性格をもつものであったかがむしろ問題とされなければならない。それがまたこの第一帝制の君主制としての特色の問題でもある。

（1）　P. W. Buck & J. W. Masland : The governments of foreign Powers, p. 274.

三　君主制としての特色

そもそもこの第一帝制を君主制と呼びうるかが最初に問題となる。比較憲法ないしフランス憲法史に関する文献においても、一般に、この帝制を「ナポレオン帝国」(Napoleonic Empire) と呼び君主制 (Monarchy) と区別することが多く、また君主制であるかどうかには重点を置かず、その内容に着眼して述べられていることが多い[1)]。このことは法律的にいって、あるいは皇帝が「フランス共和国」の皇帝でありその称号が「フランス人の皇帝」であるということを理由として、これを世襲の大統領をもつ共和国であるとすることをも可能にするというべきかもしれない。しかし少なくともナポレオンの場合、終身の第一統領から改めて皇帝となったということはやはり皇帝を世襲の大統領的なものとみることが正当ではないということを示しているというべきであろう。すなわち終身の第一統領たるにとどまらず世襲であり、皇帝と称し、また帝国と称する。これらのことばのもつ精神的・政治的意味は共和国とは別のものであり、特殊な君主制であるとすることがおそらくは自然であるであろう。そしてこのような特殊な君主制がナポレオン・ボナパルトという強烈な個性の人物によって作り出されたところに、この帝制の恩恵がボナパルティズムと呼ばれる正当な理由があるのである。

（1） P. W Buck & J. W. Masland : The Governments of foreign Powers, p. 274. J. T. Shotwell : Governments of Continental Europe, pp. 57, 66.

そもそもフランス人は帝制的伝統をもつといわれる。それは「フランス人が大きな誇りをもって帝国を回顧することは不自然ではない。この事実は政治的領域においてだけにとどまらず、他の多くのそしておそらくは疑われない方向においてフランス人の態度と思想の型の上に影響を及ぼしている。政治機構についていえば、ボナパルティストの伝統は、一般的にいって、危機における直接の、効果的なそして権威主義的な行動への尊敬を含んでいる」[1]といわれるところであるが、それはまたフランス人が革命後十余年にしてなお共和主義に真に帰依していなかったことをも意味する。「一八〇四年憲法が人民投票に付され、歓呼をもって同意されたことは、ナポレオンが時勢をみるに敏であったためだけではなく、フランス人が共和主義にいまだ真に帰依していなかったことを示すのである」[2]。ボナパルティズムはこのような基盤の上に成立した。

ボナパルティズムの特徴としては一般に、それが、㈠軍事的独裁であること、㈡強度な中央集権的体制であること、㈢ブルジョアジーおよび富裕で保守的な農民にその支持勢力を求めること、㈣人民投票の形における民主的紛装を施していること等が挙げられる。そしてこれらの特徴の中で、ここで特に問題とすべきものはその第四のものに関してである。すなわち前にも述べたように、人民投票という形をとることによって、皇帝ナポレオンが神権に基づくのではなく国民主権に基づくという建前がとられたのである。彼はそれによって、「朕は国家なり」に代えて「余は人民なり」(Le peuple, c'est moi) ということができた。そしてその場合に帝制に対するフランス人の郷愁が土台とされたのであるが、しかもそれとともに、ナポレオンが「革命の遺言執行人」または「革命の子」[3)]たることを標榜したことも注意に値する。すなわち彼はその権威の下に体系的に組織された行政制度によって長い革命的無秩序に終焉をもたらし近代的中央集権を完成した。それが当時のフランス人の渇望に答えたのであり、かつそれが人民投票という形において、国民主権の紛装を施されたのである。

しかし、いうまでもなく重要なことは、この「革命の子」によっては、人民の政治的自由という革命の目的は達成されなかったということであり、また彼は偉大な民主主義の指導者とはなりえなかったということである。すなわちナポレオンの作った中央集権的行政制度はその後のフランスに長く遺産として残ったが、しかし彼の業績において後代にみられた方向からはずれている唯一のものは、彼が人民の統制を極度に制限しまた無視したことである。[4)]この点が、イェリネックによって、ボナパルティズムは、外見的な立憲制度を備えた絶対君主制であるにすぎないとされる所以である。イェリネックによれば、ナポレオンの帝制憲法はローマのケーザリズムの思想の再現である。そこでは国家を形成する人民がその有する権力をケーザルに委任した。ケーザルは人民の唯一の代表者であるとされ、彼の意思を、それによって人民の最高の意思にほかならぬとされた。[5)]ナポレオンはこのケーザリズムをその人民投票によって再現させたのである。

ピロティーもこの点を次のように述べている。

「ナポレオンはケーザルと同じく、軍隊と戦勝とによって権威に達した。……もしもナポレオンのケーザリズムがデモクラシーに基づいていると考えるなら、それは誤りである。なぜなら、彼の権力はケーザルと同様に、国民における彼の権威に基づいている。そしてデモクラシーすなわち国民の支配に基づいているのではない。しかもナポレオンはケーザルとは異なり、護民官からではなく、将軍から皇帝となった。ナポレオンが統領憲法および帝制憲法をもたらしたときの人民投票も、彼が国民に与えた選挙権も、国民の主権の表明ではない。[6)]」

以上のところにボナパルティズムの特色がある。そしてまたこの第一帝制の君主制としての特色も、根本的にはそこにあるということができよう。

（1）J. T. Shotwell : Governments of Continental Europe, p. 57.
（2）F. A. Ogg & H. Zink : Modern foreign Governments, p. 435.
（3）P. W. Buck & J. W. Masland : The Governments of foreign Powers, p. 274.
（4）F. A. Ogg & H. Zink : p. 436.
（5）G. Jellinek : Allgemeine Staatslehre, S. 525.
（6）R. Piloty : Autorität und Staatsgewalt, S. 11.

さて、次項で述べる一八一四年シャルトの前に、便宜上ここで、以上との関係において、一八一五年のいわゆるナポレオン百日天下における憲法についてきわめて簡単に触れておくことにする。それもボナパルティズムの一面の現われであり、あるいはむしろその一面のいっそうの発展であるといえるからである。

後に述べるように、一八一四年四月六日のナポレオンの退位により第一帝制憲法は終り、ルイ一八世のシャルトが登場する。ただしその反動化に対する国民の不満と、他方連合国軍の側におけるウィーン会議の難航に乗じて、ナポレオンは一八一五年三月一日エルバ島を脱出し、歓呼の中にパリーに入城し、帝位に復した。そして、「ブルボン反動主義に対して自由の擁護者たること」を宣言し、憲法増補法（act additionelle）を発布する。すなわちそれは一八〇四年憲法の増補の意味をもち、「市民的自由とフランスの繁栄」の増進のために、かつての治世では達成しえなかった市民の諸権利の樹立を目的とするとされた。この点では革命の遺言執行人たることをさらに強調したものといえる。そして政治機構の上では、立法権は皇帝および両院にあるとし、さらに立法部が執行部に対し強いコントロールを及ぼしうることとされた。

この憲法は、もとより、一八一五年六月一八日のウォーテルローの敗戦によって、実施されずに終った。ただ、ナポレオンの意図は別として、この憲法に現われた方向は、後の一八三〇年の七月王制の憲法および一八五二年の第二帝制憲法の中に引き継がれているということができ、そこに、この憲法の歴史的意味が見出さるべきであることを一言しておきたい。

第五項　一八一四年シャルト

一八一四年のシャルト (Charte constitutionelle) は、いうまでもなくナポレオンの没落の結果として生まれた。すなわちロシア遠征の失敗と、一八一三年一〇月のライプチッヒの敗戦によって、彼の軍事的功業のすべては潰えた。一八一四年三月三〇日、連合国軍はパリーに入城する。四月六日、ナポレオンは退位する。そしてルイ一八世によりブルボン王朝が復活する。ルイ一八世は五月二日、サン・トゥアンで宣言を発し、市民的自由と平等・私有財産の神聖・帝制時代の諸制度の存続・立憲政の諸原則の維持等を尊重すると約束したが[1]、六月四日、人民への国王の授与という形式の下に、シャルトを制定発布した。

この場合、何故にブルボン王朝が復活したのか、すなわち帝制の崩壊の後に何故に共和制が現われなかったのかが問題となりうる。その場合に、前に述べたようにフランス人の伝統的な帝制への愛着が作用していたともいえるであろうが、しかしそれは何よりも革命戦争およびそれの必然的な発展としてのナポレオン戦争に対する連合国の根本方針が、前に述べた一七九二年のオーストリヤ・プロシヤ連合軍の布告に最もよく現れていたように、ブルボン王朝の復活にあったことによる。一八一四年九月から一八一五年六月にわたるウィーン会議において、長い戦乱の後のヨーロッパの再編成の方針が決定されたが、その基本方針は勢力均衡とともに正統主義(Principle of Legitimacy) の原則であった。正統主義とはフランス革命勃発当時における諸国の主権者を当時彼らが統治していた版図の正当な保有者たらしめるとする主義である。この主義をとることが、それまでフランス革命およびナポレオンによって苦しめられたところの、ウィーン会議に集った諸国の君主たちの利益であったことはいうまでもないのである。一八一四年シャルトは、この正統主義の第一の適用であり、このウィーン会議およびそこに集った諸国の君主たちの支援によるものであった。[2)]

以上のところからこのシャルトの特色も生ずる。すなわちこのシャルトには、革命以前のブルボン体制へ復帰しようという面と、しかし他方、二〇年余の革命の成果を無視しえないという面とが混在している。この意味で、メイヤーのいうようにこのシャルトは「大革命と王政復古との妥協を試みた体制の典型的な文書」であるといえる。[3)] この妥協すなわち前に挙げた二つの面の混在が、どのような形で現われているかが問題なのである。

(1) この宣言の全文も Duguit, Monnier, Bonard : Les Constitutions et les principales lois politiques de la France depuit 1789, p. 167 にある。メイヤーは、この宣言は、ルイ一八世が長い旅住いから帰ると、一七八九年のフランスの昔にとうてい戻ることができないことを悟ったことを示すといっている。J. P. Mayer : Political Thought in France from the Revolution to the forth Republic, 1949. 五十嵐豊作訳「フランスの政治思想」一三頁。

(2) ボルンハークはこのシャルトが外国の命令によるものであったことが、その最悪の点であるとしている。G. Born-

hak : Genealogie der Verfassungen, S. 53.
（3） 五十嵐豊作訳・前掲・二四頁。

一　国王の地位

このシャルトに至って、革命以後初めて国民主権が否定され、君主主権が復活した。国王の称号ももはや「フランス人の王」ではなく、再び「神の恩寵によるフランスの王」となった。そしてこのシャルトはそのような国王によって欽定され、国民に与えられるものであるとされた。「シャルト」という名称は、周知のように国王の恩恵による特許状を意味する。[1] このようにこのシャルトが神の恩寵による国王の作品であることは、そこに同時に、前に述べたように、革命の成果がまったく排除されなかったとしても、このシャルトにおける国王の地位の根底をなすものであることはいうまでもない。「一八一四年のシャルトは王政復古を示す。それはたしかに理論的意味においてはアンシャン・レジームの復活である。このことは、もちろん、封建的諸特権が復活したことを意味するのではない。しかし他方、シャルトの賦与の形式においてもその文言においても国王個人の主権が決定的に承認された。この国王の主権の承認は、フランスの理論においては、必然的にあらゆる条件の下で、国民主権と一致しないものである[2]」。

　このシャルトの以上のような基本的性格は、またこのシャルトの成立過程にも由来する。すなわち、ナポレオンの退位後、元老院は一八一四年四月一六日、国民主権の原則に基づく憲法を制定していた。それは前文に、「フランス国民はその自由な意思により前国王の弟ルイ・スタニスラス・ザヴィエル・ド・フランスをフランスの王位に迎え……」と定め、ルイ一八世はこれにより宣誓後即位することとされていた。しかるに彼は四月一八日、この憲法を拒否し、修正を命じた。そして五月三〇日同盟国との平和条約の成立の後、このシャルトを制定した。そしてそれは、彼自身の「完全な権力」で制定されたといわれている。[3] 要するに彼は、人民の恩恵によりフランス人の王となることを拒否したのである。

（1） G. Jellinek : Allgemeine Staatslehre, S. 526. (1).
（2） G. T. Shotwell : Governments of Continental Europe, P. 64.
（3） G. Bornhak : Genealogie der Verfassungen, S. 47 ff.

右のようなルイ一八世の思想、したがってこのシャルトの基本思想は、何よりも、彼が臣民に告げるという形式をもったその前文に現われている。すなわちそこでは、まず「神慮は朕を長き不在の後に再びわが国に呼び戻しかつ重き義務を朕に課した」といわれている。ルイ一六世以来、ブルボンの王はフランスを離れてはいたが、常にフランスの国王であったというのである。王政復古後、フランスの学校では、その長い不在の間にも彼は依然フランスの国王であったのであり、偉大な将軍ボナパルトをして偉大な勝利を得せしめていたのであると教えていたという。[1]

次に、前文の右のことばの中に、神がルイ一八世に重い義務を課したとあるが、その義務とは何であろうか。同じく前文の中にある次のことばがそれを示している。「朕は自由な君主制憲法（une constitution libre et monarchique）が文明的なヨーロッパの期待を満たすことを承認するとともに、臣民に対する朕の第一の義務が、彼ら自身の利益のために、朕の大権（Prérogatives de notre couronne）を保持するにあることもまた想起せざるをえない」。すなわち、そこには国王が統治権を行うことが神意に基づくものであるという思想が宣言されているのである。

ただしそれと同時にこのシャルトが革命の成果を反映しているのは、右のことばの中でこの憲法がまた「自由な」憲法といわれており、またこの憲法がまず「フランス人の公権」の章から始められているところに現われている。すなわちそこに、いっさいの国家権力は国王に属するが、国王はそれを国民の自由のために行使するという思想が明確な形をもって立ち現われているのである。そしてこの思想が最も集約的に表明されているのが、この前文の中の有名な個所、すなわち「フランスにおいてはいっさいの公権力は王の一身に存するが、朕の祖先は時代の要求に応じてその行使を改めるに躊躇しなかった」との箇所である。かくして前文は「朕は自発的にしかも王権の自由な行使により、朕ならびにその後継者のために、臣民に対して永久に、次の憲章に同意し、それを許可し欽定した」とのことばで結ばれることになる。

すなわちこのシャルトの下における政治機構においては、後に述べるように、権力分立主義の要素が強い。しかしそれは一七九一年憲法のように国民の自由のために三権がそれぞれのトレーガーに分けられ国王はその一つにすぎないとするのではない。国王はいっさいの国家権力の源泉であり基礎である。そこでは国王は再び「朕は国家なり」ということができた。その意味ではそれは革命以前への復帰である。ただ国王はその権力の行使においてのみ制限に服したのである。この体制およびその基本思想、すなわち主権の所属とその行使とを分ける考え方は、立憲君主制における一つの新しい型であることを注意すべきである。それはまた後に述べるように、ドイツ的な立憲君主制ないし君主主義（das monarchische Prinzip）の思想でもある。[2] イェリネックは、ここで初めて君主主義が民主主義に対立せしめられたといい、それは君主に対する憲法的制限の可能性という点でまったく新しい思想であるとしている。[3]

これらの点はなお国王の権能について述べる時にもまた触れることとしよう。

（1）G. Bornhak : Genealogie der Verfassungen, S. 47.

（2）ボルンハークは、このシャルトが一九世紀初頭の中部ドイツ諸邦の憲法、一八三〇年のフランス憲法、一八四八年のイタリー憲法等の系譜を開いたものであるとしている。G. Bornhak: S. 45. ff.

（3）G. Jellinek: Allgemeine Staatslehre, S. 526.

二　国王の権能

このシャルトも基本的には権力分立体制をとる。その意味では、一七九三年・一七九九年・一八〇二年および一八〇四年の憲法が権力の集中の原理に立つものであったのと異なり、権力分立の原理に立っていた一七九一年および一七九五年の憲法と同一の分類に属する。ただし、権力分立主義といっても、特に一七九一年憲法との間にはいくつかの顕著な相違があり、それがまたこのシャルトにおける国王の地位の特色でもある。

すなわち、「執行権は国王にのみ属する」（第一三条）。「立法権は国王と貴族院および衆議院により共同して行使される」（第一五条）。「すべての裁判は国王から発する。裁判は国王の名において、その任免する裁判官によって行われる」（第五七条）。これを一七九一年憲法が、前に述べたように、執行権は国王に、立法権は国民議会に、司法権は民選の裁判官にそれぞれ委任されることとしていたのと比較するならば、そこには顕著な相違がある。この相違は、一七九一年憲法の権力分立制はモンテスキューが称えた権力分立主義の形態に忠実であったのに対して、このシャルトの権力分立制はむしろモンテスキューがみたところの当時のイギリスの憲法の権力分立制そのものの形態に忠実であるという相違であるということができる。すなわちここでは、イギリスの状態が模範とされているのである。[1] この点は、また国王が裁可権をもつこと（第二二条）、すなわち一七九一年憲法のような停止的拒否権ではなく、絶対的拒否権をもつこと、および、同じく一七九一年憲法とは異なり、国王が衆議院の解散権をもつこと（第五〇条）にも現われている。すなわちこれらの点は、モンテスキューが称えた厳格な権力分立主義とは異なるものであり、イェリネックが、「このシャルトはモンテスキューの定式とアメリカ的思想とによって要求された議会と内閣との分離を廃棄した[2]」と述べたところでもある。この点がまた、後に述べるように、このシャルトが議院内閣制への道を開いていることとも関連するのである。

（1）G. Jellinek : Allgemeine Staatslehre, S. 526.　清宮四郎「権力分立制の研究」二八一頁。

（2）G. Jellinek : S. 526.

執行権そのものに属する権能として、国王の有するものは、陸海軍の命令・宣戦・講和・同盟および通商条約の締結・官吏の任免のほかに、法律を執行するためおよび国家の安全を維持するために必要な命令を制定する権能が定められている（第一四条）。このうちの最後の命令制定権は、従来その例をみないところであって注目に値する。

立法権に関連する権能としては、国王は議会を召集し、会期を延長しおよび衆議院を解散する（第五〇条）。また法律の裁可権をもち、また法律案の発案権は国王にのみ属する（第一六条）。各議院は一定の条件の下に、国王に法律案の発案を請願しうるのみである（第一九条〜第二一条）。

司法権に関連する権能としては、前に述べたように、司法権は国王の名において行使され、裁判官は国王によって任免される。なお国王は恩赦権をもつ（第六七条）。

以上、要するに国王の執行権は強大であり、また立法権も国王に分属し、国王はまた司法権の源泉でもある。この意味では、立法権が両院にも分属しているという点を除けば、この国王の権能は革命前の国王のそれに近いといわなければならない。この点がさらに、このシャルトが、国王を「国家の最高の元首」（le chef suprême de l' Etat）と明記していること（第一四条）にも示されている。すなわち国王は直接には執行権の長であるとされているにもかかわらず、執行部ないし政府の長とはされずに「国家の最高の元首」であるとされているところに、前文で示されているように、国王があらゆる国家権力の源泉であり基礎であること、すなわち執行権のみならず立法権も司法権もすべて国王に淵源するとの思想が現われている。そしてこの思想はまたドイツの君主主義の思想でもあるわけである。

以上のように、このシャルトにおいては、君主主権の原理が強く前面に立ち現われているといわなければならない。この意味では、たとえば、清宮教授が、前文の文句のみからみてこの憲法の実体を純粋に君主主権主義の上に立つ欽定憲法とみなすことはできないとし、「それは君主主権の原理と国民主権または国民代表の原理との妥協の産物である。フランスでは革命後十数年の間、君主主義も国民主権主義も互いに他を圧倒するほどに隆盛になることはできなかった。一八一四年七月に成立した憲法も、長い間主権を行使できなかった住民と、祖国を留守にしていた国王とが、互いに折れ合って取り引きした結果生れたものである。このシャルトは、まさしく、住民と国王との間の取り引きの証文である[1]」といっていられるのは、少しくこのシャルトにおける国民主権主義を過度に評価したものと思われる。このシャルトが、国民と国王との妥協であるという点はその成立過程から認められるとしても、その妥協は、国民の自由の維持を国王が約束したという点についてであって、国民主権か君主主権かという問題については、君主主権の支配が圧倒的であるとみるべきではないかと思う。すなわちこのシャルトが、王制復古の面と革命の成果の維持という面との二つの面をもつということは、国民主権・君主主権の問題とは別の点において現われているというべきである。この意味で、蠟山教授が、このシャルトの下においても革命の影響は消すことができなかったということを、国民主権・君主主権の問題としてではなく、このシャルトの時代におけるフランスの社会的・経済的構造の問題として捉えて、次のように述べていられることの方がむしろ正しいというべきではないかと思う。

「一八一四年、ウィーン会議の結果、ナポレオン帝政は終焉を告げ、ルイ一八世の下で王政復古が行われたが、フランス大革命の影響を消すことができなかった。封建的特権階級の社会的基礎は消滅し去り、新興ブルジョア階級は成長していた。ナポレオンの軍政的機構と政治的絶対主義は崩壊したけれども、民事関係を規定したナポレオン法典と中央集権的行政制度は存続した。このような社会経済構造と法制的行政制度の上に、王政復古は行われたのである。王政復古は亡命貴族の王権主義や理性主義革命への反動的ロマンティシズムの勃興を伴ったけれども、フランス大革命は、大風一過の後、そこに厳然たる事実として深い痕跡を遺していた。このような政治状況の下で、ルイ一八世の憲章が制定されたのである。[2)]」

（1）清宮四郎「権力分立制の研究」二七四頁。
（2）蠟山政道「比較政治機構論」一二六頁。

したがってもしも、国王の権能や政治機構の上で革命の成果の面を捉え、革命前の絶対君主制と異なる新生面を捉えようとするならば、それはこのシャルトの下で、少なくとも議院内閣制が実現される可能性が容認されていたことを指すことによって可能となる。すなわち、国王は神聖不可侵であり大臣が責任を負う（第一三条）。この場合、大臣の対議会責任の規定はなく、ただ衆議院が大臣の刑事責任を追求しうる規定があるだけである（第五六条・第五七条）。しかし大臣は議員との兼職が認められまた議会への出席が認められる（第五四条）。そして一方において衆議院が国王によって解散されることを認めたことは、たしかに議院内閣制への道を開いたこととなった。[1)] 後に述べるように、コンスタンやシャトオブリヤンによって、このシャルトの下において議会政の原理が主張されたのは偶然ではないのである。

（1）G. Jellinek: Allgemeine Staatslehre, S. 526〜527.

三　君主制としての特色

右の最後のところで述べたことは、このシャルトの君主制の特色でもあるが、なおそのほかに若干の顕著な特色を挙げることにしよう。

第一は、前にも触れたように「国家の最高の元首」という名称が設けられたこと。この Chef suprême de l'Etat はドイツにおける Staatsoberhaupt に当り、このことばはケルゼンのいう君主制の観念圏から生ずることばである。そしてこのことばは一八三〇年、一九五〇年の憲法にもみられるが、一七九一年憲法にはみられないところであり、特に一七九一年憲法との比較において、ここにこのシャルトにおける国王の特別の性格が現われているといえよう。

第二は、このシャルトを弁護し、あるいは批判しつつ、コンスタン（一七六七年〜一八三〇年）、シャトオブリヤン（一七六八年〜一八四八年）、ロワイエ・コラール（一七六三年〜一八四五年）等により、君主制・立憲君主制の理論付けがなされたことを特記する必要がある。この点は君主制の理論ないし思想の歴史の上で注目すべき現象である。そもそもナポレオン戦争の時代において、大陸特にフランスではイギリスの議会政治の研究が、革命前のモンテスキューやヴォルテールにおけるのとは異なった意味で、再び行われた。すなわちイギリスが一八世紀を通じて革命と動乱と専制とから免かれている理由が何であるかという問題が、当時のフランス人をイギリス憲法の研究に刺戟したのである。そしてこのような意味で、イギリス立憲君主制の特色を研究しそれを体系づけたのがコンスタンであったといわれる。一八一四年五月二四日の日附で序文が書かれている彼の「憲法草案」（Esquisse de Constitution）は、その時期からみて、シャルトの成立の背景に大きな影響を及ぼしたと考えられる。すなわちこの書物が具体的にシャルトの起草にどのように貢献したかは明らかにしえないとしても、それが「復帰するブルボン王朝に対する教科書」として書かれたという意味をもち、このシャルトの成立をもたらした思想的背景の重要な部分を形成していることは否認しえない。すなわち彼は、イギリス君主制の特色を、国王が議会・内閣・裁判所の三機関から超然とした地位にあることにあるとした。そして国王の役割はこれら諸機関の行動を調整し協力させて政治的平衡を維持させることにあるとした。これは周知のように君主のいわゆる調整的権能（pouvoir modérateur）または中立権（pouvoir neutre）の理論であり、この理論そのものについては君主制の根拠付けの理論として後に詳しく述べなければならないが、彼のこの理論の核心は、執行権を積極的な執行権と消極的な執行権とに分けることにある。前者がいわば本来の執行権であるがそれはむしろ大臣権と称すべく大臣に与えられ、後者はむしろ君主権と称すべくそれは調整的・中立的権能に限られるとする。そして従来のフランスの君主制の誤りはこの両者を区別せず、それをともに君主に属せしめたところにあるとする。それは要するに君主権と執行権との区別の理論であり、また「国家の元首」と「政府の首長」との区別の理論でもある。ブルボン王朝はこの理論によって、初めてその正しい地位に置かれることができるというのがコンスタンの主張であったといえる。そしてこの君主権は「回想および宗教的伝統によって支持される[1]」ものである。この点において、それは後のバジョットの思想に通ずるということもできる。

しかし以上のことが、国王は積極的に機能すべきではなくその権限が制限さるべきであるということであるとすれば、このシャルトにおける国王はこの教科書の教えるところからははるかに遠く離れていたということを注意する必要がある。すなわち、そこで国王の権能とされたのは、コンスタンが君主に留保さるべき調整的・中立的権能として挙げたところのもの、すなわち執行権の任免・法律の裁可・代議院の解散・裁判官の任免・恩赦・宣戦講和と同一ではあるが、このシャルトにおいては王権と執行権との区別がなく、国王は執行権の長でもある。またコンスタンがこれらを調整的・中立的機能であるとし、それを君主に留保したのは、同時に、それによって君主を、君臨するが統治しないという地位に置くという思想と結びついていたのであるが、この君主は君臨するが統治しないという原理は、議会によるコントロールが確保されることによって初めて可能となる。しかるにこの点はこのシャルトにおいては実現しなかった。すなわちそこに、ルイ一八世はこれらの権能を革命前の国王の有した権能と異ならないものとして理解したのである。

（1）　B. Constant : Esquisse de Constitution, 1814. Cours de politique constitutionnelle, 3e ed., 1837. 彼の理論の詳細については、次の第三章第三節参照。

次にシャトオブリヤンがコンスタンにもまして参照されなければならないのは、彼によって、「君臨すれど統治せず」の原理がコンスタンの場合よりもさらに展開されていることとともに、またこのシャルトの下において芽生えた議会政の理論が確立されかつそれを推進するのに寄与することが多かったためである。[1)]

すなわち彼は、シャルトの制定の年の一二月、その「政治学的考察」の中で、「コンヴァンシヨンの経験で共和主義はこりた。ボナパルトのおかげで絶対権力への愛にもこりた。この二つの経験は現在わが国王によって与えられた制限君主制がわれわれの尊厳にも幸福にも最も適合する政治体制であることを教える」と述べて、このシャルトを支持した。またその一八一六年の「シャルトによる君主制」では、その冒頭で「フランスは、その正統な国王（son roi légitime）を欲する」と書いている。これが彼の根本の立場であるが、その場合に、彼によれば、国王を欲する方法には次の三つがある。第一はアンシャン・レジームをともなう国王を欲する方法、第二は専制主義をともなう国王を欲する方法、第三はシャルトをともなう国王を欲する方法である。そして第一および第二の方法は不可でありかつ不可能である。そこで第三の方法のみが可能な、かつ適当な方法であるとする。かくして彼はこのシャルトを批判しつつ、「代表君主制」・「立憲君主制」の原理を提唱する。すなわち彼によれば代表君主制における国王は神聖不可侵であり、誤りを犯すことのないものである。誤りがあるとすればそれは大臣のものであり、それによって人々は王の尊厳を傷つけることなくそれを審査しうる。なぜならすべては責任ある政府に由来するものであるからである。したがってこの点から彼によればシャルトが国王にのみ法律発案権を与えたのは妥当ではない。それが修正されれば国王の尊厳が傷つくことになるからである。したがって国王には単に法律の拒否権を与えるにとどめるべきであるとする。

ところで彼の理論においては、コンスタンにみられたような調整権・中立権の思想は前面には出ていない。そしてむしろ「君臨すれど統治せず」の原理が前面に出ている。しかもそれが統治しないが「君臨する」という点に重点を置いて説かれている。すなわち彼が強調するのは、そのような代表君主制すなわち政治上の行為に直接には関与しない国王がしかも象徴的なものではなくて、強大な権力すなわち過去の古いフランスの国王たちよりも強い権力をもっているのだということである。すなわち彼の書物の有名な箇所は次のようにいう。

「この君主制における国王は、彼の祖先たちよりもずっと絶対君主的であり、コンスタンチノープルのサルタンより強力であり、ヴェルサイユにおけるルイ一四世より優越的である。国王は、その意思と行動について、神に対してのみ責任を負う。彼は、ゴオル教会の首長または対外的司教である。彼は、すべての個々の家庭の父であり、公の教育によってそれらを自らに結びつける。彼のみが、法律を拒否しまた裁可する。したがって、すべての法律は彼に由来し、彼は最高の立法者である。彼は、法律の上にすらある。彼のみが恩赦を行い、法律よりも高く語ることができるから。彼のみが、だれからの反対も制約も受けずに、任意に、諸大臣を任命し、動かす。したがって、すべての行政は彼に由来し、彼は、行政の最高の長である。軍隊は彼の命令によってのみ、動く。彼のみが、和を講じ、戦を宣する。

かくて彼は、宗教・道徳および政治の面における第一人者として、習俗、法律、行政、軍隊、平和および戦争をその手に握る。
　彼がその手を引っこめると、すべてはとまってしまう。彼がその手をさし出すと、すべては動く。彼は、それ自体全体であるから、国王をとりのぞけば、もはやそこには何もない。」

　以上の点において、彼は当時のいわゆる尊王派の代表者たる役割を果している。すなわち彼はシャルトによる代表君主制においてのみ、かえってブルボン王朝の権威が全うされると考えたのである。その意味で、彼はその感情においてアンシャン・レジームの味方であり、その精神において新制度の味方であったといわれる。それはまたこのシャルトが古きフランスの支持者と新しきフランスの支持者との二つの対立する陣営の妥協の産物であったことの反映でもあったのである。

　しかし理論的にいえば、彼が国王の神聖不可侵したがって大臣の責任を説きながら、以上のように国王がルイ一四世よりも絶対君主的であると説くことは、いうまでもなく、それだけでは矛盾である。したがって彼はこの矛盾を解決すべく努力する。そしてそこにむしろ彼の理論の重要性がある。すなわち彼は、国王をコントロールする政府が代議院を尊重し、かつその多数党の支持を背後に有しなければならぬと説く。そこに彼をして議会政の理論家たらしめた所以がある。すなわち大臣は代議院が欲するときには議院に出席し答弁しなければならず、大臣は事実上代議院の主人でありながら形式的にはその下僕でなければならず、そのようであれば代議院は決して政府に干渉し政府を困惑させることはないであろうという。さらにこの場合に彼が言論出版の自由・世論の重要性を強調していることも注意に値する。要するにこのようにして、議会政の原理が現われてくるのである。

　ただし、コンスタンの場合と同じく、シャトオブリヤンの説くこの議会政は、その萠芽が現われていたとしても、このシャルトの時代においては実現しなかった。それは次の一八三〇年憲法の時代をまたねばならなかったのである。

（1） シャトオブリヤンについては、宮沢俊義「シャトオブリヤンの議院制の理論」（国家学会雑誌六八巻七・八号）参照。以下の叙述はもっぱら宮沢教授のこの論文による。

最後に、コラールもイギリスの立憲君主制の歴史的発展に感銘を受けた「シャルトの理論家」であるといわれている。[1] 彼はイギリスの立憲君主制の歴史から学ぶことによって、復古王政の存続の要件と基盤は何であるかという問題を追及した。すなわち彼の主張の核心は、政治権力の抑制の必要を強調するところにある。彼はアンシャン・レジームの絶対君主制と同様にフランス革命の絶対民主制すなわち人民的専制主義もその政治権力の抑制方法を欠いているとして、両者がともに警戒され排除されねばならぬとした。「デモクラシーの流れは溢れ出す」(la démocratie coule à pleins bords) が故に、それをせきとめる堤防が必要であるとする。そこに彼が、議会の執行権に対する監督統制を排除すべしと主張する理由がある。その意味で彼は権力の分立とその相互の抑制の原理を支持する。この点ではシャトオブリヤンと対立する。この点について蠟山教授が、「モンテスキューは絶対的王政に反対するためにその有名な理論を提唱したのであったが、コラールは主権的議会制に反対せんがために、この理論を支持したのである[2]」といわれているのは正しい。このようなコラールの思想は、権力分立主義が国王の権力に対する立法権のコントロールを排除するために役立たしめられているという点において、後に述べるドイツ的立憲君主制の思想を想起せしめる。コンスタンやシャトオブリヤンによってあのように説かれ、かつ議院内閣制の萠芽がみられるようにもなったところのこのシャルトの君主制が、コラールによってはこのように説かれたということ自体が、このシャルトの性質を示すものでもあるといえるのである。

（1）五十嵐豊作訳「フランスの政治思想」二六頁。なおコラールについては、このメイヤーの書物のほか、H. Laski: Authority in the modern State, 1919 に一章を設けて説明されてある。そのほか蠟山政道「比較政治機構論」一二八頁以下参照。
（2）蠟山政道・同右・一二九頁。

さて、このシャルトにおける君主制の特色として第三に挙げるべきものは、すでに触れられたところではあるが、そこではイギリス的立憲君主制の模倣の意識がみられ、しかしそれが不徹底であったということである。コンスタンやコラールの思想がイギリスの立憲君主制に根ざしていたことはすでに述べたし、制度的には大臣責任制さらに議院内閣制への進展の可能性がみられた。その意味ではそれはイギリス憲法の継受であったといってよい。しかしたとえばボルンハークは次のようにいっている。

「この継受に際しては、しかし、人々の眼に長く光彩に満ちたものとして写ったところのイギリス議会のみごとな外観のみが移入された。そして人々は、イギリス憲法がイギリスの自由と自治の堅固な基礎の上に成長し、それはあたかも大陸の等族的憲法が等族的行政の上に成長したのと同じであるということを看過した。」「それはまた法の継受の形式の上からいえば慣習法によるものではなく、立法によって行われた継受であり、議会主義的憲法をナポレオンの警察国家の絶対主義的行政の上に接穂したものであるといえる。[1]」

これはまたメイヤーによって、このシャルトにより「ナポレオン的社会のもろもろの社会的価値の型がブルボン王政の中に統合された[2]」といわれる所以でもある。

（1）G. Bornhak: Genealogie der Verfassungen, S. 49.
（2）五十嵐豊作訳「フランスの政治思想」二四頁。

第四に、この王政復古が外国の手によるものであったことを挙げるべきであろう。これは特殊な現象ではあるが、しかしナポレオン時代には警戒されたブルボン王朝の復活が、しかも同盟国によってなされたということは、やはりこの君主制の特色として逸し去ることはできない。この点についてボルンハークは、次のようにいっている。

「最も悪いことは、このブルボン王朝の支配が、外国の命令によって復活せしめられたことである。国王は古き王国の代表であるかの如く振舞った。しかし実は、同盟諸国によって、その地位を得たものであった。そして大国民は、勝利を得た敵国の命令に基づく国家形態を長く忍びうるものではない。そこに、結局王政復古の失敗の理由がある。[1)]」

（1） G. Bornhak: Genealogie der Verfassungen, S. 53.

最後に、憲法制定権力の問題がある。すなわち前に述べたように、このシャルトはルイ一八世の欽定によるものであった。それが前に述べたような革命の成果の維持という面をもち、そこに外見上、立憲君主制の形態として現われていたのであるとしても、根本的にはやはりそこにその立憲君主制の限界があるというべきである。このシャルトが特にその改正手続を定めていないことも特徴的である。この点についてはたとえばイェリネックは、それは通常の立法手続と同じ手続によることを意味するとしており、[1)]この場合発案権が国王にのみ留保されていることによってこのシャルトの保障が可能であるとされていたと解されるのではあるが、しかしおそらくは少なくともルイ一八世にとってはその支配の永続の根拠は、やはり神権説、すなわち革命以前の原理に求められていたというべきであろう。ここに、最も根本的にいって、このシャルトの君主制の特色と、またその限界があったということができるであろう。

（1） G. Jellinek: Allgemeine Staatslehre, S. 527.

である。

第六項　一八三〇年シャルト

一八一四年シャルトの生命はわずか約一五年で終った。次に現われるのがこの一八三〇年八月七日のシャルトである。

一八一四年シャルトのその後の歩みについては詳細には述べないが、要するに一八二四年のルイ一八世の死後、シャルル一〇世の反動政策の時代が始まる。そこでは、「国王より以上に王党的」であったといわれる極端王党が支配的勢力を占めた。しかしその支持の上に立つポリニャック内閣に対して自由派・純理派・共和派が連合して反政府同盟を結成し、一八三〇年三月、衆議院が政府不信任を決議した。そこで国王は衆議院を解散するとともに、前に述べたシャルト第一四条に基づく命令によって、言論・出版・結社の自由を弾圧して極端な選挙干渉を行った。これに対する反抗がいわゆる「光栄の三日間」すなわち七月二七・二八・二九の三日にわたって爆発した。これがいわゆる七月革命である。シャルル一〇世はイギリスに亡命した。しかし共和制の運動はいまだ強力ではなく、オルレアン公ルイ・フィリップが迎えられて王位についた。衆議院は一八一四年シャルトの改正として、八月七日新しいシャルトを制定した。ルイ・フィリップは両院においてこのシャルトの遵守を宣誓した後に即位し、このシャルトを公布した。

このシャルトはなおシャルトの名称をもち、また一八一四年シャルトの改正の結果として生まれたものであり、そこには従来の規定がそのままに存置されたものも少なくなく、さらにそれは依然として君主制を定めているのであるが　以上のような成立の経過からみて、それが一八一四年シャルトとは異なる性格をもつものであることは容易に認められるところである。すなわちこの王政は、「市民王政」といわれ、また、それはそれまでなお根強く残っていた封建的支配制度の最後の名残りを一掃し、ブルジョワジーの支配を確立したともいわれ、その意味ではまたフランス革命の目標がここに達成されたともいわれる。[1] いずれにしてもこのルイ・フィリップの時代は、議会主義的君主制の華やかな時代を形づくるのである。

（1） G. Bornhak : Genealogie der Verfassungen, S. 63.

一　国王の地位

前に述べたようにこのシャルトは君主制を存置した。新しいルイ・フィリップの地位は、八月七日、このシャルトと同時に発せられた衆議院の宣言の中によく現わされている。すなわちそれは光栄の三日間におけるフランス国民の英雄的闘争に関して述べ、いまやシャルル一〇世とその王室はフランス領土の外に追放された結果、事実上も法的にも王位は空白となったといい、かくしてこの事態のため必要な措置として、衆議院は、「フランス国民の希望と利益に従い、ここに一八一四年シャルトの前文がフランス国民の尊厳を侵すものなるが故に、廃止されたことを宣言する」と述べているのである。この新しいシャルトにおいては、国民主権が定められているのではなく、また君主主権が排除されたわけではないが、しかしすでに述べたように一八一四年シャルトにおける君主制の性格がその前文の思想によって基礎づけられていたことを思うならば、この宣言の意味は容易に理解しうる。新しいシャルトの前文はきわめて簡単であり、またそこには「神の恩寵による」の文句は見られないことも、ルイ・フィリップの地位がルイ一八世のそれとまったく異なることを示すものである。ルイ・フィリップは「市民の王」といわれ、また蜂起した市民勢力の支持の上に即位したという意味で「バリケードの王」とも呼ばれた[1]のはその結果である。国王は依然「国家の最高の元首」(第一三条)であるとされたが、それは以上のことの結果として、ルイ一八世におけるると異なる意味をもつといわなければならない。

(1)　西海太郎「フランス現代社会政治史」一一〇頁。

二　国王の権能

このシャルトは前のシャルトの改正であって、国王の権能についてももとの条項がそのままに残されたものが多い[1]。執行権が国王にのみ属すること(第一二条)、その権能として軍の最高命令権その他が定められていること(第一三条)、裁判は国王の名においてなされること(第四八条)等は、もとのままである。ただし、重要な改正が行われたものもある。たとえば、国王の命令制定権は認められたが、それは「法律の施行に必要な命令」のみに限られ、さらに「いかなる場合にも法律自身を廃止しまたは法律の執行から免れることはできない」(第一三条)との規定が設けられた。また法律発案権は国王のみならず両院にも与えられた(第一五条)。

(1)　衆議院の解散(第四二条)・大臣の議員兼職および議会出席(第四六条)・衆議院の大臣訴追権(第四七条)等は前のシャルトと同じである。

三　君主制としての特色

前に国王の地位について述べたところが君主制としての特色にほかならないが、ここでは、このシャルトの時代において、「国王は君臨すれど統治せず」の原理が実現したといわれ、またそれと結びついてこの時代がフランスにおける議会政の古典的時代である[1]といわれていることについて述べることにする。

すなわち、フランスにおいて、「国王は君臨するが統治しない」(Le Roi règne mais il ne gouverne pas) とか「国王は行政せず、統治せず、ただ君臨す」(Le Roi n'administe pas, ne gouverne pas, il règne) とか、「国王は君臨し、大臣は統治し、議院は裁定す」(Le Roi règne, les ministres gouvernent, les chambres jugent) とかのことばは、このシャルトの時代に広く用いられた。[2] 内閣は議会の多数派によって組織されるのが常例となり、国王は多数派の変動に応じて大臣を任命するだけであるようにみえ、コンスタンやシャトオブリヤンの思想がここで実現したようにみえた。

しかしこの場合にも、イギリス的議院内閣制の基盤は存しなかった。その結果ボルンハークのいうように、多数党が内閣を組織し多数を失うことが内閣の交代をもたらすというイギリス的議会政はそこではまったく別のものに作り直された。すなわちイギリスにみられたような歴史的な政党組織の欠如と小党の分立のために、内閣を崩壊せしめるための政党連合は可能であり、内閣に不利などのような票決もただちに内閣を崩壊せしめたが、内閣を形成する積極的な多数連合の成立は困難であった。[3] 後に第三共和制を悩ませたところの政局不安定がこの時代にもすでに現出したということができる。しかし、ボルンハークがまたいうように、実はこのような事情は他の何者にとってよりもルイ・フィリップにとって快適なものであった。彼は絶えざる大臣の交代において個々の政党指導者を使いふるすことによって彼自身の影響力を強めその権威を高めることができた。[4] そしてこのことが、王党派やボナパルト派の勢力を増大させ、共和派や、さらに当時、サン・シモン、フーリエ、ルイ・ブラン、プルードン等によって広められたいわゆる空想的社会主義の影響の下にあった労働者や小市民による反政府的の共和主義的運動を弾圧する結果となった。それが一八四八年の二月革命を導くこととなるわけである。

このようにして要するに、このシャルトは、「市民王政」と呼ばれ、この時代はまたイギリス的な「君臨すれど統治せず」の原理や議会政のはなやかな時代であるといわれるにもかかわらず、それは外面的なイギリスの模倣であり、その意味では一八一四年シャルトの後半の時代と本質的には異なるものではなかったということができる。

（1）レーヴェンシュタインはこのシャルトを一八三一年のベルギー憲法とともに、国王に対する議会の優位を確定した憲法であるとしている。K. Loewenstein : Die Monarchie der modernen Staat, S. 25. なお、J. T. Shotwell : Governments of Continental Europe, p. 57.

（2）G. Jellinek : Allgemeine Staatslehre, S. 527. (1).

（3）G. Bornhak : Genealogie der Verfassungen, S. 65.

（4）G. Bornhak : S. 65.

第七項　一八五二年の第二帝制憲法

ルイ・フィリップの「七月王政」は、前項で述べたようにいろいろの反対勢力をその左右にもつものであった。それは上層ブルジョワジーを主たる支柱としながら、これらの反対諸勢力の均衡の上に自らを置いていたのであるが、その意味で強い基礎をもつものでなかったといいうる。一八四〇年以来のギゾー内閣の国際協調の外交政策や現状維持的な内政方針が、上層ブルジョワジーや小市民層・労働階級の不満をよぶに至って、その基礎が揺ぐこととなる。一八四八年の二月革命がそこに生ずる。

二月革命の経過についてはここでは述べないが、そこではむしろ、右のように七月王政が本来強い基礎をもつものではなかったことを注意する必要がある。この点について、一八三〇年、ルイ・フィリップが革命勢力に迎えられて即位したとき、メッテルニヒが次のように述べたといわれるのは、問題の根本を指摘したものといえるであろう。

「ルイ・フィリップは王位についた。しかし、その地位は維持しがたい。何故なら、彼の権威の基礎をなすものは、一つに、空疎な理論なのである。一七九二年から一八〇一年に至るすべての形態におけるフランス政府は、人民投票によってその重みを与えられていた。しかし、彼の王位は、そのような重みをもたない。またブルボン王朝の復古は歴史的権利によって堂々と支えられていた。しかし、彼の王位はそのような支えをもたない。彼の王位は、共和国のもつ民衆の力、帝国のもつ軍事的栄光、ナポレオンの天才と力、ブルボン家を支えた主義——それらを欠いている。彼の王位がいつまで保たれるかということは、一に偶然に依存するであろう。[1]」

二月革命はパリーの人民大衆すなわち急進的な小市民層および労働者階級によって遂行され、ルイ・フィリップは退位し国外に亡命した。臨時政府が、社会主義者ルイ・ブランをも加えて共和派によって組織され、共和制が宣言され、普通選挙によって選ばれた憲法議会は、一八四八年一一月一四日の憲法を制定した。ナポレオンの甥ルイ・ナポレオンが大統領に当選する。この際、彼はいわゆるナポレオン崇拝、すなわちボナパルティズムの再燃の風潮に棹さしたのであり、二月革命の反動の方向はすでに強かった。[2]それは一八四九年五月に行われた国民議会の選挙において、正統派およびオルレアン派等の保守派が大勝したことに現われた。このような情勢の下で、ルイ・ナポレオンは国民議会に対し、憲法を改正してその大統領重任禁止規定を廃止することを求めたが、拒否せられるや、それをクーデターによって実現するよりほかないとした。そこに一八五一年一二月のクーデターおよび一二月の人民投票を経て、一八五二年一月一四日の憲法が生まれる。要するに、二月革命において、「急進的民主主義は瞬間に勝利者となり、そして三年足らずして、また反動的帝政によって泥土に委せられたのである[3]」。

（1）岡義武「近代ヨーロッパ政治史」七三頁。
（2）二月革命の性格を蠟山教授は、「ジャコバン的デモクラシーとそれを倒したボナパルティズム的陰謀」という観点から捉えていられる。蠟山政道「比較政治機構論」一三三頁。
（3）蠟山政道・同右・一三四頁。

この憲法は、形式的には共和制であり、ルイ・ナポレオンは「共和国大統領」である。またその第一条でまず特に「この憲法は一七八九年に宣言せられ、フランス国民の公権の基礎をなす偉大な諸原則を確認しかつ保障する」と定めている。しかし、この憲法はあたかも同じくクーデターによって成立した一七九九年の統領憲法と同じく、君主制期待の共和制憲法であった。すなわち大統領の地位および権能はむしろきわめて君主的であり、各条項における「大統領」という文字を「国王」と読み替えれば、そのままに君主制憲法の形をなすということができる。

すなわち、「共和国の統治は一〇年の任期をもつ共和国大統領ルイ・ナポレオン・ボナパルトに委任される」（第二条）とされ、彼は大臣・コンセイユ・デタ・元老院の手段により統治し（第三条）、また立法権は大統領・元老院および立法院が共同して行使する（第四条）のであるが、裁判は大統領の名において行われ（第七条）、また大臣・元老院および立法院の議員その他官吏は、「私は憲法に服従し、大統領に忠誠を尽すことを宣誓する」（Je jure obéissance à la Constitution et fidélité au Président）との宣誓をしなければならない。これらはまさに君主制的な思想にほかならない。

そして、はたしてこの憲法は一年ならずして、帝制憲法に変った。すなわち一八五二年一一月七日の元老院議決がそれであり、それは人民投票による承認を得た。この議決の第一条は、「帝国の権威は回復された。ルイ・ナポレオン・ボナパルトはナポレオン三世の名の下にフランス人の皇帝である」とした。そしてその第七条は、一八五二年一月一四日の憲法はこの元老院議決の規定と矛盾しない限り、全体として維持される旨を定める。その結果、一月一四日憲法は、前に述べたように、その規定のうちの「共和国大統領」を「皇帝」と読み替えるだけで足りるというような形において、帝制憲法に移ったのである。そしてそれは、一月一四日憲法が、本来君主制期待の憲法であり、容易に帝制に転換しうるものであったことによる。

すなわち皇帝の地位および権能については、前に一月一四日憲法の大統領について述べたところが、そのままに皇帝の地位と権能に引き継がれているのであるから、ここで改めて述べるまでもない。大統領はすでに「国家の元首」であり、執行権のみを分担するものとはされていなかった。陸海軍の最高命令・宣戦等、大統領の権能として定められていたもの（第六条）は、そのままに皇帝の権能に移った。

この帝制の君主制としての特色としては、それがナポレオンの第一帝制の再現であること、したがってその根本思想は、そこですでに述べたボナパルティズムまたはケーザリズムであることを指摘するだけで足りるであろう。それを現わす特殊な規定が、すでに一月一四日憲法の大統領について、「共和国大統領はフランス人民の前に責任を負い、常にフランス人民にアペールする権利を有する」（第二条）との規定として設けられていた。これによってボナパルティズムが憲法的表現を与えられたということができる。[1]

（1） G. Jellinek : Allgemeine Staatslehre, S. 525.

この憲法はその後いくたびかの元老院議決によって修正増補がなされた。[1] その一々を述べる必要はないが、注意すべきことは、この憲法の運用が一八六〇年以後において立憲主義ないし議会政的方向をとることとなり、それがこれらの元老院議決によって追認的に立法化されたということである。特に一八六九年九月八日の元老院議決は、それまで明記されていた大臣と両院議員との兼職の禁止の規定（第四四条）を改めて兼職を認め、またその両院への出席を定め（第三条）、また両院議員の政府に対する質問権（第七条）の規定を設けた。そして、これをも含めて、それまでの元老院議決による修正増補を集大成して、一八七〇年五月二一日の「帝国憲法の確定のための元老院議決」（Sénatus-consulte fixant la constitution de l' empire）が、人民投票を経て成立した。これが一八七〇年の憲法である。そこには、したがって、根本的にいつて、ボナパルティズムと議会主義的君主制との混合がみられるといってよい。

（1）　憲法第三一条は「元老院は憲法の修正増補（modification）を提案することができ、それが執行権によって採用されたときに、その修正増補は元老院議決（sénatus-consulte）により確定される」と定めていた。元老院は、枢機卿・陸海軍元帥および大統領の任命する者によって組織される（第二〇条）。

そしてこの憲法の下で普仏戦争が戦われ、セダンの大敗は、この第二帝制の崩壊をもたらした。ティエールがフランス共和国行政長官（Chef du Pouvoir exécutif de la République française）となり、国民議会は、周知のようないわゆる断片憲法としての一八七五年の第三共和制憲法を制定したのである。

かくしてルイ・ナポレオンの第二帝制憲法はフランスにおける最後の君主制憲法となったわけである。

しかしここで注意すべきことは、この一八七五年憲法の成立に当っても共和主義が圧倒的に支配していたわけではなく、王制の主張・王党的勢力が依然として強かったことである。国民議会の過半数を占めていたのは正統派とオルレアン派であった。ただしこの両派はそれぞれブルボン王朝・オルレアン王朝の復活を主張して譲らず、むしろその結果として、これら二派は暫定的に共和制を承認したのであった。[1)] しかしその後においてもこの両派の対立は解消せず、その間にこの「仮りの共和制」は漸次に安定性を獲得する。一八八四年八月の改正により、共和政体は憲法改正の対象となりえないこと、およびかつてフランスに君臨した家に属する者は大統領となりえないことが明記されたこと（「公権の組織に関する法律」第八条）は、少なくとも憲法的に、君主制復活の可能性を塞いだ意味をもつのである。

（1） さらにボナパルト派も存し、当初、廃帝ナポレオン三世の復活を望んだが、一八七三年彼が死亡し、さらに一八七九年その皇太子も死亡したため、この派の勢力は間もなく無力化するに至る。

さて、大革命以後約一世紀間におけるフランスの君主制の歴史をここで終るに当って、その間に生まれた君主制の諸憲法のめまぐるしい消長を通じての特色をここで要約すべきであるかもしれない。それは結局、この節の最初でイギリスとの比較においてフランスの憲法史の特色について述べたところのことが君主制と共和制という問題に最もはっきりと現われていたということに帰するであろう。この一世紀間におけるめまぐるしい革命と動乱を貫きかついろどるものは、常に急進主義と反動主義との相克・ジャコバニズムとボナパルティズムの抗争であった。二月革命やパリ・コンミューンに当って強烈に現われた社会主義の思想も、形をかえたジャコバニズムであったともいいうる。[1)] そして第三共和制憲法が当初、暫定的なものと考えられ、そのために一つの完全な憲法典という形をとりえなかったにもかかわらず、かえってそれまでのすべての憲法よりはるかに長い生命を保ちえたのは、国民議会がかつてのいくたびかの憲法議会とは異なり抽象的理論を避け、実際的な立場から、さし当り必要にしてかつ可能な政治機構を設定するにとどめたためであるといわれる。そしてそれが長い安定性をもちえたのは、要するにその後におけるフランスの議会主義的・民主主義勢力が漸次に成熟したことを意味するということができよう。その間において、王党主義がボナパルティズムが、思想もしくは感情としてなお根強くフランス人の心に残っているということは認められるとしても、しかしその後今日に至るまでの間において、少なくとも王政復古を主張する政治的勢力はもはや微々たるものとなったと断定してよい。そして結局のところ、「運命は、議会政はフランスにおいて共和主義および政治的デモクラシーをともなうのでなければ生き永らえることができないといわんと欲しているかのようにみえる」[2]ということであるであろう。

(1) 蠟山政道「比較政治機構論」一三一頁。
(2) J. T. Shotwell : Governments of Continental Europe, p. 58.

第四節　ドイツの君主制

第一項　序　説

ここでもまず最初に、何故にドイツの君主制を考察することが必要であるかについて一言しておきたい。すなわち、フランスの場合と同じく、ドイツにおいても君主制は過去のものである。しかし、それはおよそ次のような理由から、君主制の研究に当っては逸することができない。

第一には、そこには、いうまでもなく君主制の一つの型としてのドイツ的な立憲君主制 (konstitutionelle Monarchie) または、君主主義の立憲国家 (der konstitutionelle Staat des monarchischen Prinzipes) が見出されることである。このドイツ的立憲君主制は第一次大戦によるドイツの君主制の消滅と、さらにその後は第二次大戦による日本の明治憲法の消滅とにより、今日ではもはや存在しないといってよいのであるが、歴史的には世界の君主制における顕著な一つの型であり、それが何故に消滅したかという問題は、君主制の限界を考察する場合の重要な問題なのである。

第二に、右に述べたドイツ的立憲君主制の特色は、何よりもそれがいわゆる議会主義的君主制（Parlamentarische Monarchie）または西欧的な議会主義（Parlamentarismus）に対立するものであるということにある。したがって、それはすでにみてきたイギリスの君主制と比較され、またフランスにおいてすでにみてきたような経過の間に時として現われ、かつその後にようやく安定した第三共和制下において確立されたフランス的議会政とも比較される。ドイツ的立憲君主制の思想の最も典型的な代表者であったビスマルクが常に英仏的議会主義に対して激しい反感を表明していたことは、そのことをよく示すものである。したがってこのドイツ的立憲君主制の思想がどのような内容と、どのような歴史的背景をもつものであるかという問題は、イギリスおよびフランスを眺めてきた後に、ここで、どうしても取り上げねばならぬ問題なのである。

第三に、以上のようなドイツ的立憲君主制の理論付けに関して、ドイツの国法学ないし国家学はきわめて豊富な成果を提供している。そしてそれらの業績の特色は、君主制のレゾン・デートルの説明というよりも、むしろそのような君主制の法律学的な認識または説明の方法に存する。すなわちドイツにおいては君主制のレゾン・デートルということは本質的には問題とならず、ドイツ国法学における君主制論は、まさにこの研究の最初の章においてみたイェリネックその他の精緻な国家形態論や元首論が示すように、何よりも君主制の法律学的認識または説明の理論であった。そのような理論と、それと結びついているドイツ諸憲法における君主制の立法的表現とは、君主制の研究の上に不可欠なものといわなければならない。

第四に、いうまでもなく、ドイツ的立憲君主制の問題はわが明治憲法下の天皇制の問題と連なる。明治憲法は「君権赫々たる」ドイツ的立憲君主制を模範としたことは周知のところである。そしてこの両者とも、敗戦によって崩壊した。ここに特にわが国にとって、ドイツの君主制が改めて顧みらるべき特別の理由があるといわなければならない。

第二項　歴史的背景

ケルロイターは、旧ドイツ帝国の歴史的発展の特色は、それが確固たる政治的統一をかつて達成したことがなかったということであり、それがドイツの憲法史の宿命であるといっている。[1)] この場合、ケルロイターはいうまでもなくナチス的立場に立ち、ヒトラーによって始めてドイツの政治的統一が達成されたとするわけなのであるが、しかしそこでいかなる憲法がその間に成立したか、そしてそれにもかかわらず何故に政治的統一が不可能であったかという問題は、ドイツの君主制の問題としても当てはまるのである。

（1）　O. Koellreutter : Deutsches Verfassungsrecht, Ein Grundriss, 3 Aufl. 1938, S. 27.

すなわち一七世紀にイギリスやフランスがそれぞれ、すでに述べたように、絶対君主制の下において近代的な中央集権国家の基礎の上に立つ発展を示したときに、ドイツはそのような傾向とは反対に、分裂に悩み、政治的統一の中心点が形成されず、それはさらに一八世紀以後にも引き継がれ、このような小国分裂の原因としては、一六世紀以来の宗教的対立や、市民階級の未成長や、さらに三〇年戦争およびルイ一四世の侵略戦争によって国王が疲弊し、産業の発達が阻止されたこと等を挙げることができるであろう。神聖ローマ帝国は存続していたがそれはもっぱら形式的なものにすぎず、実質は三百に近い独立な小国家の緩い結合にすぎなかった。三〇年戦争は、このようなドイツの分裂した地方国家に対して、すでに確固たる政治的統一体をなしていたその隣接国が干渉し、その政治的権力の舞台とした戦争であり、それによりドイツの政治的分裂状態はいっそう絶望的となった。そしてウエストファリア条約はこれら地方国家の主権を承認した。かくして一八世紀のドイツにおいては、自ら独立国家なりと感じていた地方の政権は、小さな騎士領をも含めれば約一八〇〇の数にまで及んでいたのである。[1)]

このようにドイツ全体としての統一への発展は阻止されたが、それぞれの小国内部においては、この世紀の一般的傾向である中央集権が進行した。そしてこれは、ドイツの統一が難航したことがそのメンバーであるそれぞれの国家の国家主義をもたらしたことをも意味する。すなわち各国はそれぞれ富国強兵と王家の権力の維持とに努めたのである。この状態が最も典型的に現われたのがいわゆる二大雄邦たるオーストリヤとプロシヤであったことは周知のとおりである。特にプロシヤのフリードリッヒ・ウイルヘルム一世（一七一三年〜一七四〇年）はプロシヤを絶対主義的体制に編成し、精鋭な軍隊を整備し、また誠実な官僚制度の基礎を置いた。またその子フリードリッヒ二世（一七四〇年〜一七八六年）は、人も知る啓蒙的専制君主としての業績を挙げた。このような諸改革によりプロシヤは充実した強国となり、オーストリヤ王位継承戦争・七年戦争によってドイツの指導的国家となることができた。[2)]

（1）　O. Koellreutter : Deutsches Verfassungsrecht, S. 28.

（2）　フリードリッヒ二世の啓蒙的専制政治の思想は、彼が「君主とその統治する社会との関係は、頭と身体との関係である」、「君主はできる限り全体に利益をもたらすように見、考え、行動しなければならない」、一人民の幸福は君主のどのような利益よりも重大である。なぜなら、君主は決してその支配下にある人民の絶対的主人ではなく、その第一の下僕にすぎないから」等と述べたことに現われている。これらの点についてはここでは詳しく述べる余裕がないが、右のことばのなかで、国家有機体説的な考え方が強力な君主制と結びついていることが窺われる。また彼の啓蒙思想は右の最後のことばに最もよく現われているように、王権神授説的な絶対君主制の理論を否定するものであったことは認められるとしても、しかしこの思想の下における彼の実際の政治施策の中心は何よりも「国家の柱石」である軍隊の強化という点に置かれていたこと、すなわち彼の啓蒙思想もあくまで絶対主義の枠内にとどまるものであったことを注意しなければならない。この点が、また同じく啓蒙君主と呼ばれたオーストリヤのヨーゼフ二世（一七六五年〜一七九〇年）の失敗に反して、フリードリッヒ二世の施政が成功した理由でもある。前川貞次郎「絶対主義国家」九二頁以下参照。

さてナポレオンの支配は神聖ローマ帝国の基礎を崩壊させた。多くの騎士領・小公国・伯爵領はフランスに編入され、あるいはそれら以外の中・小諸国はナポレオンの庇護に隷属し、ライン同盟を結成した。そこではもはや神聖ローマ帝国の存立の意味は失われた。一八〇六年八月皇帝フランツ二世は皇帝の帝冠を放棄した。そしてライン同盟に属する国々のうち南ドイツおよび中部ドイツの諸国は、フランスに編入はされなかったにしても、最も強くフランスの影響を受けた。[1] 後に述べるように、一八一〇年以後においてこれらの国々からド　ツの近代憲法史、したがってまたドイツ的立憲君主制の歴史が始まるのである。

ところでナポレオンの没落により、このライン同盟も崩壊した。そしてウィーン会議によりドイツ連合が作られる。三九の諸邦がこれに参加する。そして注意すべきことは、このウィーン会議で成立した議定書第一三条が、「すべてのドイツ諸邦には等族的憲法（landständische Verfassung）が認められるであろう」との規定を設けていたということであり、それが一八一〇年代以後における諸邦の憲法の制定を促すことになったということである。すなわちドイツ連合の目的は「ドイツの外的および内的な安全ならびに個々のドイツ諸邦の独立性と不可侵性の維持」ということにあった。そこでは各邦の主権は不可侵のものとされ、したがって前に述べたそれらの国家主義または割拠主義は依然として解消しなかった。そしてそのような各邦が等族的憲法をもたねばならないとされたのである。すなわちナポレオン時代においてすでにフランス革命の新しい政治理念はドイツにも流れ込み、また解放戦争は政治的統一をめざす国民主義の運動の幕を開いた。ドイツ連合の結成は、割拠的な各邦の王家の現状維持的思想とこの国民主義との妥協たる性質をもつものであったが[2)]、それと同時に、各邦に憲法をもたしめるというその決定も、近代憲法の獲得をめざす自由主義・民主主義の要求がもはやまったく無視されえないものであったことを示すといってよい。したがってまたその場合に、その「等族的憲法」の内容については、旧い保守的勢力とフランス革命の理念の弁護者との間には、とうてい一致しえない対立があったといわなければならない。すなわち旧い王家的・官僚的な保守的勢力は、等族的議会を有する立憲制の採用を承認したけれども、その場合に絶対的に動かすべからざるものと考えられていたのは伝統的な王室の地位の維持ということであり、そのためにフランス革命の人民主権の理念は排除された。そして、その場合に強い影響を与えたのは、一八一四年のルイ一八世のシャルトであったことも自然である。すなわちこのシャルトは、すでに述べたように、国王の自由な意思による作品であり、そこでは全国家権力は国王に淵源し、人民はその行使についてのみ参加を認められ、かつ立法権との関係において国王は優越的地位を占めることができたからである。

このことを最もよく示しているのが一八二〇年のウィーン会議最終議定書（Wiener Schlussakte）の第五七条である。これは先の第一三条が、単に等族的憲法とだけ定めその内容に触れなかったのに対して、その内容を明確化したところに意味がある。それは「ドイツ同盟は自由都市を例外として主権的王侯（Fürst）から構成せられるが故に、それによって生じた根本観念の結果として、全国家権力は国家の元首に統一せられ、かつ主権者は等族的憲法により単に特定の権利の行使においてのみ等族の協力（Mitwirkung）に拘束される」と定める。カウフマンのいうように、この規定の思想は、かのルイ一八世のシャルトの前文の思想、すなわち、フランスでは常に全国家権力は国王に属し、ただその行使の方法を変更するに躊躇しなかったという思想と完全に同じである。[3] すなわちこの思想に基づく一九世紀初頭のドイツ諸邦憲法が、ドイツ的立憲君主制の出発点をなしたのであるが、この思想がいわゆるドイツ的君主主義の思想であり、そしてそれは単にドイツ固有のものではなく、一八一四年シャルトがその模範とされたものであったのである。

(1) M. Stimming : Deutsche Verfassungsgeschichte vom Anfange der 19 Jahrhunderts bis zur Gegenwart, 1920. 市川米彦訳「近代ドイツ憲法史」二八頁。

(2) O. Koellreutter : Deutsches Verfassungsrecht, S. 30.

(3) E. Kaufmann : Studien zur Staatslehre des monarchischen Prinzipes, 1906, S. 38.

このようなドイツ的立憲君主制は、いうまでもなく一八五〇年のプロシャ憲法においてその最も典型的な、かつ完全な形態を完成する　すなわち一八四八年の二月革命の波及としてのプロシャにおける三月革命の勃発にもかかわらず、反革命の勝利は、ドイツ的立憲君主制を確保した。そしてこのプロシャの指導的地位の下に、ドイツ帝国の統一が、ビスマルクの手による一八七一年憲法として完成する。すなわち一八四八年の「狂気の年」はドイツ連合にも及び、自由主義と民主主義の上における統一ドイツの樹立が意図され、それが一八四九年のフランクフルト憲法として結実したのであったが、この意図は現実に実現しなかった。ドイツの統一は各邦の割拠主義特に二大雄邦たるプロシャとオーストリヤの対立がプロシャの征覇の下に解消する日をまたなければならなかったのであり、そしてそれがビスマルクの業績であったわけである。[1] しかもこのフランクフルト憲法の意図した他一つの目標たる自由主義・民主主義の憲法の制定のためには、さらに一九一八年まで待たねばならなかったのである。

(1) O. Koellreutter : Deutsches Verfassungsrecht, S. 35. 市川米彦訳「近代ドイツ憲法史」九七頁。

かくして要するに、一九世紀初頭から一九一八年に至るまでのドイツ的立憲君主制は、ケルロイターがきわめて簡潔に定式化しているところによれば、「王室・官吏および軍隊、すなわちドイツ国家指導の古き伝統的諸勢力の確固たる結合」[1]の上に依存していたということができる。またそれをさらに思想的・理念的にみるならば、それは、シュティンミンクがその「ドイツ憲法史」の序文において、「一九世紀以後のドイツの憲法的発展は二つの偉大な精神的潮流によって支配され且つ条件づけられている。その一つはすなわち国民主義的運動でありそれの目指すところは単一のドイツ帝国の創造である。他の一つは民主主義・自由主義的運動でありそれにより徐々に古き絶対主義的有司・官僚国家から近代的市民・立憲国家への転回が行われた。前者は一八七一年の帝国創立を以てその一応の完成に達したが、後者はさらに遅れて一九一八年の革命によって始めてその一段階に踏み入ったのである」と述べた後で、「自由主義・民主主義の理念の影響の下にできた国家制度は、決してドイツに土着のものとして成長したのではない。それの大部分は、ドイツよりも先に近代的な憲法形式を採用したほかの国から来たものである。この国家制度は外来の要素として外からドイツの憲法生活にとり入れられ、漸次に古くからある制度と解け合って新しい憲法形式をかたちづくるに至った。この新しい憲法形式は、起源がドイツ以外にあることは否定できないが、しかしやはりドイツの事情によって根本的な制約を受けており、またその発展に当ってそれの影響を受けている」[1]と述べたところの問題でもある。すなわちシュティンミンクの指摘したところが、一九世紀初頭以来のドイツの君主制の形態とその歴史の上にも、そのままに当てはまるのである。

(1) 市川米彦訳「近代ドイツ憲法史」三頁。

第三項　一九世紀初頭における諸邦の憲法

そもそもフランス革命の影響を早くかつ強く受けたのは南ドイツおよび西ドイツの諸邦であった。それはナポレオンの保護の下にライン同盟を構成していたというためだけではなく、その以前すでに一七九二年にフランス軍はライン河左岸の大部分を占領して、これらの地域に革命の成果たる政治上・社会上の革新を導き入れていた。またプロシヤはイェーナにおいて、オーストリヤはオーステルリッツにおいて、ともにフランスに敗北して、東および北に斥けられ、南ドイツ・西ドイツの諸邦に対する勢力を失った。かくして、ライン同盟時代にすでに始まった東部および北部ドイツと南部および西部ドイツとの対立は、ドイツ同盟以後にも継続され、東および北のドイツでは古い政治的安定が失われずあるいはフランス革命の成果に対する反動が生じていたのに対して、特に南ドイツにおいては新しい立憲主義、すなわち近代憲法の制定のための努力と運動が生ずることとなったのである[1]。すなわち、一八一四年九月二日のナッサウ、一八一八年五月二六日のバイエルン、一八一八年八月二二日のバーデン、一八一九年九月二五日のウュルテンベルク、一八二〇年一二月一七日のダルムヘッセン等の憲法がその結果であった。これらがドイツの近代憲法の出発点をなす。

（1） F. Hartung : Deutsche Verfassungsgeschicthe vom 15 Jahrhundert bis zum Gegenwart, 1922, S. 129. ケルロイターはまたこのことの理由として、決定的な政治的権力要素としての大土地所有が南ドイツ諸邦には存在しなかったことを挙げている。O. Koellreutter : Deutsches Verfassungsrecht, S. 34.

これら諸邦の憲法は、前に述べたように、ウィーン会議の議定書第一三条にいう、「等族的憲法」である。そしてこの「等族的憲法」とは等族的議会を有する憲法を意味した。それは議会の設置という意味においては議会政ないし代議制の採用ではあるが、しかしその議会が古い等族的遺制と結びついていたという意味においては、ただちに近代的な議会政ないし代議制の採用を意味しない。むしろこれら諸邦における立憲制への運動が等族的遺制と結びついていたというところに、ドイツ的立憲主義の性格がある。[1)]

すなわち、ボルンハークのいうように、これら諸邦において人々は「無邪気な無心さと歴史的事情への無智とのために、等族的ということと代議的（representativ）ということとを同視した[2)]」のである。しかもその場合に、この「等族的」ということばが特にウィーン会議の指導者であったメッテルニヒによっては明確に「代議的」と対立するものとして説かれていたということを注意する必要がある。すなわち、カウフマンによれば、当初第一三条の草案は、「すべてのドイツ諸邦には等族的憲法が存在しなければならない」（In allen deutschen Bundesstaaten soll eine landständische Verfassung bestehen）であったのが、メッテルニヒの影響によって緩和され[3)]、「すべてのドイツ諸邦には等族的憲法が認められるであろう」（In allen deutschen Landstaaten wird eine landständische Verfassung stattfinden）と修正された。そしてウィーン会議ではこの「等族的」ということばは「代議的」と同義語として用いていたが、後にメッテルニヒはアーヘン会議、次いでティルピッツ会議において新しい解釈を主張した。すなわち、議定書は「等族的」憲法を認めたのではあるが「代議的」憲法を認めたのではないという解釈である。メッテルニヒは、「従来のドイツの等族は神自身によって与えられた身分上の権利の差違に基づくものであり、外国の代議制は国民主権の革命的妄想に基づくものである、……ドイツでは強力な王権が支配し、フランスでは国民代表の恣意への王冠の降伏すなわちアナーキーが支配する」といった。カウフマンはそこに古き伝統的なドイツの法の名において新しき君主主義という観念が生み出されたといっている。[4)]そしてこの君主主義の憲法的表現が前に述べたウィーン最終議定書第五七条であったわけである。

（1）この点はイェリネックが、「等族的二元主義」（ständischer Dualismus）の問題として論じているところである。すなわち彼は、制限君主制の三つの型として等族的君主制・立憲君主制・議会主義的君主制を挙げる。そして近代国家は等族的二元主義を克服することによって成り立つのであるが、イギリスにおいてはその経過は「等族の国家機関への自然的改造」という形をとり、またフランスでは革命が議会から等族を排除するという形をとったが、ドイツにおいてはこの二元主義はこの二つの経過のいずれをもとることなく、立憲国家の成立に当ってもなお克服されず、等族が議会に依然として地歩を占めることとなったとしている。G. Jellinek : Allgemeine Staatslehre, S. 697 ff, S. 705.

（2）C. Bornhak : Genealogie der Verfassungen, S. 54.

（3）C. Bornhak : S. 54.

（4）E. Kaufmann : Studien zur Staatslehre des monarchischen Prinzipes, S. 37.

しかもバイエルンを代表とするライン同盟の諸邦は、当初、このような議定書第一三条はその主権に対する侵害であるとして、その要請に極端に抵抗した。[1] それが間もなく憲法の制定に着手したのは、およそ二つの理由に基づくといえよう。一つは、それら諸邦の対外政策であり、これら諸邦は憲法の制定による立憲主義の採用が西方の諸国に対して好印象を与えるであろうことを考慮したのである。第二は対内的に、それぞれの諸邦が憲法によってその国家権力の基礎を強化すること、すなわち王室の権威を高めることが可能になると考えたことである。すなわちこれら諸邦の憲法は、フランス革命におけるが如く、市民的革命勢力の要求によって生まれたものではなく、したがってまたそれによって国民の政治的自由を保障することが意図されたのではなく、むしろ国民に一定の参政権を認めることによってその国家意識を強化しようとしたものであったといえる。[2]

要するに、ボルンハークのいうようにこのような状態の下においては、国民主権の基礎の上に立ち、政治的自由の基礎原則としての権力分立の旗印をもつ憲法が不可能であったということは明らかであった。そして君主主義を強調する一八一四年シャルトがそこに恰好な出発点を見出したことも自然であった。シャルトの政治理念がかくしてドイツに流れ込んだのである。[3)]

（1）　C. Bornhak : Genealogie der Verfassungen, S. 54.
（2）　F. Hartung : Deutsche Verfassungsgeschichte, S. 127.　このことが最も明らかなのは、バーデンとバイエルンである。すなわちこれらの邦の憲法はおのおの当時これら二邦の間に争われていたファルツ領の相続権をめぐる紛争に対してそれぞれ自国の立場を強化するという意図をもって制定された。
（3）　C. Bornhak : S. 55.

以上のような君主主義の共通の特色の下において、これらの諸憲法は、国王の地位・権能に関してどのような規定を設けているかについて、以下特に一八一八年のバイエルン憲法を中心として眺めてみよう。[1)]

（1）　これらの憲法典は、Quelken zum Staatsrecht der Neuzeit, Bd. I. Deutsches Verfassungsrecht im Zeitalter des Konstitutionalismus (1806〜1918), 1949 によった。なおこれらの諸邦のうちには、バイエルンのように王国したがってその元首は国王である邦と、バーデンのように大公国（Grossherzogtum）したがってその元首は大公（Grossherzog）である邦とがあるが、ここではそれらを区別する必要はない。

一　国王の地位

第一に、国王は「神の恩寵による」とされる。たとえば、バイエルンの場合、その前文には「マキシミリアン・ヨーゼフ、神の恩寵によるバイエルン国王」と記される。

第二に、これらの前文において、憲法がそれまで絶対的権威をもっていた国王の自由な意思の作品であるという趣旨の規定が共通に設けられている。[1)]　そしてその憲法の制定が国王の義務に基づくものであるとされている。

たとえばバイエルン憲法の前文には、「高き統治者の義務によって満たされかつ導かれて」、国王がその臣民の「福祉を促進するという絶えざる努力を公証する憲法」を制定したということが述べられてある。

第三に、国王は全国家権力の源泉であり、国家権力は始源的に国王に属しかつ国王によって行使される。そしてその行使に当って、議会（Ständeversammlung）その他の機関の参与が認められる。

この点がまさに前に述べたように、ルイ一八世のシャルトの思想と同一であるわけであるが、重要なことは、この思想が、これらの憲法にドイツ的表現をもって現われてきたということである。すなわち、バイエルン憲法第二章第一条は、「国王は国家の元首であり、国家権力のすべての権利を一身に集め、かつそれを彼によって与えられたこの憲法の確定する条規の下で行使する」（Der König ist das Oberhaupt des Staates, vereinigt in sich alle Rechte der Staatsgewalt, und übt sie unter den von Jhm gegebenen in der gegenwärtigen Verfassungs-Urkunde festgesetzten Bestimmungen aus）と定める。この種の規定は、文字にわずかの相違があるとしても、バーデン憲法第五条、ウュルテンベルク憲法第四条、ザクセン憲法第四条、ダルムヘッセン憲法第四条等に例外なくみられるところである。[2)]

そしてそこに、「国の元首」の観念およびわが国におけることばを用いるならば、統治権の総攬という観念に関するドイツ国法学の特色ある解釈が生ずるのである。すなわちその典型的なものとして、このバイエルン憲法の規定に関するザイデルの解釈を挙げるべきであろう。すなわちザイデルによれば、「この規定において王制の本質が鋭くかつ顕著に表現せられている。国王はその権力を何らの淵源、特に国民または国家による何らの委任からも導き出さない。国王はその固有の権力によって統治し、そしてまさにその故に、この権力は法的にその行使から除かれるいかなる領域をも知らない。国家権力はその及ぶ範囲を自ら決定するのである。すなわち国家権力のいっさいの権利を一身に集めるという規定は、国王がその権利を他の何ものからも受けるものではないこととともにその権力が全包括的なものであることを意味する」。「国王の権力は憲法典によって存在するのではなく、憲法典が国王の権力によって存在する。」また、「国家権力がその範囲に関して法的に無制限なものであるということは、支配者がこの権力の行使に関して自己制限を受けるということを排除しない。憲法的王制すなわち国民代表の参加とその参加の下で制定される法律の遵守とに拘束される王制も、真の王制である。したがってバイエルンの憲法典が、一方において国家権力のあらゆる権利を国王に集め、他方においてこの権利の行使が憲法上の規定に従うべきことを定めているとしても、それは何ら矛盾ではない[3]」。

このような見解は、これら諸憲法の国王の地位に関してだけでなく、後に述べるように、一八五〇年のプロシヤ憲法等における国王の地位についても、ドイツ国法学によって主張される支配的な解釈なのである。

（1）　バイエルン憲法の前文には、Das werk unseres ebenso freien als festen Willens……と書かれている。

（2）　たとえば、バーデン憲法第五条は、Der Grossherzog vereinigt in Sich alle Rechte der Staatsgewalt, und übt sie unter den in dieser Verfassungsurkunde festgesetzten Bestimmungen aus　と定める。わが明治憲法第四条はこの規定のそのままの表現である。ただし、そこには「国の元首であり」の文字が欠けている。

（3）　M. v. Seydel: Das Staatsrecht des Königreichs Bayern (Handbuch des öffentlichen Rechts, 2 Bd.) 1903, S. 19.

第四に、右のことの当然の結果として、国王の権限は広い推定を受け、議会の権限は憲法上特に明記されたところに限定される。バイエルン憲法第七章第一条は、「両院は第二条ないし第一九条において定められる権限に属する事項に関してのみ審議することができる」と規定し、またバーデン憲法第五〇条は、「議会はこの憲法により審議することが認められた事項または大公により特に附議せられた事項のみ行うことができる」と定める。

これは後に述べるベルギー憲法第七八条が、国王は憲法または憲法に基づく法律により明示的に与えられた権力以外の権力をもつものではないということを明記しているのとまったく逆であることを注意すべきである。

すなわち議会は本来、特に法定された場合にのみ国王の国家権力の行使を助ける機関たる地位に立つ。ザイデルはこの点についても、きわめて明瞭に次のように説いている。「議会は国王と併立するのではなく、国王の下に位する国家機関である。それは対等の地歩において国王と商議するのではなく、その国法上の義務を、国王に淵源する法秩序が課したところに従って一定の程度および方法において履行するのである。……国王は議会に対しても支配者である」。また「議会は何ら権限の推定を受けない。その権限は法律の規定によって立証されうるものでなければならない。国王に関しては逆が妥当する。国王は、法規によって特に明示的に制限されていない限り、国家権力の行使において無制限である[1]」。

(1)　M. v. Seydel : Das Staatsrecht des Königreichs Bayern, S. 50 ff.

二　国王の権能

国王に国家権力のいっさいの権利が属するとされていることについてはすでに述べた。

国王の権能に関するこれらの憲法の特徴として注意すべきことは、これらの憲法の体裁において権力分立主義の思想が現われていないということである。たとえば、バイエルン憲法の章別は、第一章総則、第二章国王・王位継承および摂政、第三章国有財産、第五章一般的権利および義務、第六章特別の権利および特権、第七章等族的議会の権能、第八章司法、第九章軍制、第一〇章憲法の保障という編成であり、他の諸邦の憲法もだいたいこれと同じである。またたとえばフランスの諸憲法にみられたような、執行権は国王、立法権は国王および両院、司法権は裁判官に属するという趣旨の規定は存しない。それはザイデルによって、バイエルン憲法は権力分立について何ごとも知っていないと評されるところである。[1]

すなわち、バイエルン憲法についてみれば、立法権に関する一般的規定としては、その第七章第二条が、「王国の等族の協賛（Beirath）および同意なくしては国民の自由または財産に関し一般的な法律を新たに制定し、既存の一般的法律を変更し、公権的に解釈しまたは廃止することはできない」と定めているのを挙げることができる。法律案の発案権については明文の規定はない。ただ、第七章第一九条が「等族はその権限に属するすべての事項に関して、その希望および申出を、適当な方法により、国王に提出することができる」と定めているのみであり、これは等族には法律の発案権を認めない趣旨であると解された。[2] 国王は法律の裁可権をもち（第七章第三〇条）、また議会の開閉・会期の延長・解散の権利をもつ（第七章第二二条・第二三条）。

司法権は国王から発する。それは「国王の監督の下に官吏および法律により定められる審級の上級裁判所によって行われる」（第八章第一条）。国王は恩赦権をもつ（第八章第四条）。

特に注目に値するのは、バイエルン憲法においては、国王が執行権の行使について大臣の輔弼を受け、大臣がその責任を負うという趣旨の規定を欠いているということである。この点はたとえばザクセン憲法第四三条やウュルテンベルク憲法第五一条や、さらに後のプロシャ憲法第四四条等が、大臣の輔弼・副署の制度を規定していることと対照をなす。すなわちバイエルン憲法では、大臣に関しては、その議会出席権（第七章第二四条）の規定および憲法の保障の章における大臣の憲法遵守義務の規定（第一〇章第四条）等が散見されるだけであり、ザイデルは、この憲法が大臣についてははなはだ不完全であるといっている。[3] 第二章第一条が「国王の一身は神聖であって侵すことはできない」と定めているところから、国王は責任を負わず、大臣が責任を負うという趣旨が前提されていたと解すべきではあるが、大臣責任制については、一八四八年六月四日の法律およびその増補たる一八五〇年三月三〇日の法律で初めて定められたにすぎない。なおそこではもとより大臣の対議会責任が認められていないことはいうまでもない。

そしてこのように執行権ないし大臣に関する規定が不十分であることは、根本的にはむしろ、国王が元首でありいっさいの国家権力を行使するという原則から、執行権の行使方法はすべて国王の自由な行使に留保されているという思想が当然の前提とされていたためであると解すべきであろう。すなわち立法権および司法権については国王の権力の行使は議会の参加によって制限されるが、執行権の行使に関する限りは依然としてまったく国王の自由が維持されているとの思想が窺われる。

(1) M. v. Seydel : Das Staatsrecht des Königreichs Bayern, S. 71.

(2) シュテインミンクは、「議会は発議および提案をすることを許されず、ただ政府の議案について討議し採決することができるにすぎなかった」と述べている。市川米彦訳「近代ドイツ憲法史」七一頁。

(3) M. v. Seydel : S. 73.

三　君主制としての特色

これら諸邦の憲法における君主制の特色については、すでに述べたところのほか、次の二点を挙げれば足りるであろう。

第一に、これらの憲法がフランスのルイ一八世のシャルトの影響を受けたということは、同時に、それがすでに述べたようにそれと連なる第一および第二帝制の思想、すなわちケーザリズム的な思想をも含んでいることを意味する。すなわち国王の権威は最高の高さにまで高められ、彼はその意思を国民の意思なりと宣言することができた。またそこにはたとえばボルンハークのいう古きゲルマン法の主義、すなわち法は常に「古き善き法」(altes und gutes Recht)であり、それが何らかの権威(Obrigkeit)によってこれがその「古き善き法」なりと宣言されたところのものであるという思想が根底にあったともいいうる。[1] しかもフランスのケーザリズムないしボナパルティズムにおいては、国王ないし皇帝は人民に訴える人民投票によって、彼が人民の代表であることを示すことができるとされた。これに反して、ドイツでは人民投票は否定された。そこに、フランスにおいて国王が人民の代表なりとされた場合とは異なったドイツ的な代表の観念が生じたといえる。[2]

第二に、これらの憲法は、憲法制定権力の観点からみれば、前述のように、国王の作品である。それはいわゆる欽定憲法であり、国王によって恩恵的に臣民に与えられた憲法である。その改正は国王によってのみ発案される(バイエルン憲法第一〇章第七条)。ただし、注意すべきことは、特にウュルテンベルク憲法について、学者によってそれが協約憲法であるとされており、[3] またその前文においてもそれが国王と等族との「完全な相互の合意」によるものと明記されていることとである。すなわちウュルテンベルクにおいては、古い等族の勢力は国王との間に一八〇五年以来長い闘争をつづけてきた。そしてフリードリッヒ一世がその恩恵として欽定憲法を一方的に制定しようとしたのに対して、等族は、憲法はこの邦の古き等族的基礎を維持すべく彼らと国王との協約として制定さるべきことを主張した。そこで後にウイルヘルム一世(一八一六年〜一八六四年)もこの憲法を協約的な形において制定したのであった。またバイエルン憲法やザクセン憲法の前文においても、ウュルテンベルク憲法ほどは明確ではないけれども、等族の協賛と同意によってこの憲法を国王が制定するという趣旨の表規がみられるのである。しかし、これらの憲法をかりに協約憲法ないし協約的な憲法であると考えるとしても、それをもってそれらが民主的な憲法たる性格をもつものであるとすることはできない。なぜなら、それはむしろ国王と古き封建的等族遺制との妥協であることを示すものであるからである。すなわちこれらの憲法によって定められた立憲制は、むしろいまだ強固な中央集権により封建制が一掃された後の近代的統一国家の立憲制ではなくして、いまだその以前のものであったこと、すなわちそれらの憲法における議会はいまだに強い封建的勢力の支配の下にあり、またそれによって、憲法上の国王の権力は強大であったとしても、その統治の内容はなお強い封建的遺制と結びついていたことを注意する必要がある。そしてそれが本来ウィーン会議議定書にいう「等族的憲法」の性格であったのである。

(1) C. Bornhak: Genealogie der Verfassungen, S. 2.
(2) G. Jellinek: Allgemeine Staatslehre, S. 525.
(3) C. Bornhak: S. 55.

第四項　フランクフルト憲法

一八四九年三月二八日のいわゆるフランクフルト憲法すなわち正しくはドイツ帝国憲法は、実施されずに終った憲法ではあるが、ドイツの憲法史、したがってまたその君主制の歴史的発展のなかで、きわめて重要な意味をもつ。すなわちそれは前にシュテインミンクのことばを引いて述べたように、ドイツの統一という国民主義運動の目的と市民的憲法の制定という自由主義・民主主義の運動の目的とを一九世紀の半ばの時期において同時に達成しようとした試みであった。

すなわちドイツ連合がドイツ統一のためにはいまだ不十分なものであったことはすでに述べたが、しかしその時代において、一方では各邦を包括する関税同盟の成立等に示される経済的領域における統一化が進展し、また漸次にオーストリヤに対するプロシヤの優位が事実上明らかとなるにつれて、統一ドイツの実現の気運は高まりつつあった。しかし他方ドイツ同盟の指導的地位にあったプロシヤはすべての邦にもまして新しい政治理念に対して保守的であったために、ドイツ連合はそのメンバーたる諸邦がすでに述べたような憲法をもつに至った後においても、プロシヤの指導の下に、ドイツ国民の意思を十分には代表せず、その対外政策も無気力的であり、ただ諸邦における自由主義・民主主義の運動、特に言論・集会・結社・大学の自由等に対する弾圧にのみ積極的にその機能を発揮した。[1)] このようなドイツ連合への不満は、何らかの刺戟によって爆発する状態にあった。かくして一八四八年、二月革命がドイツにも波及し、三月革命が勃発したときにその同じ革命的勢力がドイツ同盟にも及び五月一八日フランクフルトのパウロ教会に憲法制定国民議会が成立し、その開会に当って議長ガーゲルンがこの議会を国民主権の担い手と呼んだのも当然であったといえる。[2)]

いわゆるフランクフルト憲法はこの憲法制定国民議会の作品である。その特色は、以上の経過から、強い統一国家的要素をもつ連邦的構成によってライヒを規律したことおよび国民に対して基本権の規定による広汎な自由を認め、かつ三権の間の議会の優位を認めたことにある。[3)] それが少なくとも一九一八年以前においてドイツのもった最も自由主義的・民主主義的な憲法であることは明らかである。そしてそれは学者によって「外見的君主制」(Scheinmonarchie) または「半共和制」(Halbe Republik) と呼ばれることがあるように、[4)] 世襲の皇帝を認めたとしても君主制の観点からも特に注意すべき点を含んでいるのである。

(1) G. Meyer & G. Anschütz : Lehrbuch des Deutschen Staatsrechts, 7 Aufl., 1919, S. 169 ff.

（2） O. Koellreutter: Deutsches Verfassungsrecht, S. 35. シュティンミンクは二月革命のドイツに及ぼした影響について次のように述べている。「フランスはまたしてもヨーロッパ全体にわたって作用を及ぼす革命的中心地となった。いちばん強い反応は、ドイツならびにハプスブルク君主国の領土に起った。西どなりのフランスの内政上のできごとがドイツの憲法事情に強い影響を与えたのはこれで三度目である。第一回はフランス大革命とそれに続く事件によるものであった。このときは国民は、まだ政治的には半分眠ったままであった。一九世紀の始め二〇年間の改革は政府によって上から始められたものであった。一八三〇年の七月革命がよびおこした改革のときは、国民の少くとも上層はこれに加ったけれども、やはり運動は決して一般的なものではなかった。一八四八年になってようやく国民はずっと下層のものまで煽り立てられた。フランスでは共和国がつくられ君主制の政府による圧迫を斥け法律におけるすべての人の平等や、国民主権に基く国家の建設を闘いとった。フォゲーゼン山脈のかなたのフランス国民は自分の力によって一挙に実現してしまったが、ドイツの自由主義者や民主主義者はそれと同じものをめざして長く闘い争ってきたのであった。フランスの国民は自分の運命の指導をみずからの手に握った。ドイツに与えた印象は偉大なものであった。多くの不満の泉がすべてこのときに合流して一つの大きな流れとなり、激しい運動をまき起した」（市川米彦訳「近代ドイツ憲法史」八六頁以下）。

（3） この憲法の全体の要領のよい解説としては、清宮四郎「ドイツ憲法の発展と特質」八頁以下参照。

（4） W. Merk: Verfassungsschutz, 1935, S. 127. O. Mayer: Republikanischer und monarchischer Bundesstaat, Archif für öffentliches Recht, Bd., 18, 1903, S. 361.

一　皇帝の地位

この憲法はライヒ元首（Reichsoberhaupt）としての皇帝（Kaiser）を認める。問題はそれと国民主権との関係である。すなわちこの憲法は国民主権を明記してはいない。しかし前文が「ドイツ憲法制定国民議会は次のライヒ憲法を議決しかつ公布する」と定めていることおよび前にも述べたようにこの議会がその開会に当って「国民主権の担い手」と呼ばれたことは、国民主権の思想がその基礎に存したことを窺わせる。したがってこの憲法は、一七九一年のフランス憲法と同じく国民主権と君主制との関係という問題を提起しているのである。

本来この憲法制定議会において、ライヒ元首の必要は一般に認められたが、それを世襲の君主とするか、民選の大統領とするか、または合議制の機関とするかは最後まで争われた問題であった。[1] また議会には共和制を主張する論者もあった。[2] しかし議会の大多数は君主制か共和制かについては穏健であった。その場合にドイツの歴史的発展が考慮されたのである。[3] すなわち第六八条は「ライヒ元首の地位は、現に統治しつつあるドイツ王侯の一人に委任せられる」と定め、また第六九条は「この地位はそれを委任せられた王侯の家に世襲される」と定めた。

注意すべきことは、ライヒ元首の称号が第七〇条により「ドイツ人の皇帝」(Kaiser der Deutschen) とされたことである。このことは、フランスの一七九一年憲法の「フランス人の国王」、一八〇四年および一八五二年の第一、第二帝制の「フランス人の皇帝」の称号を想起させることはいうまでもない。

「皇帝の一身は不可侵である。彼はその委任せられた権力を、彼の任命する責任ある大臣によって行使する」(第七三条)。ここに「委任 (übertragen) せられた」とあるのが、フランス一七九一年憲法のように国民から委任せられたとの思想の現われであるかどうかは必らずしも明らかではない。それが固有の権力でないことは明らかではあるが、ライヒを構成する諸邦から委任せられたものと考えられる余地もないではない。要するに国民主権の原理は、この憲法において、一七九一年フランス憲法等に比較して必らずしも明瞭でないことは認めなければならない。

(1) 清宮四郎「ドイツ憲法の発展と特質」一六頁。
(2) 市川米彦訳「近代ドイツ憲法史」九二頁。

（3）　市川米彦訳・同右・九二頁。

二　皇帝の権限

この憲法も権力分立の明瞭な体裁を示してはいない。第七五条以下の規定は、ライヒおよび各邦を国際法上代表する権能から始めて皇帝の権能を列挙している。条約の締結・議会の開閉・国民院の解散・法律案の発案・法律の公布・法律の施行に必要な命令の制定・恩赦・軍の統帥等がそれであり、それらは通常の立憲君主制におけると異ならない。ただ条約の締結に当って議会の同意を認めたこと（第七七条）、法律の発案権は両院にも与えられていること（第九九条）、立法権は皇帝が議会と共同して（mit Gemeinschaft）行使するとされていること（第八〇条）、またライヒ政府の拒否権は停止的なものであること（第一〇一条）が注意を要する。司法権が皇帝の名において行われるとの趣旨の規定はない。なお、皇帝の統治上のいっさいの行為には大臣の副署を要し、大臣はそれによって責任を負うとの明文の規定（第七四条）がある。[1)]

（1）　清宮教授は、これらの皇帝の権能は、概観して当時の各国の元首の権能に比べて、さまで強大なものではないとされる。清宮四郎「ドイツ憲法の発展と特質」一七頁。しかしそれは同時に、さまで弱いものでもないともいうべきであろう。

三　君主制としての特色

この憲法における皇帝は連邦としてのライヒの元首であるという点において、単一国における君主制と同一に論じえないものであることはいうまでもない。国民主権との関係という問題についてみても、ライヒを構成する各邦が君主制である以上は、そこに当然の制約が存することは認めなければならない。あるいは条約の締結に議会が参加するという場合にも、議会の一院たる連邦院に各邦の意思が代表されておるのであるから、この制度をもってただちに単一国家における議会による外交関係の統制と同視することはできない。

むしろ問題は、一応右の連邦制の問題から離れて、この君主制が「半共和制」あるいは「外見的君主制」であると呼ばれることが果して適当であるかという点にある。この点については、そして前に述べたように、国民主権が特に明記されているわけではなく、また皇帝の権能もさまで弱いものでもなく、むしろこの憲法の定める君主制には、皇帝の権能に関する限りドイツ的立憲君主制と本質的に異なる特色は存しないとみることがむしろ適当ではないかと思われる。少なくともそれを「半共和制」と呼ぶことは適当でないであろう。

すなわちこの憲法の特色はむしろ、別のところに求められ、またその点においてはこの憲法が民主的であることは認められてよい。すなわち、基本的人権の原理が強くかつ広く取り入れられ、それが後のワイマール憲法の模範ともなったこと、国民院の選挙制度については選挙法に譲られたが（第九四条）、一八四九年四月一二日の法律により、普通・平等・直接・秘密選挙の原則が認められたこと、法の下の平等が強調され、貴族制度が廃止されたこと等が、従来のドイツ諸邦との比較において歴史的に注目すべき特色をなすのである。

そしてこれらの点については、選挙制度の点を除き、この憲法は一七九一年フランス憲法ときわめて類似しているといってよい。しかもその短い生命についても両者は同じである。すなわち、この憲法がついに実施に至らずして消滅したのは、直接には憲法制定国民議会が皇帝として選挙したプロシヤ国王フリードリッヒ・ウイルヘルム四世がオーストリヤを除外したライヒの樹立が困難であることを虞れてその帝冠を拒否したことによるのではあるが、さらに決定的な原因としては、パウロ教会に集った代表者[1)]たちの有した新しい政治理念の激しさにもかかわらず、なお諸邦における旧来の支配的政治勢力は彼らの予想した以上に依然として強大であったことによる。フリードリッヒ・ウィルヘルム四世が帝冠を拒否したのも、前に述べたオーストリヤへの顧慮によるだけではなしに、彼自身が、新しい政治理念に対してはきわめて敵対的であり、国民主権を宣言した国民議会により選挙せられて、「ドイツ人の皇帝」となることをいさぎよしとしなかったことにもよるのである。かくして要するにこの憲法の挫折の原因は、三月革命そのものの失敗の原因と同じものである。すなわち「狂気の一年」は早くもすぎ去り、プロシヤにおいても反革命が成功して、ベルリンにおける国民議会がたどったと同じ運命をフランクフルトの国民議会もまたたどらざるをえなかったのである。[2)]

(1)　周知のようにこのパウロ教会には、当時の進歩的な著名な学者や文芸家が多く参加した。ウーランドやアルントのような詩人、ダールマン、ヨハン・ドロイゼン、ベーゼラー、モール、ヴァイツ、ヴェルケル等の学者がそれである。憲法の起草にはダールマンが委員長となった。したがってこの議会は「教授会議」とも呼ばれ、理想に走り、実際的・政治的考慮を欠いていたと批評されることともなっている。

(2)　シュテインミンクは、次のように書いている。「新ドイツ帝国を下から築き上げようとする試みは、あんなに大きな期待をかけて始められたのに、やりとげることができなかった。フランクフルト議会のいちばん大きな誤りは、恐らく、各国の政府のことをあまり考えに入れなかったことであろう。これらの各政府よりも高いドイツ帝国という新しい建物を築き上げようと考えたのである。しかしながら、一八四八年の変革は、国民議会の人々が想像したほど徹底的なものではなかった。大国民運動の高潮が退いたとき、旧い政府が決してこわれていないことが示された。いたるところに反抗の力が起り始めたが、いちばん激しかったのは、このとき企てられた新組織によっていちばんひどい影響を受ける国々であった。オーストリヤはウィーン・ハンガリー・ボヘミヤ・イタリーにおける反乱を血を流して平定し、君主国の統一を前よりもっと確実なものとしたのであり、決して新しいドイツ憲法のためにバラバラにされてドイツにおける優先的な地位を捨てようなどとは考えなかった。しかしプロシヤには、オーストリヤ相手の苦しい戦いによってようやく建設することができるような新帝国のために、自分の国の存亡をかける気持はなかった。最後に中・小諸国は、自分の主権を新しい帝国の権力に捧げようとはしなかった。こうして、帝国建設の試みは現実の勢力関係に妨げられて失敗した。現実の勢力関係を思いのままにすることは、パウロ教会に集った人々にはできなかった」（市川米彦訳「近代ドイツ憲法史」九七頁以下）。

第五項　一八五〇年のプロシャ憲法

すでに述べたように、「狂気の一年」は忽ちにして反動の嵐によって覆えされたのであるが、一八五〇年一月三一日のプロシャ憲法の成立はやはりこの「狂気の一年」の所産であった。シュティンミンクはいっている。「反動が勝ったにもかかわらず、革命の年の主な改革のいくつかはそのままに残された。徹底的な農民解放と法律におけるすべての人の平等とは、一八四八年の運動のいちばん大切な社会的成果であるが、この二つは再び廃止されることがなかった。またその他にもいろいろな改革が残った。しかし革命のいちばん意義の深い成果の一つは、いまプロシャが遂に立憲国になったことである。これによって北と南との間のこれまでの溝は橋渡しができて、ドイツ統一のいちばん強い障害が除かれたのである。この後はプロシャがドイツ統一の指導を受持つことができるようになった」[1]。しかし、ドイツ統一の問題については一応切り離して述べることとし、ここではプロシャの立憲制だけを眺めるとしても、問題は、プロシャが「立憲国となった」とされる場合のその内容であるわけである。

（1）　市川米彦訳「近代ドイツ憲法史」一〇一頁。

すなわちこの憲法の成立の歴史は周知のところではあるが、きわめて簡単にクロノロジー的に述べるならば次のとおりである。プロシャは一八〇七年以後のいわゆるシュタイン・ハルデンベルク改革によって近代国家の基礎づけがなされた。一八一五年フリードリッヒ・ウイルヘルム三世は布告を発して、国民代表機関の設置と憲法の制定とを約束した。しかしこの詔勅はエルバ島を脱出したナポレオンとの再度の戦争を控えて国内人心の支持を得る目的の下で発せられたものであり、したがってナポレオンの没落とともに、国王はその熱意を失った。しかし公約の履行を求める要求に対して、国王は一八二一年、州会（Provinzialstände）を開設したが、それはなお古き等族会議的なものにすぎなかったため、とうてい民主主義的勢力を満足させることはできなかった。そこに一八四〇年即位したフリードリッヒ・ウイルヘルム四世に対する期待が集まった。しかるにこのフリードリッヒ・ウイルヘルム四世は、前にフランクフルトの憲法制定国民議会による帝冠を拒否した国王であり、そこで述べたように、新しい政治理念に対してきわめて敵意的であった。したがって彼は、一八四七年、各州会の合同会たる合同議会（der vereinigte Landtag）を創設したが、これも古き等族会議の性質をもつものであった。そして彼がこの合同議会の開会に当って、次のように述べたことは、彼の思想をよく示すものとして知られている。

「朕は、天にましますわれらの主とわれらの国との間に一枚の書かれた紙片『憲法』が第二の神のように介入してきて、それに記された条章によってわれらを統治し且つそれら条章を古くして聖なる忠誠に代えることを、未来永劫にわたって許さないであろう。……卿等よ、卿等は古来の伝統的意味においてドイツの身分層を表現しているのである。……次に、卿等は王が卿等に認めた権利を行使しなければならない。卿等の使命は意見を代表したり、時代のまたは学派の意見に勝利を得させたりすることではない。そのようなことは絶対に非ドイツ的であり、また全体の福祉に役立たない。何故ならば、それは神及び国の法律に従いながら、且つ自由な判断に基いて——多数者の意思に基いてではない——統治すべき王との間に解き難い困難を作り出すからである。[1)]」

ここで述べられていることは、あたかも一七八九年の以前に、ルイ一六世によってでも語られたものであるかのようにすらみえる。したがって二月革命の余波としての三月革命がこのような思想の打倒をめざしたことも当然であった。国王は三月一八日、布告を発して憲法制定のための合同議会を召集することを約した。合同議会は四月二日召集され、憲法制定国民議会のための普通選挙法を制定する。その選挙法に基づく国民議会は五月二二日開会され、一八三一年ベルギー憲法に倣った憲法の草案を審議した。そしてその際、国民議会はその草案をさらに急進的に修正した。たとえば国王の称号から「神の恩寵による」の文字を削り、国王の法律裁可権を単に停止的拒否権たらしめ、また貴族制を廃止したこと等がその修正である。[2]

しかるにこの間に、反革命が成功し、国民議会は解散する。そして国王は、一八四八年一二月五日、ボルンハークによれば、「従来無制限に認められていた彼の絶対的立法権によって」欽定憲法を制定発布した。[3] この憲法は、しかし、まだ三月革命の成果を否定することはできず、なおベルギー憲法的であり、前の国民議会の憲法草案を土台としたものであり、ただ君主制を強化する目的で、たとえば、軍隊の憲法に対する宣誓の規定を削除し、官吏のみならず議会の議員にも国王に対する宣誓義務を課し、また国王に緊急命令の制定権を認めた。また下院には普通・平等選挙が認められていた。しかしこの四八年憲法の生命は短かかった。フランクフルト国民議会の失敗と呼応して、さらに反動の傾向が進み、一八四九年四月、選挙法は改正され、後にラッサールによって指弾された悪名高き三級選挙制が定められた。この選挙法によって成立した保守的な議会により、四八年憲法は改正された。それが一八五〇年一月三一日の憲法である。

（1）岡義武「近代ヨーロッパ政治史」九四頁。市川米彦訳「近代ドイツ憲法史」一〇三頁。
（2）C. Bornhak : Genealogie der Verfassungen, S. 83.
（3）C. Bornhak : S. 84.

以上述べたようにこの憲法は一八四八年の憲法制定国民議会の草案以来いくたびかの修正を経て成立したものであり、その間に常にベルギー憲法の先例が顧慮されていた。最後の修正によるこの一八五〇年憲法においてもやはりベルギー憲法への模倣が残存しているのである。ベルギー憲法については、次節で考察するが、このプロシャ憲法は一般的にベルギー憲法の影響を受けたものとして位置づけられ[1]、またその規定にも類似したものが多いことは認めなければならない。しかし問題は、その外見上の同一性ないし類似性がただちに両憲法の性質上の同一性ないし類似性を意味するかという点にある。この点について、常に引かれるように、スメンドは「ベルギー憲法の文字がかりにそのままプロシャ憲法に取り入れてあるからといって、その故をもって、プロシャ憲法との関係においてベルギー憲法の諸規定が自らの枠の中におけると完全に同じ意味をもたなければならぬということはない。またプロシャ憲法がかりに表面的にはベルギー憲法の規律を模倣したとしても、人はそこから両国の憲法体系の構造における内的同一性を結論してはならない[2]」といっている。このこと自体は、もとよりいかなる憲法についても当てはまることであるが、少なくともこの両憲法がその最も典型的な場合であるといえる。

そしてこの両憲法の相違の最も根本的な点は、ボルンハークのいうように、ベルギーの場合は、国王が憲法を作ったのではなく、むしろ国王は憲法の作品であったのに対して、プロシャの場合はその逆であり、またそこでは国民主権とか国王の権力制限の原理等は恥ずべきものとされていたということである[3]。

またスメンドはさらに根本的に、この問題を論じている。すなわち、一般論として、「近代の憲法は他の法律分野とは異なり、それ自身の内部からの漸次的な発展・不断の展開の所産ではなく、むしろ立憲的国家形態への移行は、イギリスを除いては、過去との暴力的な切断・全面的な公法秩序の基礎の急激な転覆を意味した」といい、次いで、「しかし旧き秩序と新しき憲法との関係はどこの国家でも同一であるというわけではない」とし、次のように述べる。

「フランスおよびフランス法的領域の諸国においては、王制は立憲国家の成立をもたらした政治的事件によって排除され、または実は根底から揺り動かされた。そして革命は公法の全体制を完全にかつ新しく創設した。絶対主義的国法の残滓を何ら顧慮することなしに。これに反して、ドイツの諸憲法は、この方法によって全国家の秩序を根底から新しく構成する必要をもたらさなかった。それらはむしろ王制の自己制限を意味するにすぎなかった。それら王制はその旧き可能性を保持し、そしてその前後を通じて、その法的根拠をローマ的諸君主制のように憲法典から導き出しはしなかった。フランス革命の偉大な公法的法典編纂との対比において、ドイツの諸憲法典は単に国法の改正であるとみることは不適当ではあるが、しかしドイツ憲法とフランス憲法との性格上の差違は、ドイツにおいては、絶対主義的国家の公法が、新しき憲法と明白に牴触しない限りはなお妥当していること、およびこの旧き法的素材がしばしば新しき体系との内的矛盾として存在し、そして立憲的体系の諸形式の中に入り込もうと欲しなかったということにある。[4]」

ベルギー憲法がこの憲法の制定の際に模倣されたことの事情についてスメンドが述べている点については後に触れるが、ここで彼が論じている点は、まさにこの憲法における君主制の性格を物語るものなのである。以下、国王の地位・権能について、それがどのように具体的に現われているかを眺めてみよう。

（1） ボルンハークは近代諸憲法の系譜をたどる場合に、この憲法を「ベルギー憲法圏」として位置づけている。C. Bornhak : Genealogie der Verfassungen, S. 74 ff.

（2） R. Smend : Die Preussische Verfassungsurkunde im Vergleich mit der Belgischen, 1904, S. 3.

（3） C. Bornhak : S. 84 ff. ボルンハークは、このことのほかに、さらに次のような点をベルギーの特色として挙げている。すなわちまず国際関係においてベルギーは強国の保障の下に中立の地位にあり、したがって軍隊というものが従属的な重要性しか与えられていなかった。プロシャは、これに反してその生命的要求から、外交と軍事の権力は支配者に属さねばならぬとされた。次に、ベルギーは民族混合国家であるが、プロシャは民族国家であり、そこではドイツ民族の使命が強調された。また、ベルギーは単一宗教国家であり、教会には完全な自由が認められていたが、プロシャは新教と旧教との間に抗争があり、それが民族的・国家的意識の統一によって抑えつけられていた。最後にベルギーは人口稠密な工業国であり、中産ブルジョアジーの支配によって等族的秩序が排除されていたのに対して、プロシャでは封建的等族遺制が残存していた。

（4） R. Smend : S. 1 ff.

一　国王の地位

この憲法の国王に関する第四三条から第五九条までの規定はベルギー憲法の第六〇条から第八五条までの規定ときわめて類似している。しかしいうまでもなく根本的な相違は、ベルギー憲法においてはその第二五条で国民主権が明記されているのに対して、プロシャ憲法ではもとより国民主権は排除されていることである。すなわちそこでは、憲法の規定としては、君主主権を明記した規定は存しないし、またバイエルン憲法等にみられたような、国王に国家権力のいっさいの権利が総攬されているという規定もない。しかし前文においては「神の恩寵によるプロシャ国王フリードリッヒ・ウイルヘルム」がこの憲法を確定したとの趣旨が述べられてあり、むしろそこでは君主主権ないし君主主義が当然の前提とされていると考えられるべきである。

すなわち一九世紀初頭のバイエルン憲法等に共通にみられたところの統治権総攬の規定がこの憲法に取り入れられなかったのは、国王の地位は憲法以前のものであり、憲法に基づくものではないことを示そうとした結果である。一八四八年五月一五日、国王に提出された憲法草案第二〇条には「国王は国の元首である」との規定があった。しかし一八四八年一二月五日の欽定憲法にはこの規定は削除されている。そしてその欽定憲法の修正によるこの一八五〇年憲法の制定に際しても、第二院ではこの規定が国王の特権を包括的に現わし、また国王の地位の特質を明らかにするために必要であるとの理由で挿入した。しかるに第一院においては、逆に、この規定を加えることは国王の尊厳の附与が憲法によってのみ契約的に確定されるという思想の主張に余地を与えることとなるとの理由によってこれを削除した。[1)] すなわちここになお前に引いたフリードリッヒ・ウイルヘルム四世の思想が現われているといってよい。またそこに、たとえば第四三条の「国王の一身は不可侵である」との規定の解釈として、それが次の第四四条の大臣の責任および副署の制度との関連における国王の政治的無答責の原則を示すものとしてではなく、さらに国王の神権的な権威を現わすものであると主張されることともなった。たとえばレンネは、この規定を、国王が神と自己の良心に対してのみ責任を負い、歴史以外にはいかなる裁判官をももたないことを示すと論じている。[2)]

（1）　藤田嗣雄「井上毅の憲法立法への寄与」（日本学士院記要一二巻二号）一一二頁。
（2）　L. v. Rönne : Das Staatsrecht der Preussischen Monarchie, Bd. I, 1915, S. 153.

二　国王の権限

この憲法は、「執行権は国王にのみ属する」（第四五条）とし、国王に、大臣の任免・法律の公布・法律の施行のため必要な命令の制定（同条）を始めとして、軍の統帥（第四六条）・宣戦講和・条約の締結（第四七条）その他の権能を認める。ただ、注目すべき権能として、第六三条の緊急命令を発する権能がある。すなわち、「公共の安全を維持しまたは異常な緊急状態を排除するために緊急の必要がある場合において、かつ両議院が開会中でない場合に限り、国王は内閣の責任の下に、憲法に抵触せざる限り法律の効力を有する命令を発することができる。ただしその命令は次の会期においてただちに両議院に提出してその承認を求めなければならない」。この種の権能はベルギー憲法にはみられないが、ドイツ諸邦の憲法においては広くみられるところである。[1)]

「立法権は国王および両議院が共同して行使する」（第六二条一項）。法律案の発案権は国王および両議院にある（第六四条一項）。ここで注意すべきことは、この「共同して」（gemeinschaftlich）ということばは、イギリスにおける「議会における国王」の理念のように形式的には国王にも立法権の権威を与えながら実質的には議会の優越、すなわち議会主義の思想を意味するものではなくて、むしろ立法における国王の役割の確保を意味しているということである。すなわち国王の意思を欠いては法律は制定されえないとするところにこの規定の重点がある。しかもその役割とは法律の制定における最高の決定権としての裁可権を意味する。すなわちこの憲法には国王の裁可権についての規定は存しないが、むしろそれは当然のこととして前提されていたといってよい。たとえばシュルツェが、「国王による承認もしくは拒否の中にこそ真に決定的な行為が存在する。国王の裁可のみが法律案を法律たらしめるのである。国王は立法における諸要素のうちの一つたるにとどまらず、実に国王こそが立法者そのものなのである」[2)]と述べているのはそのことを現わす。しかも第六二条がさらに第二項として、「すべて法律には国王および両議院の合意（Übereinstimmung）を必要とする」との規定を設けていることの意味も、右の思想をさらに強調したところにある。そしてこの規定が、後に述べるように、いわゆる予算争議に当ってビスマルクによって最大限に効果的に利用されたということは、まさにこの思想を最もよく現わしたものであるといえる。

司法権は国王の名において行使され、判決は国王の名において宣告されかつ執行される（第八六条）。

なお大臣責任については第四四条が、「国王の大臣は責任を負う。国王のいっさいの統治上の行為が効力を有するためには大臣の副署を必要とする。大臣は副署により責任を負う」と定めているが、この責任は国王に対する責任であり、議会に対する責任でないことはいうまでもない。両議院はただ大臣をその憲法違反・収賄および叛逆に関して弾劾することができるのみである（第六一条）。

（1）　この種の規定はバイエルン憲法にはみられないが、一八七一年一二月二一日の警察罰法第九条で定められた。その他、ザクセン憲法第八八条、ウュルテンベルク憲法第八九条、バーデン憲法第六六条等はいずれもこの種の制度を認めている。

（2）　H. Schulze : Das Preussische Staatsrecht, 1860, Bd. III, SS. 21〜22.

三　君主制としての特色

この憲法における君主制の特色を述べることは、いわゆるドイツ的立憲君主制の特色を述べることにほかならない。そしてそれはすでに一九世紀初頭の諸邦の憲法についても述べたところでもあった。したがってここではそれを繰り返すことはやめ、主として次の二つの点から、この憲法の君主制の特色を述べてみたい。

第一は、前にも述べたベルギー憲法との関係である。すなわちこの憲法がベルギー憲法を模範として作られたといわれているが、それは単なる外見的な継受であって、そこには何ら内的な理由があったのではないという問題である。この点については、周知のようにスメンドの詳細な研究があり、彼はそこで「この憲法がベルギー憲法を手本にしたのは何らの内的な理由があったのではない。また完全に異なる歴史的事情で成立し、かつ完全に異なる政治的事情の上に作られたベルギー憲法体制の基礎的諸原則を、人々はほとんど考慮しなかった」[1]といい、このことをこの憲法の成立過程から明らかにしているのである。彼によれば、その事情は次のとおりである。[2]

一九四八年四月二日に、カムプハウゼン内閣が統一議会に対して明らかにしたところによれば、憲法草案はドイツの立憲的諸憲法の圧倒的多数と一致するものであるということであった。すなわちそれは一九世紀初頭の諸邦の憲法に倣うものであると考えられ、それらはベルギー憲法とは根本的に異なるものであった。しかるに五月二〇日の憲法草案が提出されたとき、それはベルギーを模範としたものであり、ために人々は、四月二日の約束に明らかに反するとして訝かったのである。この間の事情は要するに内閣が短期間のうちに草案を起草せざるをえなかったために、既存の型に従うよりほかなかったことを意味する。しかしその場合に、何故にベルギー憲法が選ばれたかが問題である。そしてこの点については、ベルギー憲法はフランクフルトおよびウィーンにおいても憲法制定会議の模範となったが、これらの場合とベルリンの場合との相違を注意する必要がある。すなわち前の二つの場合においては憲法制定権力は、ベルギーの場合と同様それら憲法制定会議にあり、またベルギーの模範と同じくそこで作らるべき憲法は国民主権主義の上に立つものでなければならなかった。しかるにベルリンの場合は事情が異なる。すなわちカムプハウゼン内閣の政策の基本的な考え方は、「既存の憲法から、新旧を結ぶバンドを切断することなく、それが命ずる法的方法によって新しい憲法に移行すること」であった。すなわち新憲法は既存の議会の議決によって制定されるものでなければならなかった。それはすでに三月革命に迫られて、国王が憲法の制定を約束したとしてもその際にそれはあくまで国王と議会との合意によるものであるとの一線が維持されていたことによる。内閣はそこに最も重点を置いた。

このような事情から、内閣は既存のドイツ諸憲法に倣った草案を国民議会に提出することはできなかった。それらの憲法にまつわる古い等族的・絶対主義的な印象は内閣の方針にも、当時の一般的世論にも、また国王の約束にも反するものであったからである。かくして外国の手本が参照された。しかしそれらのうち最初にフランスの一八三〇年シャルトは除外された。それは少なくとも外見的には欽定憲法でありまた七月王政の崩壊によって人気を失っていたからである。そしてその際に、ベルギー憲法は「その理論的・抽象的な一般性によって、完全に独自な形で政治的プログラムを形成するのに適するようにみえた。またそのようなものとしてそれはカムプハウゼン内閣にも含まれていたライン的自由主義にとってばかりでなく一般的にもポピュラーであった」。このようにベルギー憲法の模倣をもたらしたのは、彼らが一つの手本を必要としたこと、そして彼らはそれを外国に求めなければならなかったこと、しかもそれは一般的にもポピュラーでありそして模倣に適するものでなければならなかったことによる。そこにベルギー憲法がその手本として採用されたことの理由があり、そこには「深刻な考慮が決定的であったと認めることは困難である」。すなわちその際に人々はベルギー憲法には、国家権力を排他的に国民から発するものとしている第二五条のあること、そしてそれがこの憲法の諸規定の基礎であり、それを削除するならばもはやこの憲法を模範としたこととはなりえないということをも、単純に看過したのである[3]。ここに両憲法の本質的な相違がある。すなわちベルギー憲法は、国民、あるいは少なくとも議会が国王に対する第一次的機関であり、それが国民主権の方式において随所に表現されているのであり、そこにまた、スメンドによれば、君主制が非人格的・抽象的な性質のものとして認められているのに反して、プロシャにおいては、その国王は、たとえばマイヤーによって、「国王は依然として古くからの王侯（Landfürst）としてとどまり、それは抽象的なフランス的元首とはまったく異なる人格である」[4] といわれることともなった。スメンドが、プロシャ憲法第一〇八条が両院の議員に憲法の遵守のみならず国王に対して忠誠と服従を宣誓すべき義務を課していることを挙げ、それはベルギーにおいてはおよそ考えられないとしているのも[5]右のところから導き出される。

（1） R. Smend : Die Preussische Verfassungsurkunde im Vergleich mit der Belgischen, 1904, S. 2.
（2） R. Smend : S. 3 ff.
（3） スメンドは、両憲法の相違における最も顕著なメルクマールは、ベルギー憲法にはその第二五条が存在すること、そしてプロシャ憲法がこの規定および同じ思想圏に属する規定を模倣しなかったことであるといい、またもしもプロシャ憲法の起草者がその作品に何らかの適当な標句を附するとすれば、それはウィーン最終議定書第五七条に示された君主主義の原則であったろうといっている。R. Smend : S. 44 ff.

（4）R. Smend : S. 18.

（5）R. Smend : S. 18. なおこの規定と関連して、同条第二項が、「軍隊は憲法に対する宣誓を行わない」と特に定めていることが注目に値する。すなわちこれによって軍隊が国王に対してのみ忠誠服従を誓うべきものとされたことは、根本的にいって、軍隊が国王によってのみ統制され、憲法の枠外に置かれたことを意味するといってよい。この点について詳しく述べる余裕はないが、藤田博士の次のような見解を引くにとどめる。「確固な王朝が存在する限り、市民化された軍隊への要求は、理論的存在でしかあり得なかった。軍隊の憲法への宣誓を以て、市民階級は廃止することができなかった既存の軍制を、市民的憲法の範囲にとり入れ、そしてそれによって、君主の唯一の軍隊処理権をくすねようとした。官吏の憲法宣誓の方法は好都合なつながりをなした。軍人特に将校は、自由主義者たちからは、官吏と同様に国家の使用人としてみなされ、且つそれによって法律的には市民的憲法生活の中に入れしめられた。国家の使用人としての将校といった表現は、憲法に対する宣誓の実行のためにする明瞭な法律的な基礎を提出することができた。軍隊の宣誓のためにする自由主義者たちの激しい争闘が、ドイツ諸国において行われた。自由主義者たちの主目標は、従前のごとく軍隊の市民化に存した。一八四八年は軍隊の獲得のためにする市民的争闘の頂点及び同時に決定をもちきたした。最初の攻撃で、市民階級は、軍隊の憲法への宣誓の要求を貫徹したが、軍隊は遂にこれを押し戻した」（藤田嗣雄「軍隊と自由」八九頁以下）。

第二は、右のことがらと当然に結びつくことであり、またすでに触れてきたことでもあるが、国王の権能の範囲の問題、あるいは国王の権能に憲法が加える制限の性質の問題である。それは周知のように、ドイツ的国法学において、いわゆる議会主義（Parlamentarismus）との対比において立憲主義（Konstitutionalismus）と呼ばれるものの問題でもあるわけであるが、この両者の相違はまた国王の権能についていえば、「国王は君臨するが統治しない」の原理と「国王は君臨しかつ統治する」の原理との相違である。レーヴェンシュタインはこの後者が立憲君主制の中部ヨーロッパ的な型であるとし、それは国王が統治者（Herrscher）であると同時に政治権力の所持者であることを意味するといっている。[1] またそれは、イェリネックが議会と国王との関係における三つの型として、議会優位の型・国王優位の型・議会と国王の対等の型という三つを挙げ、ただしその第三のものは政治的には生じえないとして、議会優位か国王優位かのいずれかであるとした場合に、その第二の型の代表されたところでもある。[2] すなわちそこでは憲法的制限にもかかわらず、国王は議会に対して優越し、議会は単に従属的な重要性しか有せず、その権力は通常、消極的である。[3]

そしてこの場合の根本的な思想として、国王の権力は本来無制限であり、憲法による制限は国王の自己制限であるにすぎないという思想が存在する。したがってそこから、憲法によって国王の権能が特に明文で制限されていない部分においては国王の権力はなお憲法以前のままで継続しているという思想が生ずる。すなわちレーヴェンシュタインのいうように、これらドイツ的立憲君主制において基本的なことは、「国王は政治的権力の行使において憲法上明白に規定されている限りにおいてのみ制限されたということであり、憲法が沈黙しているところ、または国王と議会との間に和解しえない意見の対立が生じたときには権利の推定は常に国王に有利に語るとされ、純粋に勢力関係の問題としていえば国王は議会に対しても政府に対しても完全に優越していたことである」。[4] そしてプロシャについていえば、この原則は憲法典の上では明示されてはいない。しかしそれはプロシャ憲法の成立史から必然的に導き出される。このことはあたかもこれと対立するベルギー憲法の第二五条や第七八条がその憲法の成立史から必然的に生じたものであるのと異ならないのである。[5]

（1） K. Loewenstein : Die Monarchie im modernen Staat, S. 26.
（2） G. Jellinek : Allgemeine Staatslehre, S. 705.
（3） R. Piloty : Autorität und Staatsgewalt, 1905, S. 26.

（4） K. Loewenstein : S. 27.
（5） R. Smend : Die Preussische Verfassungsurkunde im Vergleich mit der Belgischen, S. 30.

そして以上のようなこの憲法の立憲君主制の性格が何よりもよく現われたのが、一八六二年から一八六六年まで、政府と議会の間で争われたいわゆる予算争議およびそこで示されたビスマルクの思想である。この問題の詳細はここで述べる余裕がないが、[1] 要するに、ウイルヘルム一世が陸軍の大改革を計画しその軍制改革に必要な予算法案を議会に提出したが、これに対して前年組織された進歩党を中心とする下院は強硬に反対してこれを否決した。しかるに宰相ビスマルクは妥協は不可能であるとし、予算なしに軍制改革を強行した。憲法上の問題としては、その第九九条が予算は毎年法律によってあらかじめ定められねばならぬことを定め、法律については前に述べたように第六二条が国王および両院の合意を要するとしているのであり、かつ予算不成立の場合における前度予算施行主義のような制度を欠いているのであるから、政府としては新たに予算法案を提出して議会の同意を得るよりほかはないのである。したがってこのビスマルクのとった措置は明らかに憲法を蹂躙したものというよりほかはない。しかしこのようにして強化された陸軍をもってビスマルクは一八六六年にオーストリヤを破り、北ドイツ連邦結成の道を開いた。そこでビスマルクは議会に免責法案を提出してそれまでの措置の事後承諾を求めた。ここにおいて進歩党は分裂し、国民自由党が出現し、免責法案は可決され、以後この国民自由党がビスマルクのドイツ統一を積極的に支持するのである。

以上のような予算争議において完全に蹂躙された第九九条はいわゆる財政立憲主義の基本的規定であり、ベルギー憲法第一一五条に倣ったものである。したがってこの予算争議の意味について一木博士がつとに、「ドイツにおいて予算問題に関する激烈の論議を生じたるは君主主義を以て国体の基礎となすにかゝわらず、主権在民の主義に基けるベルギー憲法の規定をその憲法に収用したるが故に、前後相容れがたきの矛盾を生じたるに由れり[2]」と述べられたのは正当である。すなわちそれはプロシャ憲法におけるベルギー的な議会主義ないし民主主義とプロシャ的な君主主義との混合、しかも後者の優越をよく現わしているのである。

（1）この問題の詳細については、私の「政治と憲法――ビスマルク憲法思想」（社会科学研究三巻一号）参照。

（2）一木喜徳郎「日本法令予算論」一八七頁。

この予算争議を貫いているものは、議会の多数派およびその議決に対するビスマルクの闘争であり、その闘争における彼の目的は、「国王の支配と議会の支配の二つのうち、いかなる代価を払っても後者を屈服せしめなければならぬ[1]」という彼の不動の確信であった。そしてその場合に、彼を「鉄血宰相」と呼ぶに至らせた有名な「鉄と血」の演説たる「全ドイツの期待するものはプロシャの自由主義ではなくてその力である。……プロシャは過去においてすでにいくたびか好機を逸したが、今こそこの好機において結集しなければならない。……時代の偉大なる課題は演説と多数決によって解決されるものではない。一八四九年の失敗の原因はそこにあった。それはただ鉄と血によってのみ解決されるのである[2]」との演説の立場が現われてくるのである。

すなわち彼は国王の主権的権威をあくまで護ろうとし、「君主制の原理の強調と議会主義への闘争。これがビスマルクの全施政の基礎であった[3]」のであるが、問題は彼のこのような思想がプロシャ憲法に対するどのような理解として現われてきたかにある。そしてその場合に、前に述べた憲法第九九条および第六二条の解釈が問題となるのである。すなわち彼は、「第六二条は下院に対して法律案に対する独占的同意権を与えたものではない。同意（bewilligen）という表現は全憲法の中のどこにも存しない。全憲法を支配しているのは合意（Vereinbarung）の原則であり、予算もその例外ではない」と述べ、次いで「下院の真の意図は何であるのか。おそらくは政府の解消にあるのであろう」といい、そしてそこに前に引いた「全ドイツの期待するものは」以下の一句がつづくのである。またこれに対して下院が大臣責任追求の上奏文を可決したのに対して、彼は一八六三年一月四日、これまた有名な次のような演説を行う。これもまた彼の立憲主義の理解を示すものである。

「この上奏はホーヘンツォレルン王室をして下院の多数派に憲法上の統治権を委譲せんことを要求するものである。これを蔽うに下院は、国王が下院の意思に反するやただちにこれをもって憲法違反なりとするのである。しかし実は下院こそ憲法上の権限を踰越している。国王から内閣を分つことは完全に許すべからざることである。なぜならプロシヤにおいては内閣は国王の命令およびその名において行動するものであり、今や内閣は国王の完全な信任を受けているからである。およそ法律は、国王および両院の合意なくしては成立しない。そしてこの三者はおのおの独立自由であって、いずれも他を圧服せしめることをえないものである。故に全憲法生活は妥協に存する。国政に参加する権力のうちの一つが、絶対的な理論をもって自己の意思を貫徹せんとして、この妥協を無効にするならば、それは権力問題となり、国政は権力を存するものの意思のままに動かざるをえない。なぜなら国家は一瞬といえども活動を停止することができないからである。[4)]」

さらに注意すべきことは、彼が同時にいわゆる欠缺説（Lückentheorie）を主張したことである。すなわち一八六二年九月三〇日、彼は次のように述べた。

「憲法第九九条・第六二条は、予算法案が、国王および両議院の合意を要することを定めてはいるが、その合意が得られない場合については何ら定めていない。それは憲法の欠缺である。そもそも国王は、新たに憲法によって明らかに制限されない限りは無限の権力を有する。すなわち明らかに制限されない部分についての国王の権力は、憲法施行以前と何ら異ならない。憲法施行以前においては、国王は予算の制定について無限の権力を有していた。したがって下院の合意をえられなかった場合においては、国王は憲法施行以前と同じく独断で歳計を定める固有の権力を有するのである。[5)]」

この欠缺説の思想そのものについてはここでは述べないが、しかしすでに述べたように、プロシヤ憲法の解釈として、国王の権限は常に広い推定を受けるという思想が一般的であったことを思うときに、このビスマルクの思想はそれを何よりもよく示したものといえるであろう。そしてそのような思想を生み出す条件がそこには存したのである。

(1) H. Dietzel : Bismarck, Handwörtenbuch der Staatswissenschaften, 1909, Bd. III, S. 57.

(2) 一八六二年九月二九日の議会における演説 (H. Dietzel : S. 57. F. Loewenthal : Der Preussische Verfassungsstreit 1862—1866, 1914, S. 120)。ここで一八四九年の失敗といわれているのはいうまでもなくフランクフルト国民議会のことを指す。なおビスマルクは、別の機会に、一八四九年四月二一日、同じく議会における演説で、フランクフルト憲法における三つの邪悪なるものとして、国民主権・普通選挙制・予算毎年議決主義の三つを挙げている。H. Kohl : Die politische Reden des Fürsten Bismarck, 1903, Bd. I, SS. 85～96.

(3) G. H. Hoffmann : Monarchisches Prinzip und Ministerverantwortlichkeit, Eine politische Studie, 1911, Bd. VI, S. 40.

(4) F. Loewenthal : S. 146.

(5) K. Kaminski : Verfassung und Verfassungskonflikt in Preussen 1862—1866, 1938, SS. 83～84.

興味のあることは、右の憲法論議において、ビスマルクがさらに君主制の定義を論じていることである。すなわち彼は、「君主制と共和制との区別は学問上の問題であるが、私は私の経験から共和制と君主制の区別についての一つの定義を作った」という。そしてそのメルクマールは世襲制なりや否やなどではなく、議会によって強制されるか否かであるという。すなわち法律に対して国王が拒否権をもつ場合のみそれを君主制と呼ぶことができる。なぜなら議会に対して議決権を与え、それによってその欲しない法律を拒否する権利を与えながら国王には単にその議決を形式的に裁可する権能のみを与え、議会の多数によって強制されるのみとするというのであるならば、それは君主制とはいいえない。したがって、イギリスの「キングは悪をなしえず」の原則は国王を無能力たらしめ国王の署名を議会多数派の自由自在たらしめるものであり、国王を手段とするものであって、「それはイギリスでは可能であるとしてもプロシヤでは不可能である」という。「わが同では国王自身が統治（regieren）する。大臣は国王が命じたところを編集（redigieren）する。しかし統治（regieren）はしない」。かくしてビスマルクは次のようにいう。

「われわれがわが国で君主制が何をなしとげてきたかをみるならば、われわれはそれを押し進め、それを尊重し、それに力を与えることに努めねばならず、それを行使しないことによっていくらかでも弱めるようであってはならない。世界におけるいかなることがらでも、それを制限し、それを行使しないならば、その実効性と有用性とを失うことになる。このことは、君主制的な考え方の強い国民を支配しているプロシヤにとって不可欠な君主制的要素についてはいっそうそうである。われわれからそれを取り去ったとするなら、いったい諸氏はそれに代えるに何をもってするのであるか。[1]」

（1） G. F. von Eppstein & C. Bornhak : Bismarcks Staatsrecht, 1923, SS. 12〜15.

さて、もはやビスマルクの思想について述べることはやめるが、要するにそこにプロシヤ憲法における君主制の特色がきわめてよく現われているといえるであろう。ビスマルクこそその最もよき代弁者であり、また理論家でさえあったといえよう。そしてプロシヤ憲法におけるこのような君主制はまた、まさにビルマルク憲法と呼ばれるところの次の一八七一年の帝国憲法においても当てはまるのである。

第六項　一八七一年帝国憲法

一八四九年の失敗以後におけるドイツ統一の事業の進展の経過は、周知のところである。ここではシュテインミンクの次のことばを引くだけで足りるであろう。

「一八四八年の運動は、国民が自分で帝国を建設することができなかったことを示した。すなわち革命によって統一を作り出そうとする試みは失敗した。しかしまだ第二の道が残っていた。この道はイタリーも歩んで成功したもので、すなわち上からの帝国統一である。プロシヤとそれの王家とによってこそ、ドイツ国民の望みどおりの統一がもたらされるであろうということ、将来の帝国を創立し維持するためには、各王侯の協力が是非とも必要であるということの確信は、すでにずっと前から多くの人々の抱くところであった。この第二の道によって、国民の希望を満たし、新しい唯一のドイツを呼び起すことになる人物が、すなわちビスマルクであった。[1]」

ここにいう第二の道というのが、すなわち普墺戦争の勝利によるプロシヤの優位の確立と、その基礎に基づくオーストリヤを除外した北ドイツ連邦の成立を経た一八七一年のドイツ帝国の創設であったわけであり、そしてそれを可能にしたのが、ビスマルクの前に述べた鉄血政策、すなわち反議会主義であったのである。したがってこの帝国憲法は、プロシヤの優位の上に立った連邦制と鉄血政策に示された反議会主義すなわちドイツ的立憲君主制との二つの基本原則をもって現われてきたのである。この憲法における皇帝の制度もこの二つの基本原則の上に構築されているのである。[2]

（1）　市川米彦訳「近代ドイツ憲法史」一二五頁。

（2）　この憲法の全体についての優れた概説としては、清宮四郎「ドイツ憲法の発展と特質」三一頁以下がある。なおこの憲法の皇帝の制度はドイツ帝国の連邦制の問題でもあることはいうまでもないが、この部分については必要最少限で述べるにとどめる。

一　皇帝の地位

まず、プロシヤ国王は「連邦首席」(Reichspräsidium)の地位をもちこの資格においてドイツ皇帝(Deutscher Kaiser)の称号を与えられる(第一一条一項)。すなわちプロシヤ国王と皇帝とはいわゆる実的合同(Realunion)の関係に立ち、そこにプロシヤの優位もしくは制覇制(Hegemonialismus)が現われていることはいうまでもない。そこにまた、どこまででプロシヤ国王の権限が終りどこから皇帝の権限が始まるかが不明であるというような状態が現われてくるのであるが、それも実は当然のことであるともいえるのである。

称号については、フランクフルト憲法が「ドイツ人の皇帝」(Kaiser der Deutschen)としてその民主的性質を示そうとしたのに対して、また専制君主的な称号である「ドイツ国皇帝」(Kaiser von Deutschland)とすべしとの主張もあり、その妥協として「ドイツ皇帝」(Deutscher Kaiser)という称号が選ばれたといわれている。[1)] なお皇帝は「神の恩寵による」とされた。

次に、皇帝の地位は連邦参議院(Bundesrat)との関係において特殊である。すなわち、この連邦参議院の制度はこの憲法における連邦制にともなうきわめて特殊な制度である。それはたとえばアメリカ合衆国や一般の連邦制国家における上院とは異なり、議会の一院ではなくむしろ帝国の政府としての最高合議機関たる性質をもつ。すなわちこの憲法における連邦制はいわゆる国家連合(Staatesbund)ではないと同時にまた純然たる単一国家でもないという特殊な形態であり、それがこの連邦参議院に現われているのである。それは連邦各邦によって任命されその訓令の下に拘束される代表者をもって構成され、帝国の立法権のみならず行政権にも広汎な権限を有している。その場合にこの連邦参議院においてたとえば憲法改正におけるいわゆる一四票条項およびプロシヤの一七票投票権の制度(第五条二項・第七八条一項)に最もよく現われているようにプロシヤの発言権が圧倒的に強く認められており、そこに、広く説かれているように、「プロシヤはライヒなくして多くのことをなしえたが、ライヒはプロシヤなくしては実際上何ごともなしえなかった」という状態が現われていたのであるが、いずれにせよ、この連邦参議院の中に各邦の主権が現われているともいわれ、また連邦参議院が帝国の主権の保持者であるともいわれることができた。

そしてこのことは同時に、皇帝の国法上の地位が不明確であるとされ、この帝国の国法上の性質についての議論が生じた理由でもある。すなわちもしも連邦参議院に帝国の主権が存するとするならば、そこに帝国は君主制ではなく共和制であるとも解しうる余地があったからである。

この点については、すでに述べたように、皇帝の地位が本来特殊なものであることは認めなければならない。皇帝の性質について、たとえばレーヴェンシュタインが「皇帝の称号と威厳を備えたドイツ連邦の大統領」であるといい、またトーマが「連邦的に制限された世襲君主」であるといっているのも、この特殊な性質を説明しようとした結果であるわけである。[2)]

しかし、皇帝が「神の恩寵による」ものであることを自ら標榜していることに現われているように、この皇帝の制度には民選ということと不可分である大統領という観念の要素はないというべきであろう。また一九世紀以来のドイツ憲法史を貫く思想からみて、それが君主制的観念であることは否定しえない。すなわちこの問題をめぐる国家形態論は、ドイツ国法学に強く根を張っているところの非実質的な形式論的議論であるように思われる。したがってたとえばレームが次のように述べているのは、そこではまだ右に述べた形式論的な性質がみられるとしても、この問題を実質に即して考察しようとした結果であるといってよいであろう。

「法的には、皇帝はその固有の権利に基づく連邦元首 (Reichshaupt) ではない。彼は直接国家の名において行動するのではなく、連合諸政府 (verbündete Regierungen) の名において行動する。この連合諸政府が連邦権力の直接機関である。

そこには二つの最高執行機関すなわち皇帝と連邦参議院が存在する。この両者が共同して各邦で国家元首（Staatshaupt）と呼ばれるものを示しているのである。しかし政治的にはこの区別は無意味である。政治的には誰の名前で元首が統治するかは問題ではない。皇帝が統治するかが問題なのである。そして彼が統治しているのである。そして政治的には二重の連邦指導は存在しない。なぜなら事実上の権力の観点からすれば、連邦参議院は指導的執行機関ではなくして、行政的執行機関にすぎないからである。[3]」

連邦制との関係における以上の点を除いて考えれば、皇帝の地位は、プロシヤ憲法における国王の地位の再現あるいは拡大された再現であるといってよい。

(1)　浅井清「近代独逸憲法史」一三一頁。
(2)　清宮四郎「ドイツ憲法の発展と特質」四一頁以下。
(3)　H. Rehm: Das politische Wesen der deutschen Monarchie, 1916, SS. 85～86.

二　皇帝の権能

皇帝の権能について特に注目すべきものは連邦制との関係においてであり、ここでは特に詳しく述べる必要もない。次の諸点を一言するにとどめる。

立法権については、「帝国の立法は連邦参議院および帝国議会がこれを行う」（第五条）。そして帝国議会に提出する議案およびそれを通過した決議はすべて連邦参議院の議決を必要とする（第七条一号）とされているため、法律案の裁可権は連邦議会にあるといわなければならない[1]。したがって皇帝には裁可権はなく、ただ編制（Ausf-eitigung）および公布のみを行う（第一七条）。このように皇帝に裁可権が認められていないのは、しかし、連邦参議院におけるプロシヤの圧倒的支配が認められているのであるから、そこで皇帝はプロシヤ国王たる資格において十分にその意思を主張することができるために、敢えて裁可権を保有する必要がなかったためである。ただし編制の形式は、「神の恩寵によるドイツ皇帝、プロシャ国王、ウイルヘルムは、連邦参議院および帝国議会の同意を得た後、帝国の名において、命ずる」といい、あたかも皇帝が立法者であるかのような文句が用いられた。[2)]

帝国議会の解散は皇帝の同意を得て連邦参議院の議決によって行われる（第四五条）。議院内閣制はもとより定められていない。皇帝と連邦参議院との間にあって両者を結びつけるものが帝国宰相であり、彼は一面においては連邦参議院の議長であり他面において皇帝に対して責任を負う（第一五条・第一七条）。彼は皇帝によって任免され、連邦参議院も帝国議会も彼に対して不信任を決議することはできない。

要するに皇帝の権能についてはプロシャ国王のアナロジーが認められ、しかもそこに特殊な連邦制からする権能が附加せられているということができる。

（1）　P. Laband : Deutsches Reichsstaatsrecht, 7 Aufl. 1919, SS. 65, 122〜124.
（2）　清宮四郎「ドイツ憲法の発展と特質」四二頁。

三　君主制としての特色

要するにこの憲法の下において精緻に組み立てられた政治機構、したがってその皇帝の制度は、きわめて複雑な政治機構である。そのことはすでに以上簡単に述べたところからも明らかであるが、清宮教授によって次のように述べられているのはきわめて適切である。

「とにかく連邦参議院、皇帝、ライヒ議会の三つが、ビスマルク憲法上の主要機関である。そして、この三者のうち、もっとも重要なのは、連邦参議院であり、それはライヒ議会に対してもまた、皇帝に対しても、まったく他に類例のないような珍らしい関係に立っている。皇帝は、プロイセン国王としての資格をもちながら、同時に連邦参議院に席をもち、皇帝の大臣であるライヒ宰相は、同時に連邦参議院の議長であり、またプロイセンの内閣と密接な関係をもっている。そしてこれらの事実は、また、皇帝および宰相のライヒ議会に対する地位を複雑なものとしている。このように、権力分立制とがからみあい、以上の三つの機関が、互いに分離され、また結びつけられて、特殊な関係を示しているところに、ビスマルク憲法の特色がみられるのである。ところで、すべての機関がこのように密接な相互関係をもち、そのような国家機構を円滑に運転するには、機関の間の協力の能力と意思とに俟たなければならなかった。それは、想像できる限りのもっとも念の入った、抑制・均衡制であり、それを操縦するには、ビスマルクのような宰相の政治的天才と、ウイルヘルム一世のような皇帝の無我の威風とを必要とするものであった。ウイルヘルム一世およびビスマルク以下の人物で、帝位にあり、宰相の職にある者にとっては、このような複雑な機械装置のたくさんの挺を扱うことは、人力を超えた仕事であったのである。[1]」

この「複雑な機械装置」はしたがって、ウイルヘルム一世の死後、ウイルヘルム二世とビスマルクの不和、さらにビスマルクの退場後にはそれを操縦する名手を欠くことによって破壊されることになった。すなわち何よりもビスマルク以後の歴代宰相が帝国議会を操縦することができなくなる。そしてそれはまた、ケルロイターのいう「旧き伝統的勢力」に代る新しい政治勢力が、帝国議会の中に、特に社会民主党の成長として出現することを意味する。そしてこのビスマルク憲法したがってその君主制の終焉をもたらしめたものは、いうまでもなく第一次大戦における敗戦によるドイツ帝国の崩壊であったわけである。

（1）　清宮四郎「ドイツ憲法の発展と特質」三四頁。なお清宮教授はこの政治機構を別のところで複雑性と非民主性という二つの観点から論じていられる。同右・四六頁以下。

最後に、清宮教授が前に引いたようにこの憲法の下における政治機構の複雑性と非民主性とを述べるに当ってそれが結局、この憲法の失敗の原因であったとし、「皇帝はもろもろの権力を調整することもできず、全国民の統合の中心力となることもできなかった[1]」としていられることに関連して、この憲法の非民主性ということについて改めて一言しておきたい。

すなわちレームは、このビスマルク帝国の「政治的憲法形態」を論じて、そこでは支配は皇帝および王侯と国民とに分配せられているという。そしてそれは文化的に発展した国民にとっては最も合目的的な国家形態である。なぜならこの国家形態は混合的形態であり、君主制のみでもなくまたデモクラシーのみでもなく、皇帝・王侯による単一支配がデモクラシーによって、また国民主権が君主制によって適度に緩和されている。この両者のうちのいずれもが支配しそれによって一方の私欲が阻止され、またそれにより秩序と自由との正しい均衡が存在する。そして「それこそ最も永続的な国家形態であり、この結合がドイツ憲法国家に優れた力を与える。かくしてドイツが国家として今日において世界の半分と勝利のうちに戦っているのもこのことに負っているのである[2]」といっている。ここでデモクラシーといわれているのはおそらくは帝国議会の選挙法が普通選挙であることを指しているのだと考えるよりほかはないが、しかしながら、それのみをもってただちにこの憲法がデモクラシーと呼ばれうるかは問題であり、またそれを仮りに認めるとしても、それをもってさらに国民主権と呼ぶことはとうてい許されないであろう。要するにレームがこのように讃美しているものは、デモクラシーではなくドイツ的立憲君主制なのであり、そして彼がこのように述べた後わずか二年にしてこのドイツ的立憲君主制そのものも崩壊せざるをえなかったのである。

（1）　清宮四郎「ドイツ憲法の発展と特質」四九頁。
（2）　H. Rehm : Das politische Wesen der deutschen Monarchie, 1916, S. 85 ff.

カウフマンはドイツにおける君主主義一般の歴史的性格の問題として、ドイツにおいても君主制は他国と同じく、封建制の時代・絶対主義の時代・立憲主義の時代といういろいろの段階を経ているが、この最後の段階においても、イギリス・北欧三国・オランダのような民主的君主制の時代にはついに到達しえなかったといい、一九一八年一〇月二八日の憲法改正[1]は君主制の民主化のために何らかの実際的重要性をもちうるにはすでにあまりに遅かったとして、「かくしてドイツにおける君主制の伝統は常に反民主主義的であった[2]」といっている。そしてその際にカウフマンが、ビスマルク憲法における君主制の理念をさらに複雑にしたものはその連邦制であったこと、すなわちその各邦はそれぞれ君主制であり、帝国には一人の君主ではなく二二人の君主があったことである[3]といっているのはきわめて示唆に富む。すなわちこれら各邦の君主制的構造が、帝国の主権を代表する連邦参議院の性格を決定した。そして「連邦参議院を通じてプロシャの君主制は外見上は各邦の結合は平等であるかのような形においてそのヘゲモニーを行使しえた。しかもプロシャの影響力の外においても、連邦参議院はこの構成によってドイツ帝国内部の君主制的勢力の強力な憲法上の城壁として残っていたのである[4]」。

かくして、この憲法における君主制の崩壊は、同時に、各邦の主権的君主制が否定されて、主権が各邦を排除した「ドイツ国民」の手に移ることをも意味したのである。そしてそれがワイマール憲法の課題であったわけである。

（1）　このときの憲法改正は、ヘルフェリッヒのいうように「主権の最大にして最も重要な部分を国民代表に委譲したもの」であり、ケルロイターのいうように、それによって議会主義的君主制を採用しそのような帝国運営の議会主義化によって君主制を存続せしめようとしたものであった。安井源雄訳「世界戦争」五四三頁、O. Koellreutter: Deutsches Verfassungsrecht, S. 42. なお改正の内容の詳細については、私の「ドイツ帝国憲法の崩壊過程の教訓」（「日本国憲法十二講」所収）六三頁以下参照。

（2） W. H. Kaufmann : Monarchism in the Weimar Republic, 1953, pp. 7~11.
（3） W. H. Kaufmann : p. 12.
（4） W. H. Kaufmann : p. 14.

第五節　ベルギーの君主制

第一項　序　説

君主制憲法の類型としてベルギー憲法を考察する必要があることの理由としては、およそ次のような諸点を挙げるべきであろう。

第一に、それは現に存在する君主制であり、その点ですでにみてきたフランスおよびドイツとは異なり、イギリスと等しい。またそれは一八三一年の制定以後、今日に至るまで約一世紀半の長い生命を維持している。この間、この憲法には数回の改正が加えられてはいるが、それらはいずれも両院の組織や選挙制度に関するものであり、君主制そのものについては何らの変更もみられない。そしてそこでは、君主制が尊敬され、また親しまれているということが一般に認められている。[1] この点でもそれはイギリス的であるといえる。しかしそれがイギリスの場合と完全に同じであるかが問題である。すなわち、「ベルギーにおける君主制の存在と議会政治の運用がその原因と結果とにおいて、イギリスにおいて発展したルールと一致しているかどうかは単純な問題ではない[2]」のである。

第二に、すでにみてきたように、この憲法は一八五〇年のプロシャ憲法と密接な関係がある。この両憲法の比較については、プロシャ憲法の側からすでに相当詳しく述べたところである。しかもまたこの憲法は、フランスの一七九一年憲法および一八三〇年シャルトの影響を受けている。フランスのこの二つの憲法がベルギー憲法を中にはさむことによってプロシャ憲法とも結びついているということは興味ある点たるを失わない。しかもまたこの憲法は、第一で述べたように、フランスよりもイギリスに近い面をもつ。「ベルギーにおける君主制の存続がその政治体制をフランスよりもイギリスに類似させていることは明らかであるが、さらにベルギーの議会制もフランスとの歴史的な関係にもかかわらずいくつかの本質的な点においてフランスの制度よりもイギリスの制度に近い[3]」ともいわれる。要するにこのように、ベルギー憲法はドイツ・イギリス・フランスとの間の複雑な関係の中に置かれているのである。

第三に、ベルギーの君主制は、国民主権の上に認められた君主制である。すなわち憲法は国民主権の原則を明記し（第二五条）、また国王の権能は憲法が明文をもって附与するもののみに限られることを規定している（第七八条）。すなわちベルギーの君主制はイギリス的であるといわれるのではあるが、それは不文憲法のイギリスとは異なり成文憲法によってイギリス的な国王の地位と権能を厳密に規定しようと試みられているのであり、このような試みは、君主制のための立法技術として考察に値するといわなければならない。

第四に、特にわが国の憲法との関係も興味深い。すなわち明治憲法は、前にも触れたように、たとえばボルンハークによって、ベルギー憲法の系譜に属するものとして位置づけられた。しかし明治憲法が最も模範としたものは、いうまでもなくプロシャ憲法であって、ベルギー憲法の影響はプロシャ憲法を経て明治憲法に及んでいるのであり、そのために明治憲法とベルギー憲法との距離は相当に遠いといわなければならない。国民主権とか国王の権能の制限に関する規定とかが明治憲法にはまったくみられないことはいうまでもない。しかるに日本国憲法においては、その現実の起草者が果してベルギー憲法を参照しそれに倣ったかどうかは明らかではないが、客観的に憲法の規定の上からみれば、たとえばその国民主権の規定やまた天皇が憲法の定める国事に関する行為のみを行うとの第四条などにはベルギー憲法第二五条や第七八条の考え方やその立法技術が取り入れられているといえるであろう。要するに国民主権と両立せしめられる君主制というものが、近代ないし現代の君主制の類型の一つとして注目に値するものである以上、このベルギー憲法は日本国憲法とともに、その現存の典型として重要な意味をもつことは認めなければならない。

(1) M. Vauthier: Das Staatsrecht des Königreichs Belgien, 1892, S. 16.
(2) J. T. Shotwell: Governments of Continental Europe, p. 1049.
(3) J. T. Shotwell: p. 1047. そこでレーズロープがイギリスとともにベルギーの議会制を彼のいう「真正な議会制」の例として挙げ、一八七五年憲法下のフランスを「不真正な議会制」の例として挙げていることが引かれている。

第二項　歴史的背景

古い時代の歴史については省略するが、フランス革命の時代はベルギーにとってもきわめて重要な時代であった。すなわちベルギー地方は一七九四・五年の間においてフランスに併合され、また北部地方はフランス軍に占領され、一七九五年フランスの統監の下にバタヴィア共和国となった。それが一八〇六年オランダ王国となり、ナポレオンの弟ルイが王位についた。ナポレオンの没落後、南部と北部の統一がオレンジ公によって回復された。そしてウィーン会議によりオランダに併合され、両地方からの同数の委員より成る憲法委員会によって起草された憲法が、一八一五年八月ウイリアム一世により制定公布された。それが今日のオランダ憲法である。しかるにオランダ人とベルギー人との間には宗教・言語の相違があり、またベルギー人を圧迫する経済・租税政策がとられたために、反オランダの運動が生ずることとなり、ベルギー人はこのオランダ憲法に反抗した。

このようなベルギーの独立運動がフランスにおける一八三〇年の七月革命を契機として一八三〇年八月二五日のブリュッセルの叛乱・革命となって爆発した。九月二八日仮政府が組織され、それは一〇月四日、国民議会による憲法の制定を宣言した。オランダ軍隊による干渉は国民軍によって撃退された。国民議会は一一月一〇日開会され、二二日、世襲君主制をとることを宣言し、一八三一年二月二日、ルイ・フィリップの次男ナムール公を国王に選挙し、次いで二月七日、憲法を採択した。その場合、フランスの一七九一年憲法および一八三〇年シャルトが参照された。それがこの憲法である。しかるにルイ・フィリップは王位につくことを拒否したため、ザクセン・コーブルク公レオポルドが新たに選挙され、七月二一日即位した。[1]

以上のところから、国民がこの憲法を制定したこと、そしてその憲法によって国王の地位が認められたことが明らかであろう。そこに、国民主権の上に立ち、また自由主義・民主主義の基礎の上に、形式的な君主制が設けられた理由がある。ボルンハークは、この憲法の基本的性格として、「高度な立法技術の中に、したがってベルギー憲法は国民主権と権力分立の基礎の上に立ちしかも装飾的にしか作用しない君主制の古典的規定を提示している」[2]と述べているのである。

（1）　この憲法の成立の歴史については　M. Vauthier : Das Staatsrecht des Königreichs Belgien, S. 12 ff. J. T.

Shotwell : Governments of Continental Europe, p. 1043 ff. 参照。

(2) C. Bornhak : Genealogie der Verfassungen, S. 77.

第三項　国王の地位

この憲法は権力分立の原理に忠実であって、その体裁においても、その第三編を「権力」と題し、政治機構の構造を権力分立に基づいて定めている。[1] すなわちそこでは、まず、第二五条で「すべて権力は国民に由来する。権力は、この憲法で定めた方法によって、これを行う」と定め、次いで三権についてそれぞれ、「立法権は、国王、代議院及び元老院が共同して (collectivement) これを行う」(第二六条)、「行政権は、この憲法の規律するところに従い、国王に属する」(第二九条)、「司法権は、法院及び裁判所が、これを行う。すべて判決は国王の名で、これを行う」(第三〇条) と定める。これらの規定の構成は、フランス一七九一年憲法を想起させる。ここではフランスの場合とは異なり、国民から主権が三機関に委任せられるという思想は表面に出ていないけれども、これらの規定の構成からは、ここでも同様に三機関は国民からの委任に基づいて権力を行使するものと解するよりほかはない。しかもフランス一七九一年憲法の場合は、すでに述べたように、憲法が国民議会により制定された後に国王の前に提出され、国王にその遵守が求められ、国王がそれを約した後に初めて王位が与えられたのであったが、ベルギーの場合においても、前述のように、この憲法の制定に当っては国王は何ら関与せず、むしろ当時にはそもそも国王は存在していなかったのである。主権が国民に属し、また憲法は国民によって制定され、国王の地位・権能がその憲法によって初めて与えられるものであるという思想は、フランスの場合よりもいっそうここでは明白であるといってよい。

ただし、フランス一七九一年憲法との比較において気づくことは、フランスの場合、国王は執行権のみを与えられていたのに対して、ここでは執行権のみならず、立法権にも両院との共同という形で参加し、司法権についても「国王の名において」判決が宣告せられることになっている点である。この点ではこの憲法はむしろ、一八三〇年シャルトが、執行権は国王のみに（第一二条）、立法権は「共同して」（第一四条）、司法権は国王に由来し判決は「国王の名において」行われる（第四八条）としていたのに類似する。ただしこのシャルト（第一三条）とは異なり、ここでは国王は「国の元首」（le chef suprême de l'Etat）とはされていない。しかし、これらの規定の類似にもかかわらず、一八三〇年シャルトとこの憲法との根本的な相違は、シャルトの場合は、国民主権の明確な規定がないこと、また次に述べるような国王の権能を厳密に制限する明確な規定が存しないことにあることを無視してはならない。

（1）この憲法の邦訳は、清宮四郎「ベルギー国憲法」（「憲法正文シリーズ3」）による。

第七八条は特色ある有名な規定である。すなわちそれは、「国王は、この憲法及びこの憲法に基いて制定せられる特別の法律が、明文を以て附与する権能のみを有する」と定める。

すでに前に述べたように、イェリネックは、この規定を法的にはまったく無意味な規定であるとした。[1)] しかし問題は必らずしもそのように簡単ではない。すなわちこの規定については次のような諸点を考える必要がある。第一は、この憲法が全体として、君主制ないし国王に対する強い警戒の念によって支配されていることである。すなわちたとえば、国王は「ベルギー国民の憲法」を遵守することを宣誓して初めて王位につくことを定めた第八〇条、国王が外国の元首となるには特に加重された要件による両議院の同意を要することとした第六二条、摂政の置かれる間は憲法の変更を許さないとした第八五条等がそれである。第七八条の規定の意味もこれらの規定との関係において捉えられなければならない。第二に、この規定が三機関のうち特に国王についてのみ定められた規定であるということに特別の意味がある。すなわち主権は国民に属し、その行使が三つの機関に委任されているというのがこの憲法の考え方であり、それによって国民主権とモンテスキュー的な権力分立とが統一されているとされるのであるが[2)]、その意味においては主権の行使を委任された三機関はその権能の行使に当っていずれも国民の意思たる憲法の定めるところに厳密に拘束されるべきものである。この趣旨は第二五条二項が「権力はこの憲法で定められた方法によって、これを行う」と定めているところに示されている。イェリネックが第七八条を法的に無意味であると説いたのもこの意味においてであるとするなら理由があるといわねばならない。したがって、問題はむしろこの規定がある上にさらに国王についてのみこの第七八条が設けられているという点でなければならない。

すなわちヴォーティエはこの点について、「主権は本来、国民に存し、そして全権力が委任の対象であるのであるから、両院は国王よりも高い程度において主権的権力を与えられることはない。両院も憲法または法律により明示的に委任された権能以外のものを有しない。国王と両院の一致から最高の国家意思すなわち法律が生まれる[3)]」と述べているが、まさにこのような見解に問題があるのである。すなわちヴォーティエは、右のように述べながら、しかし両院は「現実においては国政の上に優越的影響力を及ぼす」といい、さらに「人は両院は国民に属する主権の完全に特別な受託者であるとみているのである」といっているのであるが、このように「法律的」と「現実においては」とを切り離して考えるべきではなく、第七八条の規定が右のように議会が優越的影響力を及ぼしうることの法的な根拠をなしていると考えるべきであろう。国王にのみこの規定があることが反射的に議会の優越をもたらしているのである。すなわちこの規定の法的な意味は、国王が議会との関係において権能の有利な推定を受けないこと、すなわち推定が国王に有利に語らないことに存する。この点がプロシャの場合と異なる。少なくとも予算争議においてビスマルクによって主張されたような思想は、この規定があることによって、ベルギーにおいては主張される余地がないことは明らかである。この意味ではスメンドが、両憲法の相違として、プロシャでは国王が広い権能の推定を受け、ベルギーでは国王が狭い権能の推定を受けることであるといいながら、しかしこの相違は相対的な、量的な相違にすぎない[4]と述べていることは必らずしも正確でないというべきであろう。

（1）G. Jellinek : Allgemeine Staatslehre, S. 707.
（2）M. Vauthier : Das Staatsrecht des Königreichs Belgien, S. 18.
（3）M. Vauthier : S. 36.
（4）R. Smend : Die preussische Verfassungsurkunde im Vergleich mit der Belgischen, S. 52.

この憲法においては国王が元首であるという規定はない。ただしヴォーティエは、国王は元首であるとし、その理由として、国家権力の行為は国王の参加なくしては、また少なくとも彼のコントロールに服することなくしては行われえないことを挙げている。[1)] この点は、すでに君主制および元首のメルクマールの問題として詳しく論じたところであり、ドイツ国法学の立場からすれば当然のことであるわけであるが、仮りにそれを認めるとしても、これまたすでに元首の観念に関して述べたように、その場合、ベルギーの国王がドイツにおける「元首」とまったく同じ意味における元首ではないことを注意する必要がある。すなわちドイツ的な意味における元首は、国家権力のすべての権利を本来その一身に集めるものとしての国王と結びついた観念であり、ベルギーの場合、少なくともこのような観念は見出されえない。そしてこの相違は、スメンドの指摘するように、ベルギー憲法第二五条と、プロシヤ憲法の基礎をなすウィーン最終議定書第五七条との相違でもある。すなわち第二五条は、第一に国民がすべての権力の源泉であり保持者であること、第二に、したがって三つの機関の行為は単にその行使の面に現われるものであり、しかもそれら憲法によって基礎づけられるすべての権限は、原則的に制限されたものとして明白な憲法の規定によってのみ存在しかつ厳密に解釈されるものであることを意味する。そしてこれに対してウィーン最終議定書第五七条は、第一に王侯がすべての権力の源泉でありその保持者であること、第二に王侯によるその行使は憲法の明文が特定の権利について等族の参加を要求していない限りは原則として無制限的なものであることを意味する。そしてこの第二の点に関する相違がベルギー憲法第七八条によって重ねて示されているのである。[2] この相違はすでに前にプロシヤ憲法の例から述べたところであるが、要するにここにベルギーの国王とプロシヤの国王との最も顕著な憲法上の相違があるのであり、そこにまた、仮りにベルギーの国王が元首であるとされる場合にもそれがドイツ的な元首とは異なるものであるとすべき理由があるのである。ベルギーの国王は名目的元首 (figurehead) であり、「その憲法上の地位は政府の議会主義的体制の下における元首 (head of State) の伝統的な型を維持している」[3] といわれるのはこのことを意味する。

（1） M. Vauthier : Das Staatsrecht des Königreichs Belgien, S. 20.　スメンドもこの点では完全に同様である。「ベルギーにおいても形式的には何ごとも国王の意思なくしては、また国王の意思に反しては国家意思とならない」(R. Smend : Die Preussische Verfassungsurkunde im Vergleich mit der Belgischen, S. 51)。
（2） R. Smend : SS. 44〜45.
（3） G. T. Shotwell : Governments of Continental Europe, p. 1048.

第四項　国王の権能

憲法の諸規定によって列挙されている国王の個々の権能は、それ自体としてみれば、イェリネックのいうように、本質的に君主的な権能であり、[1] ヴォーティエおよびスメンドのいうように、「明白に人が君主国において王権であるとしなければならない概念に相応する」。[2] すなわち立法権は国王と両院が共同して行使し、執行権は国王が行使し、裁判権は国王の名において行われるという基本的構成は、他の立憲君主制にもみられるところであり、特に特徴的であるとはいいいえない。また、執行権の内容としての大臣任免権（第六五条）・公務員任命権（第六六条）・執行命令の制定権（第六七条）・軍の統帥・宣戦講和・条約締結（第六八条）・法律の裁可および公布（第六九条）・両院の解散（第八一条）・恩赦（第七三条）・栄典（第七五条・第七六条）等の権能についても同様である。なお特に、法律の定めるところにより貨幣鋳造の権利をもつ（第七四条）と特に定められていることは興味がある。立法権に関連するものとしては両議院の閉会および臨時会の召集（第七〇条二項・三項）と停会を命ずる権能（第七二条）が認められており、常会については自律的集会が認められていること（第七〇条一項）が特徴的である。

なお宣戦講和および条約締結に関して、第六八条が両議院によるコントロールを特に詳細に定めていることは注目に値する。すなわち「国王は、これらの行為について、国家の利益及び安全に支障ない限り、直ちに、適当な説明書を添えて、両議院に通告するを要する。通商条約及び国家に債務を負わしめ、またはベルギー国民を個人的に拘束するおそれのある条約は、両議院の同意を得た後でなければその効力を生じない。領土の割譲、交換または編入は、法律に基かなければ、これを行うことができない。いかなる場合にも、条約の秘密条款は、公示の条款に違反することができない」。イェリネックは条約および軍事に関する議会の権限は他の同じ時代における諸憲法に比してはるかに強大であるといつている。[3]

（1） G. Jellinek : Allgemeine Staatslehre, S. 529.
（2） M. Vauthier : Das Staatsrecht des Königreichs **Belgien**, S. 21. R. Smend : Die preussische Verfassungsurkunde im Vergleich mit der Belgischen, S. 52.
（3） G. Jellinek : S. 530.

以上のように、要するに、憲法上の国王の権能だけからみれば、それは通常の君主的権能であり、イェリネックは、せいぜい宣誓後でなければ王位につきえずまたその権能を行いえないとする第七九条および第八〇条の規定および両議院の自律的集会権のみが君主制の通常の型からの例外をなすという。[1] したがってこの君主制が議会主義的君主制の典型であるとして通常の立憲君主制と異なるとされるのは、やはり前に述べたように第二五条および第七八条に示されている根本的な思想が、以上のような国王の権能に関する規定の基礎に存在していることのほか、両院共に公選であること、その両院が自律的集会権をもつこと、およびボルンハークのいうようにこの憲法の下におけるベルギーが「フランス七月王政と同じく富裕なブルジョアジーの支配する古典的ブルジョアジー国家」[2] であったこと等にその理由を求めうるというべきであろうし、またさらに、この憲法の下で、慣行的に議院内閣制が確立し、イェリネックのことばによれば「政治的には事物の状況に従って議会が支配的権力をもつに至った」[3] ことによるというべきであろう。すなわち、ヴォーティエは一八三一年以後のこの憲法の方向について次のように述べている。「憲法の単なる文字に従えば、大臣は何よりも国王の機関である。大臣は国王の信任のみを必要とし、彼が両院と階調を保つことはどうでもよいことのようにみえる。しかし一八三一年以来のベルギーに生じた議会政の実際は、この点に関して両院の権限を異常に拡大した。疑いもなく大臣は国王の信任を得ていなければならないが、しかし彼がその地位を主張しうるのは両院が彼に支持を与える場合だけであるということも確かである。実際には大臣は議会における多数に依存しなければならない。同様に人は内閣の組織が大部分議会の多数派の指導者の作品であることを認めなければならない。ベルギーにおける政党の地位は今日に至るまで、このような前提条件の実現を可能にした[4]」。

（1）G. Jellinek : Allgemeine Staatslehre, S. 707. anm. (1).
（2）C. Bornhak : Genealogie der Verfassungen, S. 80.
（3）G. Jellinek : S. 529.
（4）M. Vauthier : Das Staatsrecht des Königreichs Belgien, S. 50.

第五項　君主制としての特色

君主制としての特色についてはすでに以上述べてきたところでも触れているのであり、また前にプロシヤ憲法のところでもすでに述べたところでもある。それらについてはここでは繰り返さない。ここではベルギーの君主制はしばしばイギリスとともにいわゆる議会主義的君主制の典型として挙げられているということが、何といってもその特色をなすのであるが、それが果して完全に同じであるかという点について一言するにとどめる。すなわちたとえば、「強く維持されてきた君主制の伝統が時代の流れとともに、実際において政治的デモクラシーの方向においてモディファイされている。そして君主制とデモクラシーの原則とを調和せしめているものが政府の議会主義的体制である」といわれ、またそれはほとんど完全にイギリスの場合と同じに性格づけられ、「しかも他方において国王は形式的・儀礼的な国家の元首以上の何ものかである。……王冠とその保持者は国民と王国の統一を象徴し、王室は国家の社会的・道徳的生活に音調を与える上に影響力をもっている。国王は政党の上に位しその真正な形における議会主義的政府にとって必要な役割を果している。……それは国王の個性にも依存するが、一般的にいって過去一世紀の間、ベルギーにおいて国王は顕著な慎重さと分別とをもって行動し、そして完全に効果的であった影響力を通して制度的安定に貢献したということができる」[1]といわれている。

ここで述べられている点については、前にイギリスのところで詳しく述べたところが再び顧みられるべきであるが、それはしばらく措くとしても、第二次大戦中およびその後においてレオポルド三世の退位をめぐる王室問題（Question royale）は、少なくともイギリスの君主制とベルギーのそれとが完全に同じではないことを示したといえるであろう[2]。

すなわち第二次大戦においてレオポルド三世はドイツ軍に降伏し、ドイツ領内に捕虜となったのであるが、ヒトラーの庇護の下におけるその捕虜生活中の彼の行状は、国民の不信と非難を買った。一九四四年の秋、ベルギーは解放され、国王がその権能を行使しえない場合（第八二条）として彼の弟シャルルが摂政となった。そしてレオポルド三世はドイツ軍から釈放された後、再びスイスに亡命し、そこから帰国・復位の意思を表明した。そこに彼の帰国を認むべきかに関して激しい政治的対立が生ずることとなった。当初、反レオポルド派も君主制そのものに反対したのではなかった。政党はレオポルドの退位については激しい対立を示したが、しかしいずれも議会主義的君主制が伝統的にベルギーに適するものであるとする点では一致しており、共和主義は共産党を除いては微々たる力しかもたなかった。しかしレオポルドが国内の反対に対していっそう頑強となり攻勢に出たことが、その反対論を硬化させた。そこで彼はその帰国問題を諮問的に国民投票に問うこととし、その国民投票で少なくとも五五パーセントが賛成でなければ帰国を断念する旨を声明した。その国民投票は一九五〇年三月一二日に行われ、彼は五七・七パーセントを得た。しかしこのことがかえって国内の対立を深刻にした。そしてその対立は内乱的・革命的な様相を呈するに至った。しかし事態は、レオポルドがついに譲歩して、彼の子、ブードアンが皇太子（Prince Royal）の称号において摂政となり、そして彼自身は皇太子が成年に達する日に退位することを宣言した。八月九日両院は一六五票対二七票をもってブードアンを摂政に任命した。これによって内乱は回避され、そしてレオポルドは一九五一年六月一六日、確定的に退位し、ブードアンはこの日ブードアン一世として王位についたのであった。

レーヴェンシュタインはこの事件の特色として、飢えのためではなく穏健な国民が革命を叫んだこと、そこでは生活ではなくて主義が問題であったこと、そして市民と労働者とが一致したこと、しかも彼らは君主制そのものに反対したのではなかったことを挙げている。そしてさらに根本的に、この事件は現代における君主制の価値を劇的に明らかにした事件であるという。すなわち「君主が政党闘争の対象とされたとき、彼の地位および一身が国家の統一と一体制の争われざる象徴たることをやめたとき、そして彼が政治的活動を敢えてしたときには、彼はその国の政治的形態の化身たる価値を失うのである[3]」と述べている。

（1）　J. T. Shotwell : Governments of Continental Europe, p. 1047, p. 1049.
（2）　この事件の詳細については、　K. Loewenstein : Die Monarchie im modernen Staat, S. 59 ff に詳しい。
（3）　K. Loewenstein : S. 69.

この事件において、反レオポルド派も君主制そのものに反対したのではないといわれる。しかし少なくともこのような事件が生じたということは、やはり君主制の危機を示すものであることはいうまでもない。そしてこのような君主制の危機は、将来はいざ知らず、少なくとも今日に至るまではイギリスにおいて生じてはいない。エドワード八世の退位問題もこれと同一に論ずることは適当ではない。ここにやはりベルギーの君主制とイギリスの君主制とが完全に同視されてはならない理由があるというべきであろう。

第六節　北欧三国の君主制

第一項　序　説

ここで北欧三国というのは、いうまでもなく、ノルウエー・スエーデン・デンマークの三国をいう。この三国はいずれも君主制であるが、その君主制は安定しておりかつ時代の要求に適応している君主制として知られている。

元来この三国は顕著に同質的なユニットをなしているといわれる。[1)] すなわち農業・工業・通商・貿易等において同様の型を示し、社会生活および社会状態においても、また政治制度・教育制度・宗教等にも共通の特徴を示している。要するに「事物を見る方法が同一であり、および社会における人間の生活のさまざまな問題を処理する方法も同一である」[2)] といわれる。

そして以上の共通性の歴史としては、三国の国民が一三八九年から一五二三年に至る期間、同一の君主の下にあったこと、デンマークとノルウエーは四世紀以上一国であり、スエーデンもフィンランドと六世紀以上連合国をなしていたことを挙げるべきであろう。三国はフィンランドをも加えて国際的にも同一歩調をとることが多かった。第一次および第二次大戦中におけるこの三国の協同的同一行動は外交史上稀な現象であるといわれる。共同の目的・共同の意識がこの三国を支配している。要するにこの三国は今日においても一つのユニットないしグループをなしているのである。[3] それではこれら三国はその共通の君主制について、どのような特色をもっているであろうか。

（1）このことはこの三国にさらにフィンランドを加えた北欧四国またはスカンジナビヤ四国についてもいわれることであるが、フィンランドは共和制であり、ここでは一応除外する。
（2）J. T. Shotwell : Governments of Continental Europe, p. 939.
（3）J. T. Shotwell : p. 941.

これら三国は比較的に小国である。しかし政治機構の研究者にとっては、これら三国は他の大国に比し注目すべき特色をもっている。[1] そしてそれが同時に、その君主制を考察しなければならない理由でもあるのである。

第一に、これら三国は共に形式的には立憲君主制であり王室を維持している。しかし時代とともに著しく効果的な政治的デモクラシーとなった。それはイギリス・アメリカその他大きな民主国とは異なった環境の下で民主的体制の優れた実例となったといわれる。その意味でこれら三国の君主制が、大陸においてベルギーとならんで議会主義的君主制の典型であるとされるのである。[2]

第二に、そこではいずれも政党は小党分立でありながら政権の移動が円滑であり政府は安定性をもっている。

第三に、社会的・経済的プログラムが強調され、社会立法の進歩がみられる。ペトリーは「この三国は共和主義を知らず共産党という名に値する政党もない。しかしこの三国はヨーロッパにおける最も進歩的な国家である」といっている。[3]

このようにして、要するにこの三国の君主制は、右の第二と第三の特色を可能ならしめた君主制であるというところに特色が見出されるのである。しかもそれはイギリスおよびベルギーと同様、長い生命をもち、しかも第一次および第二次大戦の試練にも耐えて今日まで生き永らえている君主制であり、そして社会国家の性質をも有している国家の君主制である。その意味で、この三国の君主制は、すでに眺めてきたイギリス・フランス・ドイツ・ベルギーとともに、君主制の類型として逸することができない。ペトリーによれば、この三国は「君主制と自由とがきわめてみごとに一致しうるという事実の顕著な実例を示している」[4]のである。

（1） F. A. Ogg & H. Zink : Modern Foreign Governments, p. 762.
（2） F. A. Ogg & H. Zink : p. 762. K. Loewenstein : Die Monarchie im modernen Staat. S. 54.
（3） C. Petrie : Monarchy in the 20th Century, p. 213.
（4） C. Petrie : p. 214.

第二項　歴史的背景

三国の憲法の歴史的背景についてはそれぞれのところで後にも述べることとし、ここでは三国の君主制の歴史的背景として共通な点について簡単に述べるにとどめる。[1]

（1） わが国において北欧三国の歴史、特に政治史を包括的に取り扱った文献はきわめて少ない。以下の叙述は角田文衛「北欧史」（「世界各国史VI」）によるところが多い。

北欧の人種はゲルマン種族である。一世紀から四世紀までの間に、その多数の部族国家が統合されその上にいくつかの王国が成立した。そのうち、スヴェーア人のいくつかの王国が後にスエーデンとなり、デーン人の王国がデンマークとなり、ノール人の王国がノールウエーとなる。すなわちこれらの王国はいずれもその内部に旧来の部族国家を包括する、いわば複合的な国家であり、その王はこれら部族国家の首長からなる首長会議によって選定され、したがってその王権もそれほど強大でなかったといわれる。したがって諸王国の確立はその後八世紀頃までの間に、これら各民族の王国さらにその中の最も強大な王朝の下に統合されることによって実現する。たとえばスヴェーア人の三つの王国はそのうちインリング王朝のメーラル王国によって統合される。それがスエーデン王国の起源となる。デンマークの場合はスキヨル王朝が同じ役割を果す。ノール人のみは九世紀頃まで小国家に分れ、統一国家をもたなかったが、九世紀末に至って始めてハーラル一世によって統一された。

一一世紀から一四世紀に至る時代は内乱と動揺の時代である。すなわち内部的には王位をめぐる王族・貴族・僧侶の角逐があり、外部からは神聖ローマ帝国およびハンザ同盟がこの動揺に拍車をかけた。かくして三国とも内乱と王朝の瀕々たる交代をみることとなる。そこに一四世紀に至って三国の連合の必要が意識されることとなり、デンマークのマルグレーテ女王の指導の下に、一三四七年いわゆるカルマルの同盟により、北欧三国はデンマーク女王エーリックを共同の女王として推戴し、三国の連合が実現した。しかしこの連合も一四三九年のデンマークの内乱によるエーリックの退位後は分裂の傾向に進み、一五二三年スエーデンは完全に連合から脱退した。この期間において古い名門貴族の多くは没落し、従来これら名門貴族が組織していた地方議会に代って騎士・僧侶の支配する会議が勢力を占めるに至る。デンマークにおける一三世紀中葉以来の元老院はその典型である。元老院は国王を選定し、王権を制限した。この現象はノルウエーにもスエーデンにもみられる。

これら三国の絶対王政の成立は一六世紀に入ってからの事業である。スエーデンにおいてはグスタフ一世（一五二三年～一五六〇年）は軍隊の組織・産業の振興・中央集権の確立に成功し、また国王の選挙制を廃止し世襲による王位継承制度を制定した。さらに「北方の獅子」と称されたグスタフ二世アドルフ（一六一一年～一六三二年）はポーランドおよび神聖ローマ帝国と戦いいわゆるバルト帝国の実現（一六四八年）の途を開いたが、内部的にも国家体制の整備に努力した。その以後一六三四年の憲章は国王の権限・元老院および国会の権限・人民の権利等を規定し、近代憲法の体裁を備えていた。国会は貴族・僧侶・商工業者および職人・農民からそれぞれ選出された議員より成り、政治の中心はしだいに元老院からこの国会に移った。クリスティナ女王（一六三二年～一六五四年）・カール一〇世（一六五四年～一六六〇年）・カール一一世（一六六〇年～一六九七年）の治績も、この跡を受けたものである。

デンマークにおいて、スエーデンのグスタフ一世と同じ役割を果したのは、フレデリック三世（一五九七年～一六五九年）であった。彼の制定した一六六一年の憲章も、スエーデンの一六三四年の憲章と同様の性質をもつ。

一八世紀は北欧三国にとっても啓蒙思想や自由主義の時代である。スエーデンにおいては、カール一二世（一六九七年～一七一八年）の治下における北方戦争（一七〇〇年～一七二一年）の悲惨な結末と市民勢力の増大とはおのずから絶対王政への批判を生み、君主制と民主制とを調和する新しい体制が要望せられることとなった。一七一九年、国会はヘッセン侯フリードリッヒを迎えて王位につかしめたが、その際従来の憲章を修正して、国会の権能を強化した。この時期において国会にはまた政党の組織がみられることともなった。デンマークにおいても、スエーデンとの講和（一七二〇年）の後、クリスチャン六世（一七三〇年～一七四六年）は啓蒙君主であり、文芸の振興に力を注いだが、さらにクリスチャン七世（一七六六年～一八〇八年）の治世においては、その宰相シュトリンゼーは、プロシヤのフリードリッヒ大王の政策にならって、言論・出版の自由・検閲制の廃止・ギルドの特権の削減・裁判の審級制の樹立等の諸改革を行った。このいわゆるシュトリンゼー改革は、急激に過ぎたため一時反動を生んだが、これによりデンマークの近代化が促進されたことは認めなければならない。しかもこの改革はノルウエーの独立をも促進した。すなわちノルウエーは一四五〇年以来、デンマークと同君連合 (Personal Union) の関係にあったのであるが、商工業・教育文化の面でデンマークの支配が圧倒的であった。したがってシュトリンゼーの改革はノルウエーにおける独立・愛国的出版物の氾濫をもたらし、デンマークの支配に対する反抗が燃え上った。一八一四年のノルウエーの独立への道はかくして開かれることとなった。

さて、以上、きわめて簡単にたどってきたところが、すなわち同時に、これら三国の絶対君主制の近代化の歴史でもある。また一九世紀の開幕とともに、これら三国はナポレオン戦争にまきこまれる。そしてこのナポレオン時代がこれら三国の憲法の成立の上にきわめて重要な意味をもつものである。すなわちスエーデンの一八〇九年の憲法、ノルウエーの一八一四年の憲法、デンマークの一八四九年の憲法は、いずれもナポレオン時代を経て初めて生み出されたものである。またこれらの憲法は、この間において、フランスの諸憲法の影響を強く受けざるをえなかったのである。これらの事情については、次にこれらの憲法の前史として、別にそれぞれ述べることにしよう。

第三項　ノルウエーの君主制

一四五〇年、デンマークのクリスチャン一世（一四四八年〜一四八一年）がノルウエー国王に選ばれ、ノルウエーはデンマークと同君連合の関係に立った。その後ノルウエーはデンマークの単なる一州としての地位に立ち、デンマークへの隷属化が強まった。このデンマーク治下の時代をノルウエー人は、「政治的暗黒の時代」と称している。前述したいわゆるシュトリンゼーの改革はこの暗黒時代に夜明けをもたらしたが、またこの同じ時期におけるナポレオン戦争がノルウエーの独立化の契機となった。すなわち、当初デンマークは武装中立の態度をとったが、イギリスはデンマークに迫って対ナポレオン戦争に参加することを強制したため、デンマークは中立を放棄してフランス・ロシヤと同盟を結びイギリスに宣戦した。この戦争により最も被害を受けたのがノルウエーであり、そこに独立要望の運動が高まった。スエーデンはイギリスと同盟してデンマークに宣戦した。この戦争は一八一四年のキール条約の締結で一応の結着を告げ、スエーデンは西ポメラニヤと交換にデンマークからノルウエーを獲得した。ノルウエーはかくしてデンマークの一州からスエーデンの一州へと移されたわけである。しかし「ノルウエー人は羊の群のように取り扱われることをいさぎよしとしなかった」[1]。彼らはデンマーク王は個人的に統治を放棄する権利をもつとしても土地と人民を他国に譲り渡す権利はもたないと称した。そしてデンマークの総督、フリードリッヒ・クリスチャンをして統治をつづけしめ、彼の手によって国民会議を召集させた[2]。この国民議会はノルウエーが独立国であることを宣言し、一八一四年五月一七日、憲法を制定し、フリードリッヒ・クリスチャンを国王に選んだ。これがクリスチャン八世である。

しかるにスエーデンはこれに干渉してノルウエーに侵入した。両国の間に妥協が成立し、クリスチャン八世は王位を放棄し、国民議会は改めてスエーデン国王をノルウエー国王に選定した。かくしてノルウエーは再びスエーデンと同君連合の関係に立った。ただし、両国は原則として対等確立の関係に立つものとし、軍事および外交のみが共同に処理されるものとした。五月一七日の憲法は一一月四日、若干の修正を加えられた。

このようにこの憲法は独立運動の成果である。それが第一条で、「ノルウエー王国は自由・独立・不可侵且つ不可譲渡の国家である」[3]と宣言しているのは、そのような歴史的背景を示す。そしてその起草に当っては、フランス一七九一年憲法およびスペイン一八一二年憲法が参照された。一七九一年憲法が模範とされたのは、圧制的な王政に対する反抗と、自由への強い要望の結果であり、また一八一二年スペイン憲法が影響を与えたのは、それが同じ年の三月一九日に制定されたものであり、またそれがフランス一七九一年憲法に倣って国民主権の上の君主制を定めたものであったからである。[4]この一八一四年憲法が、以後、若干の改正を経たとしても、今日に至るまで維持されているのである。以下、この憲法の君主制の概要を述べる。

（1）C. Bornhak : Genealogie der Verfassungen, S. 40.
（2）F. A. Ogg & H. Zink : Modern Foreign Governments, p. 764.
（3）この憲法の邦訳は、衆議院・参議院法制局・国立国会図書館調査立法考査局・内閣法制局編「和訳各国憲法集」による。
（4）スペインについてここで簡単に述べておく。ナポレオンは一八〇八年五月一〇日、フェルディナンド七世を退位せしめフランスに監禁した。そして七月六日、前のナポリ王ジョセフを王位につけ、一七九九年統領憲法を模倣した憲法を公布せしめた。しかるにスペイン人はイギリスの援助をも受けて英雄的な独立運動をつづけ、フェルディナンド七世を再び王位に迎え、一八一二年三月一九日議会は国民主権に基づく憲法を制定した。この際、一七九一年のフランス憲法が模範とされた。この点についてボルンハークは、「当時、君主的首長をもった憲法としては一七九一年憲法があるのみであった。そしてそれも国王の協力なくして国民主権の基礎の上に成立した。したがってスペイン人がこの憲法を基礎に置いたことは不思議ではない。むしろそれを基礎としなかったならばそれこそ不思議であったろう」といっている。D. Bornhak : S. 34. なおこのスペイン憲法の前文で、国王は自ら、「神の恩寵により且つスペイン国王たるフェルディナンド七世」と称していることは興味がある。

一　国王の地位

この憲法では国民主権は明記されてはいない。ただ前文が単に、「われらノルウェー国の代表は……この憲法を公布する」とあることに、この憲法が国王の作品ではないことが示されている。また国民議会がスェーデン国王を迎えたのも、この憲法の根拠に基づくものであるとされ、また初めて国民の自由な意思による選定であるとされた。国王の称号が、「神の恩寵により且つノルウェー王国憲法に基く……王」とされたこともこのことを現わす。1)

第一条は、前に述べたように「ノルウェー王国は自由・独立・不可侵且つ不可譲渡の国家である」とし、さらに「その政体は制限世襲君主制である」と定めている。

第九条は、国王が国会の面前において、「国の憲法及び法律に従ってノルウェー王国を統治することを誓約する」との宣誓を行うことを定め、また、第一一条は、「国王は、王国内に居住し、国会の同意がなければ、一時に六ケ月以上国外に滞在することができない。これに反するときは、国王は、王位に対する自己の権利を喪失する」と定める。この規定は明らかにフランス一七九一年憲法を想起させる。

(1)　C. Bornhak : Genealogie der Verfassungen, S. 43.　この称号は憲法上の規定によるものではなく、実際の慣行として用いられた。この称号は前に述べたように一八一二年スペイン憲法の場合と同様である。

二　国王の権能

一七九一年のフランス憲法の影響にもかかわらず、この憲法においては、権力分立の体制はそこでみられたような憲法上の規定をもってはいない。すなわち、「行政権は国王に属する」との第三条の規定はあるが、立法権および司法権の所属に関する原則的な規定はない。ただし、この憲法の内容としては、一七九一年憲法におけると同様な権力分立の原理がとられていることは認めなければならない。

すなわち、行政権は国王の任命する大臣よりなる政府によって行われ（第一二条）、国王の一身は神聖であり、「責任は国王の政府に帰するものとする」（第五条）。

法律発案権は国王および両院にあり（第七六条）、国王は裁可権をもつ（第七八条）。ただしその拒否権は停止的に限られる（第七九条）。これは憲法改正の場合についても同様である。両院の解散についての制度はなく、したがって国王には国会の解散権は認められていない。これも一七九一年フランス憲法に従い権力分立の徹底であるといえよう。

司法権については、裁判官は国王の任命によるが（第二一条）、それ以外に国王が司法権に参加することを認めた規定はない。判決が国王の名による旨の規定もない。

要するに、以上のように、この憲法は、当初、アメリカ憲法およびフランス一七九一年憲法に倣った権力分立を内容とした。しかも憲法の規定の上では、議会政ないし議院内閣制は排除されている。しかるにその後約五〇年の経験は、人々にこの点について基本的な改革が必要であるという確信を与え、執行部と立法部との協同が実現した。[1] しかしそれは憲法の明文上の改正によったのではなく、議会政のルールとして実現されたのである。[2] そこにこの憲法の下の君主制の特色がある。

（1） F. A. Ogg & H. Zink : Modern Foreign Governments, p. 764.
（2） K. Loewenstein : Die Monarchie im modernen Staat, S. 55.

三　君主制としての特色

この憲法の下の君主制と一七九一年フランス憲法の下の君主制との類似については前にも述べたが、たとえば第七条が、「王位継承権を有する王子がないときは、国王はその継承者を国会に推挙することができる」とし、しかも「国会は、国王の推挙に同意しないときは、別人の選定を議決することができる」こととしている点などは、フランスの場合よりもいっそう国王の地位に対する国会のコントロールが強いともいえる。

また、前に述べたように、憲法改正についても国王の拒否権は停止的拒否権に限られていることも注意すべきである。すなわち、この憲法は数回にわたって小規模の改正を受けているが、それらの改正の経過において、国王は憲法改正にも停止的拒否権を有するにすぎないとの慣行が確立した。オスカー二世は一八八五年以来、憲法改正には国王の絶対的拒否権が留保されていることを政府に対して主張したが、彼の継承者の時代以後においては常にこの解釈は否定されている。[1)]

（1）H. Rehm : Das politische Wesen der deutschen Monarchie, S. 63. なおこの憲法第一一二条は、憲法改正は「この憲法の原則と矛盾せず」また「この憲法の精神を変更しないような特殊の条項の修正」に限らるべきことを定めている。これはいわゆる憲法改正の限界を定めたものとして興味深い。ただし、ボルンハークはこの規定を解釈して、「憲法改正により国王の権力そのものを国王の意思に反して、全部的または一部的に廃止することもできる」と解している。C. Bornhak : Genealogie der Verfassungen S. 43.

前に述べたように、この憲法がその後、議会主義的君主制への方向を強くしたことには、一八三〇年の七月革命の影響が大きい。国会の勢力分野において、保守派に対抗して農民や市民を代表する革新派が優位に立ち、かつそれらが一八六九年、自由党を結成したのもその現われであった。他方これと併行して、一八四〇年以来、直接には海運業の発達がスエーデンからの外交上の独立を要求することとなり、独立運動が進展する。それが一九〇五年の独立によって実を結ぶのであるが、この際、国会はデンマークの王子カールを国王に迎えることについて国民投票に問い、それが圧倒的多数の支持をえた。これがホーコン七世である。このことが国会の権威を高めることとなり、また選挙権の拡張をも促した。普通選挙は一八九八年に認められ、さらに一九一三年にヨーロッパにおいて最初の婦人参政権が認められたのもその結果である。そしてこのようにして得た独立の下で、ノルウエーは内政の改革を進めた。工業化と一般的繁栄の進展および十分に民主的な政府と両立する君主制の確立とが、この後一〇年間の成果であった。そしてこのような君主制の下でノルウエーは第一次大戦を迎えるわけである。[1)]

（1）J. T. Shotwell : Governments of Continental Europe, p. 954.

第一次大戦以後のノルウエーの議会主義的君主制の歩みについては、スエーデンおよびデンマークとも共通の問題として、後で総括して述べることとするが、ここでは、ペトリーが、ノルウエー人の君主制に対する憧憬と愛着とについて述べているところを引いておきたい。すなわちペトリーはノルウエー人の君主制に対する愛着は一九〇五年の独立の際の行動によく現われているという。すなわち彼によれば、本来ヨーロッパ諸国においてノルウエーほど共和制に適している国はないとも思われる。人民の貧富・地位の相違が少なく、また地理的孤立からする独立精神の強さは長い闘争の後にスエーデンからの独立を獲得したのであり、これらは共和制に有利な条件であった。また事実、当時共和制論者もなかったわけではない。しかしそれらはアメリカ型の強力な大統領を主張する論者とフランス第三共和制型の形式的な弱い大統領制の論者とに二分したばかりでなく、総体的にその勢力は弱く、国民の圧倒的多数は君主制を支持した。そこには新しいノルウエーが諸外国特にイギリスとドイツの双方から支持されなければならず、その場合この両国にとって君主制の方が有利であるという外交上の考慮も働いていたとはいえるけれども、むしろ長い君主制の伝統が強く国民に支持されていたことにその理由が求められるべきであろう。そしてホーコン七世は国民によって深く敬愛されたのである。[1] そしてこの事情は、根本的には、今日においても変っていないというべきであろう。

(1) C. Petrie : Monarchy in the 20th Century, p. 213 ff.

第四項　スエーデンの君主制

スエーデンの現行憲法は一八〇九年の制定にかかるものであって、ノルウエーの憲法と同じく今日における最も古い憲法の一つである。そしてこの憲法における君主制も、ノルウエーの場合と同様、今日においても安定している。

この国の君主制の歴史の詳細は述べる余裕がないが、[1] 一六、七世紀において中央集権的な近代君主制の基礎が確立された。ただそれが憲法をもつに至ったのは、これまたノルウエーの場合と同様、ナポレオン戦争を契機とする。すなわち古く一二世紀からフィンランドはスエーデン王国の一部であったが、グスタフ四世（一七九二年〜一八〇七年）がイギリスと結んで反ナポレオン戦争に参加した結果、ナポレオンとティルジット条約（一八〇七年）によって和を講じたロシヤによりフィンランドは占領された。そして一八〇九年、フィンランドはスエーデンに失望してロシヤに服従した。しかしこのフィンランドの喪失はスエーデンにとってさらに重大な結果をもたらした。[2] すなわちこの敗戦を国王の責任なりとする陸軍の過激分子がクーデターを行い、グスタフ四世を退位せしめて、叔父のカールを王位に迎えた。これがカール一三世（一八〇九年〜一八一八年）である。しかしこのクーデターは、単にこのような陸軍の叛乱たるだけではなく、同時に絶対王制に対する革命的運動たる面をもっていたことを注意する必要がある。すなわちグスタフ四世はその父グスタフ三世が啓蒙君主であったのと異なり、あたかもこの当時におけるフランス革命の思想を徒らに恐れ検閲制度を厳重にしてこれを弾圧し、またこの時期における変転する国際情勢に対応する能力をも欠いていた。[3] このような国王の専制に対する自由主義・民主主義的な勢力からする不満が敗戦と結びついたのである。一八〇九年六月六日の憲法はこの革命の所産である。カール一三世はこの憲法を承認して王位についた。この憲法の君主制の特色もこのような発端から生ずる。

(1) 詳細は、P. E. Fahlbeck : Die Regierungsform Schwedens, 1911, pp. 1～40 参照。
(2) J. T. Shotwell : Governments of Continental Europe, pp. 941 ff.
(3) F. A. Ogg & H. Zink : Modern Foreign Governments, p. 764.

右のことは、この憲法の前文に、明らかにかつ詳細に述べられているところに示されている。[1] すなわちそこでは、カール一三世が「ここに王国の諸階級から無条件に与えられた無限の信頼によって新憲法の条章を定め、わが祖国の福祉と独立の基礎を永遠に築かんとするものである」といい、また「ここに基本法を公布するに当っては、最も慎重な審議を重ね、集会した王国の諸階級が満場一致をもって承認し、本日、自発的な、また一致した意思によってスエーデンの王冠と統治を呈せられたのであるから、私は喜んでその義務を心から履行せんとするものである。私は、深い感激をもって、この忘れ得ぬ信頼と愛情の証拠を示した愛する人民と運命を共にし、人民の希望にこたえたいと思う」という。しかし、また次いで、「国王と臣民との間の相互の権利義務が新憲法に明定され、スエーデン人民の自由が法律によって保障され、元首の神聖な資格を確保するものであるから、必ずや祖国の福祉のために奉仕するわれわれの不断の努力が成功することが確かであることを信ぜざるを得ない。従って私は喜んで王国の諸階級によって承認されたこの憲法を採択し、承認し、次に掲げる憲法の一字一句にいたるまで、これを確保せんとするものである」と述べていることも同時に注意に値する。すなわちそこには伝統的な君主の神聖思想も現われているのであり、またこの前文全体を通じて、少なくとも文字の上ではいわば啓蒙君主的な思想が濃厚であることを認めることができる。

またこの憲法がフランス革命の思想によって影響を受けたことは認められるが、憲法の規定の上における一七九一年のフランス憲法の影響はそれほど顕著ではなく、権力分立の原理もノルウェー憲法の場合よりもいっそう微弱であるということができる。

（1） この憲法の邦訳も前掲「各国憲法集」による。

一 国王の地位

この憲法には国民主権の規定がないことはもとより、右に引いた前文の規定に現われているように、少なくとも文字の上では、むしろ国王の親政の思想が強く現われている。スエーデン憲法にみられたような「制限君主制」の文字もみられない。

すなわち第一条は「スエーデン国は、国王が統治する」と定め、第四条は「国王のみが、この憲法の条章に従って、王国を統治する」と定める。国王統治の原則が定められたのは、いうまでもなくスエーデンにおいてこれが最初であるが、しかしファールベックのいうように、それは古くからの国家形態に憲法上の表現を与え、それを確認したものであり、またそれは特にフランスに現われた他の諸形態との区別を強調する意味をもっていた[1)]。すなわちそれは特にこの時期に先立つフランスの諸共和制に対立する思想の現われであり、要するにこの国の伝統的な君主制の維持を強調する規定であるといえる。

なお第四条は、「憲法の条章に従って」と定めていることのほか、さらに但書として、「ただし、国王は、以下特に掲げる場合には、国務院の報告及び勧告を求めなければならない」と定めている。そしてこの規定も、決定権をもつのは国王であり国務院でないこと、すなわち国務院の報告および勧告を得た後において、国王がその自らの意思により決定することを示すとされる。ファールベックはそれがこの憲法の基本思想であるとし、その思想が第九条・第一三条・第一五条にも反覆されているといっている。[2] すなわち第九条は、国務院議官が国王に対する補佐の責任を果すため意見を述べる義務をもつことを定め、しかもその場合特に「ただし国王のみが決定権を有する」と明記し、また第一三条は宣戦講和に当って国王が国務院議官の意見を求めるべきことを定めるが、その際、「その後で、国王は、王国のために最も利益となると認められる決定をなし、これを執行する」と定めている。さらに第一五条は国王の軍隊統帥の事務について同様に「その事項を管轄する軍務省長官の面前で、国王がこれを決定する」旨を定めているのである。国王親政的な思想がこれらの規定に示されていることは認めなければならない。すなわち建前としては国務院はあくまで国王をその諮問機関として補佐するものであるかの如き形を呈しているのである。

しかしまた、以上の第四条の規定は、同時に革命の成果としての立憲主義の基本規定であるという面をもつ。ファールベックは、この規定の故に、国王はもはやナポレオン戦争以前のような「国王のみが命令し、裁定し、執行する」という国王ではなくなったといい、この規定により国王の権力に対する一般的限界が設けられたという。[3]

右のようなファールベックの見解は、スエーデンの君主制がこの憲法によって立憲君主制となったことを一般的に説く限りにおいては、もとより正しい。しかしそれだけではこの国の立憲君主制の特殊性を明らかにすることにはならない。すなわちこれらの規定には、最後的決定が国王によってなされることが強調され、それによって国王親政的な思想が強調されていると同時に、他方また国務院議官が積極的にその意見を述べ国王の決定を誤りなからしめるように努力すべき義務が強調されている。すなわち第九条は、「国王の決定が明かに王国の憲法または一般的法律に違反するような思いがけないことが起った場合には、国務院議官は、このような決定に対しては極力抗弁する義務を有する。この場合において、自己の意見を議事録に掲載させない議官は、国王を補佐してこのような決定をさせたものとして責任を負わなければならない」と定め、また第一五条は、軍隊統帥の事務に関する議案の審議に当って、軍務省長官が、「国王の採用した議案について自己の責任において意見を述べる義務を有する」こと、および「もしその長官が国王の決定に賛成しない場合には、その異議及び勧告を議事録に掲載する」ことを定める。

これらの規定は、通常の立憲君主制における内閣補弼の規定とは異なるきわめて特殊な具体的な規定であるといわなければならない。すなわちここでは、国王の最後的決定権が定められ国王の権威が留保されている一方、このように大臣が積極的に補佐すべきことが強調されているのである。そして、国務院議官の意見が議事録に掲載されなければならないという制度は、またその議事録を通して国会が国務院をコントロールする方法を保障することともなることを注意する必要がある。ファールベックがこの規定によって、憲法の保障がいちじるしく進展したと述べているのはこのことをいうのである[4]。そしてこのことは、この第九条が「国王の決定が明らかに王国の憲法または一般的法律に違反するような」予期せざる事態を防止しようとしているのは、何よりも、グスタフ三世の行動、特にロシヤに対する宣戦布告に鑑みたものであることを思うときに、いっそう明らかとなるのである[5]。

要するに、これらの規定は、一方において最後的決定権を有するものとしての国王の権威を維持しつつも、他方それに対する国務院および国会のコントロールを、きわめて具体的に保障しようとするものであり、ここにこの憲法における国王の地位の特殊性があるといえよう。なおこの点については後にもなお触れる。

（1） P. E. Fahlbeck : Die Regierungsform Schwedens, S 49. このファールベックはスェーデンの上院議員でありまた大学教授であった。この書物は全体としてこの憲法の公権的解釈を示しているもののように思われる。
（2） P. E. Fahlbeck : S. 54.
（3） P. E. Fahlbeck : SS. 54〜55.
（4） P. E. Fahlbeck : S. 67.
（5） P. E. Fahlbeck : S. 69.

二　国王の権能

この憲法の規定の表現においては、権力分立の体裁はとられていない。行政権は国王に属するという旨の規定も、立法権は国王が両院と共同して行使するという規定も、裁判は国王の名において行われるという趣旨の規定もない。そこでは第一条に宣言されているように国王統治の原則が前面に強く現われており、国王が他の機関とともに統治権の一部分を分担するという思想はむしろ排除されているようにみえる。ただし、国王の権能が国務院および国会のコントロールの下にあることは前に述べたとおりであり、またたとえば第四九条第二項に「国王及び国会は共同して制定する法律により」とあり、また第八七条第一項に「国王は、国会の承認なくして、また国会は、国王の同意なくして、新しい法律を制定しまたは現行法を廃止する権限を有しない」とあることから、立法権が国王と国会の共同によって行使されるという思想が実質的には前提として認められていることは明らかである。法律案の発案権は国王および両院の議員にある（第五六条）。また国王は解散権をもつ（第一〇八条）。その他国王の個々の権能については、特に述べるまでもない。それよりもそれらの権能の根底に、前に国王の地位について述べたところの思想が存していることが重要である。

三　君主制としての特色

この憲法の下における君主制の特色は、根本的にはすでに述べたようなこの憲法の前文に現われているところであり、また国王の地位の問題として述べたところが、同時にその君主制としての特色の問題でもある。ここでぜそれらをさらに若干補足しておきたい。

国王が国務院の補佐を受け、また国務院議官が国王の行動に過ちなからしめるための積極的な義務を負うことが強調されていること、そして議事録を通して国会がそれをコントロールする道が保障されていることはすでに述べた。この趣旨は、さらに第三八条によって強化されている。すなわち同条は次のように詳細な規定を設ける。

「国王の文書によるメッセージ、国会に提出する政府法案、教会の宗教会議に提出する議案、公共法案、任命辞令その他国王が発する文書及び命令は、国王がこれに署名し、その事項を担当する国務院議官が副署しなければ、その効力を有しない。当該国務院議官は、その行為がそのことについての国務院の議事録に一致することにつき責任を負う。国王によるその他すべての裁決は、その事項を担当する国務院議官の署名を必要とする。当該国務院議官は、直接に国王の命令を受ける機関に対し、その命令の執行について訓令及び覚書を発することができる。国務院議官は、国王の裁決がこの憲法に反すると認めるときは、国務院でこれに反対する発言をしなければならない。国王がそれにもかかわらずその命令の公布を固執するときは、その国務院議官は、副署を拒み、かつ、その結果として、辞職する権利を有し、義務を負う。当該国務院議官は、国会がその行動を審議し、是認するまで復職しない。その間、当該国務院議官の俸給その他の手当は、継続する。」

この規定の核心は、ファールベックのいうように、その最後の部分、すなわち国王の決定に反対である国務院議官の行動を国会に審査せしめる制度、すなわち国王と国務院議官との対立を国会の裁定によって解決する制度にある。この規定は、ファールベックのいうように「国王のみが王国を統治する」という第一条および第四条の根本規定と矛盾するともいえる。国会がその国務院議官の措置を是認すれば国王は国会に屈服せざるをえないからである。この矛盾は形式的には、第四条が国王統治が「憲法の条章に従って」行わるべきものとされていることによって解決されると説かれるのではあるが、いずれにしても、すでに繰り返して述べたように、国王統治の原則が強く前面に立ち現われておりながら、それが国会の強いコントロールの下にあることがこの規定によってきわめて明らかとなっているのであり、この規定は国会を憲法保障の最後の審級たらしめた意味をもつのである。[1)]

国会の右のような憲法保障の権能は、国会に設けられる憲法委員会（第五三条）が行使する。すなわち「憲法委員会は国務院の議事録を検閲することを任務とする」（第一〇五条）ものであり、次のような権限をもつ。

〔第一〇六条〕「憲法委員会が議事録を検閲した結果、国務院議官が明らかに王国の基本法その他の法律に違反した行為をなし、この種の違反行為を援助し、もしくはそれに異議を唱えず、故意に情報をかくすことによって違反行為を引き起し、もしくは援助し、または国王にある事項を提議した国務院議官がこの憲法第三八条に規定する場合において国王の決定に対して副署または署名をすることを拒まなかったことを発見したときは、憲法委員会は、行政監察使を通じて、この者を弾劾裁判所に訴追する。……国務院議官が右に述べた違反により有罪であることが判明したときは、弾劾裁判所は、民事法及び刑事法ならびに国王及び国会の制定する特別法で国務院議官の責任を規定するものに従って判決する。」

〔第一〇七条〕「憲法委員会は、国務院議官の全部または一部が公の処置についての勧告において十分国家の福祉に注意を払わなかったと認めるとき、または国務院議官でその義務を公平に、熱心に、有能に、もしくは努力して果さないものがあると認めるときは、その旨を国会に報告する。国会は、王国の福祉のため必要があると認めるときは、これらの者を国務院及びその公職から退かせるように希望する旨を記載した文書を国王に報告することができる。〔以下略〕

この規定は、政府に対する国会の効果的なコントロールを可能にしたものであり、[2] またファールベックによって、国王の側からする憲法の侵害を防止する意味において、この憲法保障の制度の構造における要石としての役割をもつとせられているところである。[3] そしてそれはまた同時に、この憲法の下における君主制の構造においても同様の役割をもつともいえるであろう。そして実際において、国王はもはやその個人的意思を主張せず、国務院議官によって承認せられない決定を強行することはなく、その結果、特に第三九条の規定、すなわち国務院議官の副署拒否の規定は事実上空文化したといわれている。[4] そしてそれがまた実は、この国の君主制が議会主義的君主制となったことを意味するものでもあるわけである。

（1）P. E. Fahlbeck : Die Regierungsform Schwedens, SS. 124～125.

（2）J. T. Shotwell : Governments of Continental Europe, p. 958.

（3）P. E. Fahlbeck : S. 282.

（4）J. T. Shotwell : p. 960.

北欧の他の二国と同じくスエーデンは今日、議会主義的君主制の国家であるといわれる。この憲法の下における議会主義の発展の過程も、ノルウエーおよびデンマークの場合と同様である。[1] ただその場合に、それが、以上述べてきたような特殊の憲法保障制度を伴うものであったということが注目に値するのである。

第五項　デンマークの君主制

ナポレオン時代に至るまでのデンマークについてはノルウエーのところですでに述べた。すなわちノルウエーがデンマークの支配に苦しみ、それが一八一五年の憲法の制定と独立とをもたらしたのであったが、デンマークにおいてはまさに一六世紀から一九世紀に至るまできわめて強い絶対君主制が支配していた。それを示すものが一六六五年の憲章（King's Law）であり、それは歴史家によって「絶対主義を細部に至るまで規定した文明世界における唯一の成文法」と呼ばれたものである。そこでは国王の統治には、王国の領土の保全・キリスト教の維持・この憲章それ自身の遵守という三つの制限のみが課せられると定められていた。[1)] その結果として、また強度の中央集権と官僚制とがその特色であり、そこには議会制や内閣制は一九世紀まで成立しなかった。ナポレオン戦争の結果、デンマークはノルウエーを失ったが、ノルウエーが憲法をもった一八一五年以後においてもデンマークは絶対君主制として残り、立憲政治への要求もいまだ生じなかった。

しかし一八三〇年の七月革命はデンマークにも転機となり、一八三一年、地方議会が設置された。その議員は国王の任命によるものであったが、この制度により代議制の思想が初めて成長することとなった。この傾向が次に一八四八年の二月革命の影響によって進展した。地方議会の合同会としての全国議会が憲法を起草した。それが一八四九年六月五日の憲法である。

すなわちデンマークの立憲君主制の成立は、ノルウエーやスエーデンに比較して歴史が新しいのである。ただしこの一八四九年憲法は、その後いくたびかの改正を加えられ、そしてこの間に、議会主義化は、他の二国よりもさらに急速に進展することともなった。すなわち、二〇世紀に入るまでの中世紀において、議院内閣制の原則は実際上漸次に承認せられ、一九一五年の改正により普通選挙および婦人参政権が認められた。一九二〇年の改正はいくつかの点において国会の権能を強化した。これらの改正または実際の慣行によって、デンマークに「最も完全な意味におけるデモクラシー」[2]が導入されたといわれるのである。そしてこの間におけるこの傾向を集大成し、さらに今日における各国の憲法に現われている国際主義的傾向をも取り入れた改正が、きわめて最近、一九五三年に行われた。この一九五三年六月五日の憲法が今日のデンマークの憲法なのである。[3]

（1）　J. T. Shotwell: Governments of Continental Europe, p. 944.
（2）　J. T. Shotwell: p. 955.
（3）　一八四九年憲法（一八六六年の修正をも含む）は、土橋友四郎「世界各国憲法」にかかげられている。以下この憲法の邦訳はこれによる。一九五三年憲法の邦訳は、前掲「各国憲法集」による。

一　国王の地位

一八四九年憲法においては、第一条で「政体は制限君主制とする」と定められていたが、一九五三年憲法の第二条は、「政体は立憲君主制の政体とする」と定めている。しかし「制限君主制」が「立憲君主制」に改められたことには、特別の意味はないというべきであろう。

一八四九年憲法の第一一条は、「国王はこの憲法に掲げる制限内において王国の一切の事務につき最高の権力を有し、且つその大臣を通じてこれを行う」と定め、この規定は一九五三年憲法にも第一二条としてそのまま残されている。「国王は、その行為について責任を負わず、その一身は神聖とする。大臣は、統治の実施について責任を負う」（一八四九年憲法第一二条・一九五三年憲法第一三条）。

国王は即位に先立って、国務会議において、憲法を忠実に遵守する旨の宣誓を行う（一八四九年憲法第七条・一九五三年憲法第八条）。

この憲法にはスエーデン憲法にみられたような特殊な規定は存しない。

二　国王の権能

この憲法はスエーデン憲法とは異なり、権力分立の体裁をとっている。一八四九年憲法の第二条は、「立法権は国王及び国会に授権され、共同して行使される。執行権は国王に授権される。司法権は司法裁判所に授権される」と定め、この規定は一九五三年憲法第三条にそのまま踏襲されている。

国王の個々の権能について、特に注意すべき点のみを述べる。

内閣とは別に国務会議が設けられ、いっさいの法律案および重要な統治上の措置は国務会議で審議される（一八四九年憲法第一五条・一九五三年憲法第一七条）。ただし国務会議は内閣と同じく大臣の全員で構成されるのであるが、国務会議には成年に達した王位継承者が議席を有し、また国王が自ら司会する点で相違がある。そして国王が国務会議を開くことができなかった場合には、国王は案件の審議を内閣に委託することができる。その場合、首相は議事録を国王に提出し、国王は内閣の勧告にただちに同意するか、または案件をさらに国務会議において審議するかを決定する（一八四九年憲法第一六条・一九五三年憲法第一八条）。

国王の貨幣鋳造権の規定がある（一八四九年憲法第二八条・一九五三年憲法第二六条）。

立法権に関連する権能としては、国王は法律案の発案権をもつ（一八四九年憲法第二三条・一九五三年憲法第二一条）。また国王は裁可権をもち、さらに拒否権をもつ。すなわち、この点については、一八四九年憲法は、国会を通過した法律案は次の会期に至るまでに国王の裁可を得なければ消滅したものとみなされる（第二四条）としていたが、一九五三年憲法においては、「国会の可決した法律案は、それが最終的に可決された後三〇日以内に裁可を受ければ法律となる」（第二二条）と改められている。なお国王は、緊急事態において国会が集会できないときは事後に国会の承認を要する暫定法律を発布することができる（一八四九年憲法第二五条・一九五三年憲法第二三条）。

国王の権能に対する国会のコントロールに関して特に注意すべきことは、宣戦および条約締結に関してであり、この点についての国会の権能はいくたびかの憲法改正により漸次強化された。すなわち当初の一八四九年憲法においては、「国王は戦を宣し及び和を講ずる。国王は同盟条約及び通商条約を締結し及び廃棄する。ただし国王は国会の同意を得ずして領土の一部を割きまたは現在の国際関係を変更する条約を結ぶことができない」（第一八条）とあったのであるが、一九二〇年憲法はこの前段を「国王は国会の同意を得ずして戦を宣し講和条約を批准することを得ない」と改めた。そして一九五三年憲法第一九条は、詳細に次のように定める。

「国王は、国際の案件については、王国を代表して行為する。ただし国王は国会の同意がなければ、王国の領域を拡大し、もしくは縮少する行為をなし、またはその履行のために国会の協力を必要とする義務もしくはそれ以外の義務で特に重要なものを負担させることはできない。国王は、国会の同意がなければ、国会の同意を得て締結した国際条項を終了させてはならない。

王国またはデンマーク軍に加えられた武力攻撃に対する防衛のためにする場合を除くのほか、国王は、国会の同意を得ないで、外国に対して兵力を用いてはならない。この規定に基いて国王がとる措置は、直ちに国会に提示されなければならない。国会が集会中でないときは、直ちにこれを召集しなければならない。

国会は、その議員の中から対外問題委員会を任命し、政府は、対外政策に関し特に重要な決定をするに先立って、この委員会の意見をきかなければならない。[1)]」

次に同じく国会の権能が強化されたものとしては、議院内閣制の核心としての不信任決議権が一九五三年憲法において明記されたことを挙げることができる。すなわち一八四九年憲法においては、国王および国会に大臣を弾劾裁判所に対して弾劾する権利を認めていたのみであったが（第一四条）、一九五三年憲法第一五条は次のように不信任決議の制度を明文で認めた。

「大臣は、国会がその大臣に対する不信任案を可決した後においては、その職に留まることができない。国会が首相に対する不信任案を可決した場合において、総選挙を行うための命令書が発せられるのでなければ、首相は、内閣の罷免を奏請しなければならない。内閣に対する非難決議が可決された場合、または内閣がその罷免を奏請した場合においては、内閣は新たな内閣が任命されるまでの間、引きつづきその職にあるものとする。右のように引きつづきその職にある大臣は、公務の継続的運営のために必要なことのみを行うものとする。」

二〇世紀初頭以来の議会主義の進展は、この規定によって憲法上確定されたということができる。

（1）　この規定はまた平和主義の進展を意味する。さらに第二〇条は「この憲法の下に王国の機関に授権された諸権力は、国際的な法の支配及び国際協力を助長するために他の国家との合意によって設立された国際機関に対して、法律の定める限度まで、これを委任することができる」と定めている。

三　君主制としての特色

デンマークの君主制は、スエーデン憲法のような特殊な規定ももたず、憲法の上からみるとむしろ特色の少ない立憲君主制である。一八四九年憲法がその歴史的背景において、フランスにおける七月革命および二月革命の影響を受けたことは認められるが、その思想が強くこの憲法の上に表現されているともいえない。ただ、前にも述べたように他の二国に比して立憲政の採用が遅れており、またそれまでの間における絶対王政が特に強力であったこと、そしてそれにもかかわらず、むしろ憲法の成立以後において短い期間に議会主義的君主制が、あるいは実際の慣行として、さらに憲法改正によって進展し、今日において他の二国と同じ段階に到達したことが、その特色であるといえよう。その意味において、学者が、北欧三国の君主制に共通な特色として「初期の時代において国王の権力はきわめて強く、時として絶対専制的ですらあった。しかし今や制限君主制のカテゴリーに属し、また実際的事情においては国王の地位はほとんど純粋に形式的なものとなっている」[1)]という場合に、それはデンマークについていっそう妥当するというべきであろう。

(1)　F. A. Ogg & H. Zink : Modern Foreign Governments, p. 771.

したがってここではむしろ、この節の最後において、これら三国の君主制を通じての共通の特色について、なお若干補足しておくこととしたい。

まず第一に、右に引いた見解のように、今日においてこれら三国の国王は形式的な「国家の元首」の典型であると認められている。しかしこのことは憲法上の規定に基づくものではなく、すでに述べたように、たとえばスェーデンの場合は国王統治の原則が憲法の表現の上ではむしろ強く前面に出されており、他の二国の場合においても、国王の地位や権能は、それほど憲法上制限的・形式的なものではない。またこのことは国王が人民によって軽んぜられていることを意味するものでもない。国王は高い権威をもっており、また重要な個人的影響力を国政に及ぼしているといわれる。レーヴェンシュタインは、政治権力の行使への国王の実際の関与という点からみれば、[1)]これらの国の議会主義的君主制はイギリスとドイツの君主制とのほぼ中間に位するといえると述べている。また国王はその社会的・儀式的な機能を十分に発揮しているといわれる。その点ではそれはイギリスの君主制と類似している。また国王ないし君主制が広く国民に親しまれるものとなっていることもイギリスの場合と同様である。これら三国の君主制は民主的な王室という点では、今日常にその代表とされている。[2] 特にノルウェーのホーコン七世は一九〇五年以来王位にあり、国民から深い敬愛を得ているといわれるが、しかもこの敬愛は、第二次大戦中このホーコン七世の指導の下に反独戦線が形成され、三国の国民が苦難に耐えたことによっていっそう高められたことも注意に値する。[3] レーヴェンシュタインは、ホーコン七世が「抗戦と解放への希望とのシンボルであった」[4] と述べている。そしてこれら三国の王室が密接な血縁関係で結ばれていることは、お互いに三王室の地位の安定を助けていることも認めなければならない。

（1） K. Loewenstein : Die Monarchie im modernen Staat, S. 54.
（2） 「北欧の諸王国では、国王は非常に尊敬されている。しかし旅行者といえども、市電の吊革を握る皇太子、従者もなしにデパートで買物をしている皇太子夫妻を目撃することができよう」（角田文衞「北欧史」三頁）。スエーデンの現国王グスタフ六世は考古学者として知られており、デンマークの現国王フレデリック九世はスポーツマンとして知られている。
（3） F. A. Ogg & H. Zink : Modern Foreign Governments, p. 771. C. Petrie : Monarchy in the 20th Century, p. 214.
（4） K. Loewenstein : S. 58.

これら三国の君主制における以上のような事情から、それらは常にイギリスの君主制と同質であるとされるのであるが、またこれらの君主制の下で社会主義的な施政が行われているという点もイギリス的であるといえる。すなわち、北欧のこれら三国はいずれも高度に進歩した社会政策・社会保障制度の国家として知られている。それによる国民生活の安定が同時にこれらの君主制の安定をもたらしているのである。この点については詳しく述べる余裕はないが、第一次大戦から第二次大戦に至る約二〇年の期間においてこれら三国の共通の特色として、社会民主党の勢力がいちじるしく上昇し、政権を獲得し、政治的に安定した時代をつくり出し、社会保障・国民の福祉の向上に力が注がれたこと、どの政党も圧倒的な勢力を得るには至らなかったが、徒らな政争に陥ることなく常に第一党に協力して国民生活の充実と国家の安全のために努力したこと、社会民主党は漸進的な政策をとり国王とも協力し、また社会民主党も保守党も共産党を非合法化するような政策をとらなかったことを挙げることができる。そしてこのような事情は、第二次大戦後においても基本的に変ってはいない。[1)] このような事情もまた、右の社会民主党というのを労働党と読み替えるならば、イギリスの場合と同様であるといえるであろう。またイギリスの場合に、その君主制の将来は、一つには労働党と保守党との立場の間に決定的な対立が現われるかどうかにかかっていると述べたが、少なくともその事態の到来は今日においては予見されないという点でも、これら三国の君主制はイギリスの君主制と同様であるといえるようである。

（1）　角田文衞「北欧史」二二〇頁以下・二九八頁以下参照。

第七節　今日における君主制の特色

さて、以上この章において眺めてきた君主制のうち、今日現存しているものは、いうまでもなく、イギリス・ベルギー・ノルウエー・スエーデン・デンマークの五国である。フランスおよびドイツの君主制が消滅した経過についても、以上のところで述べた。

レーヴェンシュタインは、以上この章で取り上げた諸国よりもさらに多くの国々、たとえばオランダやイタリ

一、さらに近東・アジアの諸国の君主制をも概観した後に、その結論として、次のように述べている。この章の冒頭で述べたところと重複する点もあるが、次に引いておきたい。

「絶対君主制は、文明国民にとっては、もはや存在の余地はない。後進国民にとっても、それは西欧的思惟によって立憲化される場合にのみ維持される。外見的立憲君主制の時代も去った。それが特別の理由で存続せしめられているものも、常に民主主義的国家の要求と衝突する。

かくして、議会主義的君主制のみ存在の可能性があり、その場合にもまた国王の行為能力はきわめて狭く限定されなければならない。

イギリスの君主制を基礎づける歴史的・心理的諸条件は、他の諸国には人為的に形成されえない。すなわち君主制の形態としては、単に西欧的特徴の議会主義的君主制が残されているだけである。……しかし共和制の形態における議会主義的民主制をもちたいと考える国民は、その政治形態を、君主の制度によって飾ったり、そしておそらくは重荷としたりすることの必要を容易に理解し得ないであろう。[1)]」

これは今日における君主制の根本の問題の所在を簡潔に指摘したものといえるであろう。そして君主制がその長い歴史の後に、今日、右のように指摘されたものとなってきた事情を、すべての国々についてではないけれども、特に顕著な七国について考察してきたのがこの章のこれまでの叙述であったわけである。そしてまた、このような今日の君主制が、いかなる理由によって根拠づけられているかを考察することが次の章の課題なのである。

(1)　K. Loewenstein : Die Monarchie im modernen Staat, SS. 70～71.

ここでは、次の章に移る前に、今日における君主制の特色について総括しておきたい。ただし、これまで眺めてきた現存の君主制の特色をここでそれぞれ改めて要約すること自体は、特に必要ではあるまい。むしろ、これまでに眺めてこなかった現存の他の諸国における君主制をも含めて、今日の君主制の特色を、国別にではなく、いくつかの座標について、かかげておくことが必要であろう。以下、すでに述べた五国のほか、特にオランダ・リヒテンシュタイン・ルクセンブルク・ギリシャ・イラン・タイの七国を取り上げて眺めることとする。それらの間には、もとよりいろいろの相違がある。しかしそれにもかかわらず、それら今日現存の君主制において、以上眺めてきたところの現存の五国の特色、そしてレーヴェンシュタインによって指摘された特色が、支配的な傾向をなしていることが明らかとなるであろう。[1)]

以下、君主制における重要な諸点について、今日現存の君主制諸国の憲法が、どのような規定を定めているかを概観しよう。[2)]

(1) イギリス・ベルギー・ノルウエー・スエーデン・デンマーク以外の現存の君主制国家は、この章の冒頭で列挙しておいた。それらの君主制国家の政治機構の特色をきわめて簡潔に述べたものとしては、A. J. Peaslee : Constitutions of Nations における各国別のコメント、大石義雄編「世界各国の憲法典」における同様の解説、およびこれらに比較して若干詳細なものとしては、関道雄「君主について――各国憲法に見る」(時の法令一七六号・一七七号)がある。なお日本国憲法における天皇の制度については、また別に論ずることとする。

(2) ここで取り上げる諸点のほかに、たとえば国王の成年とか摂政とか王室費などに関する規定も、君主制の全制度を眺める上に必要であるとはいえるであろうが、ここでは省略し、これまで七国の君主制について述べた際に取り上げた諸点に関してみることにする。

一　主権の所在

すでに述べたようにベルギー憲法は国民主権を明記し、その上に立つ君主制を認めたものであるが、このほか、同様に国民主権を明記したものとしては、日本をも含めて次の六国がある。憲法の規定のみをかかげる。

〔ルクセンブルク〕「主権は国民に存する。大公はそれをこの憲法及び国の法律に従って行使する」(第三二条)。

〔ギリシャ〕「すべての権力はその淵源を国民に有し、憲法の定める方法において行使される」(第二一条)。

〔タイ〕「主権はタイ国民から発する。国王は、国の元首であって、この憲法の定めるところにより、主権を行使する」(第二条)。

〔イラン〕「国の権力は国民より発する。憲法はその権力を行使する方法を定める」(第二六条)。

「ペルシャの主権は、神の恩寵により、国民より国王の一身に賦与せられた信託である」(The sovereignty of Persia is a trust which, by the Grace of God, has been conferred on the person of the Sovereign by the people.)(第三五条)。

〔イラク〕「イラク立憲王国の主権は国民に存する。それはフセインの子たるフエイサル国王及びその子孫に国民より与えられた信託である」(第一九条)。

「政体は世襲君主制とし、その形態は代議制とする」(The government is a hereditary monarchy, and its form is representative)(第二条)。

日本国憲法の前文および第一条については、特に述べるまでもない。なお、リヒテンシュタインにおいては、「国家権力は大公と国民とに属し、それら双方により、この憲法の規定に従って行使される」(第二条)としている。

ピーズリーは、君主制と共和制との分類とは別に、主権が国民に属するものと主権的君主を認めるものとの分類をも試みている。すなわちたとえばベルギーや日本は君主制と共和制との分類においては君主制に属するが、主権の所在の分類においては国民主権の国に属する。そしてさらに、主権的君主を認める国のうちにも、国民主権の思想の強い国があるとして、次の諸国を挙げている。オーストラリヤ・カナダ・セイロン・デンマーク・ニュージーランド・オランダ・ノルウエー・パキスタン・スエーデン・南阿連邦・イギリス連合王国。そして、「しかしこれらの国では公けには国王が主権の淵源であり、歴史的に国王から市民的な憲法上の権利が国民に与えられたものであるとされている。連合王国の国民は自らを臣民と称する。しかしそこでは大部分の権力は事実において国民によって行使されるのである。これらの国は憲法の観点からすれば、主権は国王に淵源し国民に存しない国として分類することが、より適当であろうと思われる」といっている。[1)]

ここでピーズリーのいうように、憲法上の規定のみに基づいて、その国の君主制的ないし共和制的性格を断定することはできない。このことは、およそ君主制なるものが憲法によってカヴァーされえない部分を本来もっているものであるということの現われでもあるわけである。すなわち形式的に憲法上は君主制であっても、右のピーズリーのいうように、国民主権的性格の強い場合があると同時に、また逆に、憲法上は国民主権が明記されていても、それが必らずしも実質的には君主主権的な性質を払拭したものであるとはいいえない場合もあることを注意すべきである。たとえば、タイ・イラン・イラクなどがそれに当るであろう。[2)]

（1）　A. J. Peaselee : Constitutions of Nations, vol. 1, pp. 6～9. ピーズリーの君主制と共和制との分類は、この章の冒頭にかかげておいた。彼の第二の分類、すなわち主権の所在による分類は次の如くである。

（a）　主権が国民に存するもの。　アルバニア・アンドラ・アルゼンチン・ベルギー・ボリビヤ・ブラジル・ブルガリヤ・ビルマ・バイエロロシヤ・チリー・中華民国・コロンビヤ・コスタリカ・キューバ・チェッコスロバキア・ドミニカ・エクアドル・エジプト・エルサルヴァドル・フィンランド・フランス・ギリシャ・ガテマラ・ハイチ・ホンジュラス・ハンガリー・アイスランド・インド・イラン・イラク・アイルランド・イタリー・日本・朝鮮・レバノン・リベリア・

ルクセンブルク・メキシコ・蒙古人民共和国・ニカラガ・パナマ・パラグアイ・ペルー・フィリッピン・ポーランド・ポルトガル・スペイン・スイス・シリア・タイ・トルコ・ウクライナ共和国・ソ連邦・アメリカ合衆国・ウルガイ・ヴェネゼラ・ユーゴスラビヤ。

（b）　主権的君主を認めるもの。　アフガニスタン・オーストラリア・ブータン・カナダ・セイロン・デンマーク・エチオピア・ジョルダン・リヒテンシュタイン・モナコ・ネパール・オランダ・ニュージーランド・ノルウエー・サウディアラビア・スエーデン・南阿連邦・イギリス連合王国・ヴァチカン。

なおモナコについて一言する。モナコ憲法には、主権の所在を示す規定もなく、単に「大公の権威の下にある大臣が国政を行う」（第一五条）という規定があるのみである。それは要するに、大公が存在するということ以外には何ら君主制的な制度を定めていないところの君主制であるといってよい。

（2）　イラン　イラク・タイなどの君主制については、アジア・アフリカ諸国の歴史的・政治的特殊性という特殊な観点から論ぜらるべき問題があることはいうまでもない。ここではこの問題については省略する。わが国の文献としては「アジア諸国の憲法と政治体制」（アジア問題・一九五六年一一月号）参照。

二　世襲制

今日の君主制は例外なくすべて世襲制である。ただし、継承者が欠けたときには、国会の意思にかからしめるとするものが多いことは注意に値する。ノルウエーの場合についてはすでに述べた。

【ベルギー】「レオポルド・ジョルジュ・クレティアン・フレデリック・サックス・コーブール陛下の男子孫がないときは、国王は、次条に規定する方法[1)]で行われる議院の同意を得て、その継承者を指名することができる。

前項に掲げた方法による指名が行われない場合は、王位は空位となる」（第六一条）。

【オランダ】「憲法の規定に該当する継承者がないと予想されるときは、継承者は法律によって定め、その法律の草案は国王より提出される。国会はこの目的のために議員を二倍にして召集し、両院の合同会議において、この草案につき討論し裁決する」（第一八条）。

「国王の崩御に際して、憲法の規定に該当する継承者がないときは、国王崩御の後四ヵ月以内に両院合同会議で国王を定めるため、国会は議員を二倍にして参事院によって召集される」（第一九条）。

〔タイ〕「王位が曠欠である場合には、枢密院は仏暦二四六七年継承法の定めるところにより、王位継承者の氏名を国民代表議会に提出し、その承認を求める。議会の承認があったときは、国民代表議会議長は、その継承者に即位を懇請し、これを国王として宣言する」（第二三条一項）。

〔スエーデン〕「不幸にも継承権を有する男系の全王族が断絶した場合には、国務院は、国会が集会して新王家を選定し、選ばれた国王がその職務をとるに至るまで、第三九条の規定[2]に従って統治する」（第四二条一項）。

〔デンマーク〕「王位が欠けた場合において、王位継承者が存在しないときは、国会は、王を選挙し、且つ将来における王位継承の順序を決定する」（第九条）。

これらの規定は実際上やむをえざる規定であるとはいえるであろうが、いずれにせよ国会の意思により王位につくことを認められた場合には、その国王の地位は直接に国会・国民の意思に基づくという性質を強くもつこととなるであろう。さらに、すでに述べたように、ノルウエーの場合のように国会が国王の推薦した継承者以外の者を選定しうるとされる場合にはいっそうそうであるといわなければならない。

（1）　第六二条「国王は両議院の同意がなければ同時に他国の元首となることができない。
両議院は少くともその総議員の三分の二以上出席しなければ前項の同意に関する議事を行うことができない。また少くとも三分の二以上の賛成がなければ、可決することができない。」

（2）　第三九条は摂政に関する規定である。

三　神聖不可侵性・大臣副署制度

合計一二国のうちイラク・イランの二国を除いて、すべて国王の一身が神聖不可侵であるとしている。この場合、厳密にいえば、たとえばデンマークのように単に「神聖」（第一三条）としているもの、タイのように「神聖且つ不可侵」（第三条）としているもの、あるいはオランダのように単に「不可侵」（第五五条）としているものの区別が認められるが、これらの間には法的および実質的に特別の意味の相違は存しないというべきであろう。ただ、「神聖」ということばが用いられている場合は、歴史的に、なお神権説的な思想の残滓が、そのことばを用いていない場合よりも強く残っていることを示すといえるであろう。しかしこの場合にも、その神権説的な思想というのは、もはやかつての如き意味を失い、むしろ単に伝統的・惰勢的なものとなっているというべきであろう。すなわち神聖不可侵性の規定はむしろそれと不可分の大臣責任制の規定を導き出すという意味しかないといってよいであろう。

大臣責任制はまた大臣副署制と不可分である。そして大臣の副署が国王の行為の効力要件であることを明記しているものが多いことも注意すべきである。[1] たとえば次の如し。

【ベルギー】「すべて国王の詔勅（acte）は、責任ある大臣の副署がなければ、効力を有しない。大臣は副署行為の故にのみ、その責任を負う」（第六四条）。

【デンマーク】「立法または統治に関する意思決定に付する国王の署名は、その意思決定に効力を与える。ただし一人または数人の大臣の署名をともなっていなければならない。意思決定に署名した大臣は、その意思決定について責任を負う」（第一四条）。

【ノルウエー】「すべて国王の決定は、その有効となるためには、副署があることを要する。軍隊統率に関する決定に対しては、報告書提出者が副署する。その他の決定に対しては、総理大臣、もし総理大臣が出席しなかったときは、出席閣員中の第一閣員が副署する」（第三一条）。

なおスエーデンの場合に、大臣が積極的に反対意見を表示すべき義務を負うものとし、さらにそれを国会がコントロールするものとする特殊な規定を詳細に定めていることについては、すでに述べた。

（1）日本国憲法が大臣副署制の規定を欠いていることは、この点からいうと、奇異な印象を与える。

四　国王の権能

国王の個々の権能について詳しく述べる余裕がないが、特に注意すべき点だけを、簡単に述べる。

（イ）まず、伝統的な権能として国王に認められるものとして、貨幣鋳造権・恩赦権・栄典権の三つがある。すなわち貨幣鋳造権を認めるものに、ベルギー（第七四条）・デンマーク（第二六条）・オランダ（第六六条）・ルクセンブルク（第三九条）・ギリシャ（第四一条）があり、恩赦権はイランを除いて他のすべての国に認められている。また栄典権も、リヒテンシュタインとイラクを除くすべての国に認められている。この三つの権能は君主の権能として伝統的なものであるといえるが、貨幣鋳造権は今日ではむしろ例外となっていること、および日本国憲法が栄典権のみは天皇に認めているが恩赦権も内閣の権能とし天皇は単にその認証をなすのみであるとしたことは、君主の権能の分解過程を示すものとして興味がある。

（ロ）軍の統帥権も例外なく国王に与えられている。ただし、軍の編制に関する国会のコントロールのほか、軍の統帥についても国会のコントロールが認められるものがある。デンマーク憲法第一九条およびスエーデン憲法第一五条についてはすでに述べたが、なお次の如き規定がある。

【ノルウエー】「国王は、王国の陸海軍の大元帥である。陸軍及び海軍は国会の同意がなければ、これを増減することができない。陸軍及び海軍は、外国の役務に用いることができない。また外国の役務に従事する軍隊は、敵の来襲に対する援兵を除くの外、国会の承諾なくして王国内に入れることができない。

民兵及びその他正規の軍隊に編入することのできない軍隊は、国会の承諾がなければ、王国の国境を越えてこれを使役することができない」（第二五条）。

（ハ）国会の召集について、臨時会や特別会の召集は国王の権能とするのは通例であるが、常会については、その召集権を国王に認めているのは、ここで取り上げる諸国のうちではリヒテンシュタイン（第四八条・第四九条一項）およびタイ（第五九条一項）にすぎない。この点は日本国憲法が常会をも含めてすべての会期について天皇の召集権を認めていることと比較して興味がある。

（ニ）立法権については、それが国会のみに属するという趣旨の規定を有するのは、ノルウエーおよびリヒテンシュタインのみである。ノルウエー憲法は次のように定める。

「人民は上院及び下院の二部から成るところの国会を通じて立法権を行使する」（第四九条）。

「次の事項は、国会に属する。(イ)法律を制定し及び廃止すること〔以下略〕」（第七五条）。

ただしこの二国でも国王には法律の裁可権は与えられている（ノルウエー憲法第七七条・第七八条、リヒテンシュタイン憲法第九条）。

他のすべての国では、立法権は、規定の表現にはいろいろの相違があるが、国王と両院が共同して行使するという趣旨が定められている。たとえば次の如し。

【ベルギー】「立法権は、国王、代議院及び元老院が共同して、これを行う」（第二六条）。

〔タイ〕「国王は、国民代表議会の助言と同意により、立法権を行使する」（第七条）。
〔オランダ〕「立法権は、国王及び国会が、共同でこれを行使する」（第一一二条）。

〔スエーデン〕「国会は国王と共に民事法、刑事法または軍刑法を制定し、またはさきに制定されたこれらの法律を改正し、もしくは廃止する権限を有する。国王は、国会の承諾なくして、また国会は、国王の同意なくして、新しい法律を制定し、または現行法を廃止する権能を有しない」（第八七条一項）。


なお国王の裁可権および公布権はすべての国において認められている。この点でも、日本国憲法が公布のみを天皇の行為とし、立法権から天皇を完全に排除し、裁可権をも認めていないことは興味がある。

（ホ）　行政権が国王に属するという原則は、例外なく認められている。すでに述べたもの以外としてはたとえば次の如し。

〔オランダ〕「行政権は国王に属する」（第五六条）。
〔タイ〕「国王は内閣を通じ、行政権を行使する」（第八条）。
〔ルクセンブルク〕「行政権は大公のみが行使する」（第三三条）。

〔リヒテンシュタイン〕「政府は大公及び議会に対して責任を負う」（第七八条）。


この点でも、行政権は内閣に属すると明記した日本国憲法は特色があるといわねばならない。

（ヘ）　司法権については、国王の名において行われるという趣旨の規定が通例である。

〔オランダ〕「司法は王国の全土を通じ、国王の名において、これを行う」（第一五六条）。
〔タイ〕「司法権は、法律の定めるところにより、国王の名において、裁判所が行使する」（第九九条）。
〔ベルギー〕「司法権は、法院及び裁判所が、これを行う。すべて判決は、国王の名で、これを行う」（第三〇条）。

〔ギリシャ〕「判決の執行は、国王の名において、これを行う」（第二八条）。

【リヒテンシュタイン】「司法は大公の名において行使される」（第九九条）。

【ルクセンブルク】「判決とその執行は、国王の名において行われる」（第四九条）。

ただしスエーデンは、司法権の所在および行使についての原則的な規定を欠き、次の如き特殊な規定をもつ。そこには国王が正義の源泉であり、国王が司法権を行使するという思想がみられないでもない。

「国王は正義と真実を維持し、増進し、不公平と不正を防止し、禁止する。国王は、法律による裁判と宣告によるのでなければ、各人の生命・名誉または個人の自由もしくは福利を奪いまたは奪わせることはない。国王は、スエーデン国法の規定による裁判と判決によるのでなければ、各人の動産または不動産を奪い、または奪うことを許すことはない【以下略】（第一六条）。

この点についも、司法権から天皇を完全に排除した日本国憲法は特色がある。

（ト）最後に、基本的な規定として、国王の権力ないし権能が、厳格に制限的なものであるということを特に明記するものが多い。すなわち、すでにみたようにノルウエー憲法が、政体は「制限世襲君主制」であるとし（第一条）、デンマーク憲法が、「立憲君主制」であるとし（第二条）、またリヒテンシュタイン憲法が、「民主的且つ議会主義的基礎の上における立憲世襲君主制」（第二条）であるとしていることや、また国王が憲法および法律に従って統治するという趣旨の規定があることとは別に、ベルギー憲法第七八条と同じように、国王は特に憲法の定める権能のみを行うという趣旨の規定は、たとえば、ルクセンブルク（第三二条）・ギリシャ（第四四条）などにみられる。日本国憲法第四条もこれに属することはいうまでもない。ただし、この点についても、単にこの種の規定の有無のみが問題ではないことは、改めて述べるまでもない。

さて、以上きわめて概観的に述べてきたところからいいうることは、次の点であろう。

第一に、国王の権能として憲法上はなお伝統的な規定として古い形を維持しているものが多いこと。たとえば貨幣鋳造権・恩赦権・栄典権を初めとして宣戦講和の権能・軍の統帥権・裁可権・公布権などがそれである。司法権について判決が国王の名において行われるという規定もそうであるといえようし、また神聖不可侵規定についても同様である。しかし、これらのうち貨幣鋳造・恩赦・栄典などは、一応、非政治的権能であるとして、もはや最も伝統的・惰勢的なものとして国王に残されているにすぎず、裁可・公布についても、立法権は実質的には完全に国会の手に移ったことから、名目的に国王に残されているというべきである。すなわちそれらは実質的には、過去において君主権の内容をなしていた場合の本来の意味をもはや失っているということができよう。このことは通例国王に認められている大臣任免権についても同様であり、実質的に議院内閣制が成立していればそれはもはや単なる儀礼的なものにすぎない。そしてそのような内閣の助言の下に行使される国王の権能は、一般的にもはやもっぱら形式的なものとなってしまっているといいうる。すなわち、行政権が国王に属するという趣旨の規定も、そこでは、立法権および司法権が国王の手から離れて国会および裁判所に移ったものとされたことの結果として、もはや国王には行政権のみが残されているにすぎないということを現わすものとなっているとみるべきである。しかもその行政権についてもそれは実質的には内閣の決定し行使するところなのである。

すなわち要するに国王の権能は、かりに憲法上国王の権能として認められているとしても、それは形式的な意味しかもたぬものとなっているのである。それがなお形式的に国王の権能として残されていることは、要するに君主制の伝統ないしは惰勢の現われであるといえるであろう。そしてこの点をいわば勇敢に、憲法の上でも明確にしたものが、まさに日本国憲法であるといえると思われる。

第二に、右のように国王の権能についての憲法の規定がなお形式的には伝統的・惰勢的な古い体裁をとり、実質的にそれがデモクラティックな内容をもつようになっていると同時に、他方、憲法そのものの上にも、デモクラティックな規定がみられる部分もあるということ。その例としてはたとえば、国会による王位継承者の決定・国会特に常会の自律的集会の制度、さらに国王の権能制限の規定、また国民主権の原則の明文化等を挙げるべきであろう。君主制憲法がこれらの規定、特にその最後のものをもつに至るならば、それはむしろ君主制そのものに矛盾する原理の方向を自ら容認したものといわなければならないであろう。

以上のところに、今日の君主制が、その憲法上の規定にもかかわらず、進みつつある方向がみられるといってよいであろう。それがまたこれらの君主制が今日に至るまで生き永らえてきた理由でもある。そしてそれがまた次に考察すべき、今日における君主制の存在理由ないしその根拠づけの問題でもあるわけである。

第三章　君主制の理由づけ

第一節　君主制の理由づけの諸理論概説

前章において、君主制が諸国の憲法の上にどのように現われてきたか、そしてまた今日、どのように現われているかを眺めてきた。そこでは同時に、君主制が、最も古い制度でありながら今日においてもなお生き永らえ、存続している理由にも触れたこととなった。しかし、君主制が生き永らえ、存続している理由を明らかにするだけでは、まだ君主制に積極的な理由づけ(Rechtfertigung)を与えたこととはならない。そして今日、君主制にとってはその積極的な理由づけが問題なのである。

そして何故に今日、君主制の理由づけが問題であるかといえば、それは君主制が今日、特に理由づけられねばならぬ必要があるからである。すなわち絶対君主制が唯一の支配的な国家形態ないし政治体制であった時代においては、君主制は何ら理由づけられる必要はなかったといってよい。

しかるに君主制はもはや唯一の支配的な国家形態ではなくなった。すなわち民主主義または合理主義の思想の成長、憲法的にいえば君主主権に対立する国民主権の原理の成長が、少なくとも今日において、君主制を支配的な国家形態たらしめなくなっている。そこに生ずる君主制の歴史的変遷を、まさに前章においてたどったのであった。すなわち憲法的にいえば、今日、君主制は国民主権の原理との対決を迫られている。そして国民主権との対決を迫られた今日の君主制が、その理由づけを必要ならしめたのである。したがって、今日における君主制が自らを理由づけようとするときには、国民主権との調和を試みるよりほかはない。[1] その意味で、今日における君主制の理由づけの理論は、防禦的・消極的な性格をもつということができよう。このことに注意することが君主制の理由づけについて考える場合の、いわば出発点でなければならない。

（1）　ここで、国民主権との調和を試みるよりほかはないと述べたのは、憲法の問題として論ずる場合には何よりも直接に取り上げられなければならないのがこの問題であることをいうのである。君主制の現由づけのためには他の要請との調和もまた要求される。たとえばレーヴェンシュタインは、君主制は「現代においては国家の福祉と国民の一体性との促進を要求しうる場合にのみ是認される」と述べている。K. Loewenstein : Die Monarchie im modernen Staat. S. 72. これらの点についても、また後に触れなければならない。

マックベインおよびロジャースは第一次大戦後にヨーロッパ諸国に生れた諸憲法の傾向の一つとして、当然のことながら、君主制の凋落という現象を挙げている。[1] そしてそこで君主制存続の理由が論ぜられているのである。興味のあることはそこで彼らが、イギリスの歴史家フィッシャーの述べたところに拠りながら、[2] 一八七〇年以来、ヨーロッパにおいて共和主義はほとんど何らの進展を示しはしなかったと述べていることである。すなわちこの時期以後第一次大戦に至るまでの間、デモクラシーは、議会主義の確立と選挙権の拡張とに忙しかったけれども、王冠を攻撃しなかったという。[3] それは一八四八年における君主制の危機からみればむしろ共和主義の退潮の時期であったともいえるという。そしてこの現象の理由として、フィッシャーが一九一一年に述べたところを引いているのである。

すなわちフィッシャーは、この時期における共和主義の退潮の理由として、次の諸点を挙げたのであった[4)]。

第一に、一八四八年には不安定であった君主制の地位は、その「狂気の一年」が過ぎ去るとともに安定をとりもどしたが、それには君主の個人的理由があずかっていたこと。すなわち一八四八年以前においてはきわめて低かった国王たちの政治的知性が相当の程度において高められた。ヴィクトリア女王やウイルヘルム一世の信望はたしかに君主制への批判と不評とをいちじるしく緩和することに役立ったのである。

第二に、社会的・経済的問題の緊急性が君主制の問題への関心を失わしめたこと。すなわち資本と労働との関係という問題が民主主義国家の執行権の形態というような問題よりも重要であるとされ、また社会の経済構造に対して漠然とではあっても一般に抱かれた不満が、国王および宮廷の冗費と不経済とに対する抗議に取って代わることとなった。

第三に、ビスマルクによるプロシャ君主制の成功が、立憲君主制の地位を議会主義的共和制と併立し対抗するに足るまでに高めたこと。一九世紀の末期においてはドイツ人の意識は半世紀前のフランクフルト国民議会のドイツ人の意識とははなはだ異なったものとなってきた。

第四に、帝国主義の発展が君主制の強化をともなったこと。また特にイギリスにおいては君主制の原理が大英帝国の政治哲学の不可欠の要素となった。

第五に、この時期におけるヨーロッパの平和が諸王室の結び付きによって維持されていること。ただしマックペインおよびロジャースのいうように、この点についてのフィッシャーの見解はきわめて疑問であり、諸王室はヨーロッパの平和の維持に成功しなかった。彼は歴史家であり予言者ではなかった。すなわちマックペインおよびロジャースのいうように、フィッシャーの挙げた以上五つの点は、君主制の存続のために作用したいろいろの要素の分析としては正しいというべきであろう。

フィッシャーの挙げた以上五つの点のほかに、さらにマックベインおよびロジャースは、君主制存続の理由として次の二点を加えるべきであるとしている。

すなわち第六に、ウエルズのいうように、君主制は「持てる者」の制度として存在するものであること。すなわち、富めるかつ知識ある人々は既存の秩序を破壊することを好まないのである。[5)]

第七に、マックベインおよびロジャースは、彼ら自身の主張として、国王大権がその行使において節制されていることを挙げている。国民代表機関のコントロールによって国王の拒否権が制限され、時としては国王と議会との抗争が後者の勝利に帰したということが、かえって君主制の伝統を維持するのに役立ったのである。[6)]

（1） H. L. McBain & J. Rogers : The New Constitutions of Europe, 1922, p. 1 ff. (chapter I, Princes and Parliaments)
（2） H. A. L. Fisher : The Republican Tradition in Europe, 1911.
（3） McBain & Rogers : p. 10.
（4） H. A. L. Fisher : p. 320 ff.
（5） H. G. Wells : The Future of Monarchy (The New Republic, 1917, 5, 19)
（6） McBain & Rogers : p. 14.

マックベインおよびロジャースによれば、一八七〇年以来第一次大戦に至る期間において、ヨーロッパにおける君主制が安泰であったのは、およそ以上のような事情によるとされるのであるが、第一次大戦はこの事情を一変した。彼らは、ホーヘンツォレルンとハプスブルクの両王室が決定的に打ち破られ、そしてそれらの権威が完全に地に堕ちたときに、それらの人民が絶望のうちに、完全に君主制に反対したということは容易に理解しうると述べている。[1] ただしここでマックベインおよびロジャースが、そのような悲惨な敗戦の状態においてすら共和主義への真に効果的な刺戟は外部からきたようにみえると述べていることは注意に値する。すなわち敗戦諸国における君主制の顚覆の第一の原因は、おそらくは共和制の採用がよりよき講和条項の確保に役立つであろうという期待であったからであろうという。[2] この点は、彼らの指摘をまつまでもなく、およそ敗戦という現象が君主制の危機をもたらすという一般的な原則の問題として、もとより無視されてはならぬ点である。

(1) McBain & Rogers : The New Constitutions of Europe, pp. 14〜15.

(2) マックベインおよびロジャースは、もしもウイルソンが平和交渉の第一の項目として共和制の採用を要求しなかったとしたならば、これら敗戦諸国においても君主制の否認は生じなかったであろうと述べている。McBain & Rogers : pp. 15〜16. ここにはしかし二つの問題があるというべきであろう。第一は、ウイルソンの平和交渉がはたして明示的に共和制の採用を要求したものであったかということ。これは歴史的考証の問題であり、ここでは触れる余裕がない。ただここでは、一九一八年一〇月二六日のドイツ帝国憲法の改正は君主制の否認までには至らず、しかも当時、ドイツ政府はこの改正をもってウイルソンの要求は満足されるものであると考えていたこと、しかしそれにもかかわらず時はすでに遅く、キールに始まった革命は君主制の崩壊をもちきたらしたことを一言しておくにとどめる。この点については、私の「ドイツ帝国憲法崩壊の教訓」(「日本国憲法十二講」所収)、W. H. Kaufmann : Monarchism in the Weimar Republic, 1953, p. 29 ff 参照。第二は、かりにウイルソンの要求が共和制の採用を要求したものであったとしても、これら諸国の内部には積極的に君主制を維持しようとする意図がなかったのではないかということ。これもまた歴史的考証を必要とする問題であるが、いずれにしても、単に戦勝国の要求のみが君主制の否認をもたらしたとすることはできないであろう。

さて、右の最後の問題は一応別として、マックベインおよびロジャースが、第一次大戦以前の事情について、主としてフィッシャーの説くところに従いながら述べていることは、その後、今日における事情についても当てはまるといってよい。すなわち彼らが述べていることの重点は、要するに、君主制か共和制かという問題が重要性を喪失したという点にある。そのことが君主制を存続せしめたのである。しかしここで注意すべきことは、そのような事情で君主制が存続せしめられたということが仮りに認められるとしても、それだけではいまだ積極的に君主制を理由づけるということにはならないということである。すなわち一般的にいって、実質的にデモクラシーが成長し確保されれば君主制か共和制かという問題は重要性を失うということができるであろうが、実は問題は、実質的なデモクラシーが進展し確保され、君主制の重要性が失われたにもかかわらず、しかもなおそれが維持されねばならぬとされる積極的な理由は何であるかに存するというべきであろう。そして実はそれこそが君主制の理由づけの問題なのである。

そしてこの問題を考える場合に、この問題についての最近における注目すべき研究として、レーヴェンシュタイン[1]とブラック[2]の所説を取り上げる必要があると思われる。以下、まずこの両者の述べるところの概要、すなわちその論点および理由づけの方法を顧みることとしたい。

(1) K. Loewenstein : Die Monarchie im modernen Staat, 1952. この書物についてはすでにいろいろの箇所で引用した。

(2) P. Black : The Mystique of Modern Monarchy, with Special Reference to the British Commonwealth, 1953.

まずレーヴェンシュタインの説くところを概説する。[1]

彼は君主制の理由づけを、感情的理由づけ (gefühlsmässige Rechtfertigung) と、理性的理由づけ (verstandesmässige Rechtfertigung) とに分ける。ただし、この区別は相対的なものであるとする。そして感情的理由づけに属するものとして、宗教的理由づけ・国父説・血統の正統性の理論の三つを挙げ、理性的理由づけに属するものとして、中立的権力の理論・国家の象徴的体現の理論の二つを挙げる。まず感情的理由づけについて。

㈠　宗教的理由づけ

人類の国家生活の歴史の初期において君主制を自然の統治形態であると思わしめたものは、それが彼岸的な、神的な存在根拠をもつとする思想であった。そこでは君主制は神秘に満ちた、呪術的・礼拝的・宗教的性格を与えられた。しかしこのような思想は今日ではもはや問題とならない。「神の恩寵による」という思想には今日の市民はもはや完全に冷淡である。きわめて最近に至るまで、天皇を神の子なりとする神道の下にあった日本はまさに特殊な異例である。しかしこのことは、すべての国家権威はただ理性的にのみ捉えられ感情的関係を欠いているということではない。むしろその反対が正しい。今日においても、権威制（Autokratie）は感情的要素によって支えられている。ナチズムも共産主義も、根底においては政治的宗教であり、ヒトラーやスターリンはまさに神的崇拝を受けた。しかし君主を単に一定の血統の故のみをもって神性を備えたものとみる時代はもはや訪れはしないであろう。

㈡　国父説（Das Vater-Argument）

君主が国の父であるという観念は封建制の基礎の上に成り立つ観念であるが、それはフランス革命以来、痕跡をとどめていない。それは国王の財産と国家の財産との区別が確立されたことを意味するし、また君主が国ないし国民の父であるというような考え方は、今日ではもはや救いえないほど非近代的なものとなっている。ただし、共和国において大統領を国の父と呼ぶことはおよそ考えられないことであるのに対して、過去の伝統的君主の惰性として、今日の君主国においても君主を父なりと呼ぶことによって国民の子供らしい趣好をなおわずかでも喜ばせる要素が残っていることは忘れてはならない。

(三)　血統の正統性 (Legitimität)

君主の権力は血統に存する本来の支配的権力に基づくという思想は、君主制が本来伝統的・歴史的なものによって支えられる性質のものであることに直接に結びつくものであるが、正統性の観念はもはや血統ということから離れて支配権力に対する承認という広義の観念となっており、血統ということはその一つの要素にすぎないものと考えられている。王統は海外から輸入され、また短い歴史しかもたない場合が少なくない。要するに血統の正統性は君主制が普遍的・正常的な国家形態であるとされていた時代においてのみ決定的な要素とみられたにすぎず、それが国家にとって本質的なものではないという意識が強くなってきた。王政復活がかりに成功するとしても永続しない理由もそこにある。

次に理性的理由づけについて。ここで「理性的」というのは単に信仰にとどまらず、また単に神話にとどまらず、君主制の有用性または合目的性を説明しようとする試みを意味する。そこに二つの理論が生まれる。

(一)　中立的権力の理論

君主の中立的権力という観念は、誤りやすい方式である。それは歴史的にいって、フランス革命により権力を獲得した市民層がしかしなお不可欠のものとされた君主制と融和しなければならなかったときに考え出された方式であった。コンスタンはその意味で「最も熟練した政治的舞台監督であり、また近代立憲主義の創設者であった」。バジョットの理論にも結論的にはコンスタンと同じものが見出される。

この理論はきわめて巧みな構成である。それは君主主義から権威主義の棘を抜き去りながら同時にそれに再び尊厳さを与え、それによって君主の制度が国家にとって有用であるのみならずまさに必要なものとして述べられることとなった。そしてさらに、君主制の機構が近代的大衆デモクラシーに適合せしめられ、また君主が政党政治における静止せるポールとしての役割を果すものとされた。事実においても、イギリスはもとより、西欧の諸国において立憲君主は今日に至るまで中立的権力の役割を巧みにかつ効果的に果してきた。それは社会主義的政府との関係においてもそうである。ベルギーのみが例外をなす。2)

㈢　国家の象徴的体現（symbolische Verkörperung des Staates）の理論

この理論は君主の中立的権力の理論と結びついている。なぜなら君主の中立的権力の思想は容易に、君主が国家の統一性を感覚化し、国家の不可欠の中心点となるという思想に拡大されるからである。国民は目にみえる人間の中に指導が具体化されることを欲する。その際、国家とか共同体とか、憲法とかの抽象的観念は役に立たない。そして強固な基礎をもちかつ尊敬されている君主の制度が、このような要求に適合する。そのような国家は独裁制に走ることもない。

このようにこの理論は感情的な動機と理性的な動機とが混在・融合した思考方式の上に立っている。したがってこの理論は一面においては正しく、一面においては誤られやすい。

この理論が正しいというのは、たとえばナチス・ドイツやソ連邦において大衆的な象徴が人工的に、君主制国家より以上に作られはしたけれども、君主制または君主主義の思想が、国家の統一性・一体性の明確化のために特によく適合するということは争いえないという点についてである。その典型はイギリスにみられる。この理論が誤られやすいというのは、君主制が独裁制への防塞となるという点についてである。それはイタリーの場合を想起すれば明らかであろう。イギリスおよび西欧・北欧の君主国とは異なり、イタリーの君主制はファシズムを支持したのであった。

レーヴェンシュタインはおよそ以上のように述べて、そして以上のような問題は、さらに君主制が国家機構の中で営む役割をさらに詳細に考察することによって補充されなければならないとするのである。

(1) K. Loewenstein : Die Monarchie im modernen Staat, SS. 72〜90. (III Kapital, Die Rechtfertigung der Monarchie) 以下、特別の場合のほかは一々、頁数をかかげない。

(2) ベルギーが例外をなすというのは、第二次大戦における前述のレオポルド三世の事件を意味するのであろう。

次にブラックの説くところを同様に概説する。[1] ブラックはレーヴェンシュタインとは異なり、憲法学者でもなく政治学者でもなく、心理学者・社会心理学者である。[2] したがって彼のこの書物はむしろ君主制の社会心理学的考察であり、また直接にはイギリスの君主制を対象とするものであり、またそこに彼の研究の重要な価値がある。すなわち彼はイギリスの君主制が最も重要な機能を営みその結果イギリスおよびコモンウエルスの福祉がおよそそれに依存しているということは万人が一致して承認するところであることを認めた上で、しかし人々が君主制をこのように評価しえないほどに有用なものとみる感情は、君主制における神秘的・精神的な性質への信頼に根ざしているとし、この神秘性は何であるかを明らかにすることが彼の意図であると述べている。そしてこの神秘性は国王の大権の不明確性がかえって国王の潜在的権力を増加させていることからくる君主制感情によるものであり、この君主制感情の原因と条件を社会心理学的に追求することが必要であるとする。[3]

このような立場に立って彼は、従来、君主制の理由づけのために説かれた種々の理論を二つの型に分ける。一つは、イギリスの君主制がその臣民の感情のなかで成長していることに注目して、この君主制の感情が何をその主要な発条(ぜんまい)として人々に影響を与えているかについての理論であり、第二は、この君主制がコモンウエルスの福祉のためにどのような機能と役割を果しているかについての理論である。彼は前者を「主要発条的アプローチ」と呼び、後者を「機能的アプローチ」と呼んでいる。そしてこの二つのアプローチの方法は相互に密接に結びついている。[4] 以下、彼に従って、この二つの型におけるいろいろの理論を列挙しよう。

まず主要発条的アプローチによる理論に属するものとして次の三つがある。

㈠　磁石理論（The Magnet Theories）

この理論の特色は、およそ人は何らかの権威をもつ人間または制度に自動的にひきつけられる傾向があるという観点に立つ点にある。

たとえばセシルは、およそ世襲に基づく地位には本来権威がともなうものであるとし、幼少の君主をも君主たらしめるのはひとえにそれが世襲君主なるが故であるとしており、[5] またマキァヴェリは、周知のように「君主をしてそのように尊崇されるものたらしめるものはその偉大なる功業と勇武の実証以外にはない」といった。[6] さらにウエーバーのカリスマ論が、この型に属する理論であることはいうまでもない。

㈡　阿諛理論（The Subservience Theories）

この理論の特色は、人が君主の権威を強く印象づけられると尊敬が自動的に献身にまで高められることを、すなわち国民の君主に対する尊敬と臣従の天性を強調することにある。マキァヴェリが、臣民は天性的に正統の国王を畏敬するものであるといい、[7] スペンサーが、人々がいかなる国、いかなる時代においてもその主人・王侯・国王に対する屈従的忠誠を示してきたことを指摘し、[8] ミヘリスが、「地上の天帝に対する献身」について述べている[9] のはその例である。

㈢　好奇理論（The Curiosity Theories）

人々が君主制にひきつけられるのはそれが人々の好奇心に訴えるからである。しかしブラックは、それだけでは十分でないという。問題は、何故に人々が君主制に好奇心をもっているかにあるからである。

次に、機能的アプローチに属する理論として、彼は次の二つを挙げる。

㈠　機構的理論（The Mechanical Theories）

この理論の中心的特徴は、合理的によく運用されているものは損わるべきではないという思想である。イギリスの国王の存在が帝国の存立の原因ないし条件であるとし、そしてその制度がよくこの役割を果しているとして、この制度を弁護する主張はその例である。

㈡　国民的誇りの理論（The National Pride Theories）

この理論は、あらゆる国家の国民は彼らの結合された個性の具体化を代表する元首を欲するものであり、それには特に君主が選ばれるという思想に基づく。イギリスの君主制について最もしばしば引用されるセシルの「国民は、国民であることに基づいて進歩し、また主権者の王冠を要求する」ということば[10]や、また多くの人によって広く説かれているイギリス君主制は輸出されえないという主張はこれに属する。

さてブラックは二つの型にそれぞれ属する理論を以上のように例示した後、さらにこの二つのアプローチが結びついているものがあるとし、それを「主要発条的・機能的アプローチ」（Mainspring-Functional Approach）と呼び、それには次の三つの理論が属するとしている。

㈠　感情理論（Sentimental Theories）

この理論は、人々が君主制に対する忠誠とか愛着とかの感情をもっておりそれが彼自身の中にエモーショナルな焦点を備えているところの君主の存在によってのみ満足せしめられるという思想に立つ。そしてこの感情は理性的なことばによっては説明されえないものではあるが、人々の性質として認められている。バーカーが、国王は国民の感情に表現を与えるといい、かつ、そこには理由は必要はないというのはその適例である。[11]

㈡　惰性理論（The Inertia Theories）

この理論は、君主制は人々がそれに慣れていることによって存続しているという思想に基づく。すなわち人々は他の制度を知っておりまたそれが君主制よりも合理的であることを知っている。しかし慣れてきたものへの親近性は自動的に未経験なものの新奇性を排除する。それは人々の心情における自然な保守主義であり、特にイギリスの君主制はそれに根ざすものであると指摘されることが多い。セシルは、人々の変化を嫌うという心情は理論的な理由に基づくというよりは未知のものへの不信と経験への信頼とに基づいているという。[12]ブラックは、この理論は心理学的な説明としては正しいが説明だけでは積極的な君主制の理由づけとはなりえないといっている。

㈢　演劇的理論（The Theatrical Theories）

儀式を愛好するのは人の天性である。そして君主制はこの天性を満足させる。戴冠式を初めとして王室を主人公とする大ステージショーは君主制の政治的機能よりもはるかに重要であると説かれることが多い。

（1）P. Black : The Mystique of Modern Monarchy, pp. 4〜33.（II. Theories of Mainsprings and Fucntions of the British Monarchy. III. Outlines of a Theory of the British Monarchy.）ここでも、以下、一々頁数をかかげない

（2）ブラック（Percy Black）の他の業績その他については私は知るところがない。ただ彼は、ニュー・ブランスウィック（New Brunswick）大学の心理学の助教授である。

（3）P. Black : Preface, pp. v〜vii.

（4）P. Black : p. 4.

（5）H. Cecil : Conservatism, p. 227.

（6） N. Machiavelli : The Prince (New York. The Modern Library, 1940), p. 81.
（7） N. Machiavelli : pp. 5~6.
（8） H. Spencer : The Principles of Sociology, 1899, Book II. chap. 6.
（9） R. Michels : Political Parties (Translated by Eden & C. Paul, 1949), p. 67.
（10） H. Cecil : Ccnservatism, p. 240.
（11） E. Barker : The : British Constitutional Monarchy, p. 10 ff.
（12） H. Cecil : Conservatism, p. 9.

イギリスの君主制の理由づけに関する以上のような諸説を挙げた後に、ブラックは、結論として、君主制は多くの面をもった現象であり、以上のいろいろの理論は、事実と洞察とを提供はしているがそのすべての面を包括してはいないという。すなわちそれらの理論はいずれも単独では君主制の理由づけにはなりえず、またそれらによってはなお蔽いつくされないでなお残されている部分も存するという。そして彼は、彼自身の見解として、さらに次のような諸点が補充されねばならぬとする。[1]

第一に、何故にイギリスの君主制が人々にとってポピュラーなものとなっているかといえば、それは人々がそのように教え込まれているからである。もしも人が国王の制度の優越性を認識しそれを身近かなものと感ずるように教え込まれるならば、人はその優越性を認識しそしてそれを身近かなものと感ずる傾向をもつようになる。平均的な忠良な臣民はその君主制感情を説明せよと求められるなら、それを理由づけようと努めるかもしれないが、それを説明することはできない。「もしも誰かがイギリスの臣民であれば、彼は単に君主制を全身全霊で承認するのみである。彼は君主制について考えはしない。彼は感じ、そして行動するだけである」。すなわち、イギリス君主制の最も顕著な性格は単にそれが存在するということの中に見出されるのではなくて、それの生き生きとした永続性に関連している諸事実の中に見出される。そしてその生命力の源泉は、人々が君主制から満足を引き出していることにある。君主制は人々によって力づけられ、支持されているのであり、君主制の存続はこのことに依存しているのである。そして何故に人民が君主制を力づけ、支持しているかといえば、それは君主制が古くからの永続性の幻惑と過去の光輝ある歴史の装飾とで飾られたところの高貴で強力な制度であるからである。そしてしかも何故にそれが高貴で強力であるかといえば、それはそのように人々が信ずるからだというよりほかはない。

第二に、君主と人民との間にはいわば相互の補充作用(Reciprocal Complementarity)というべきものがはたらいている。すなわち人民は彼ら自身とは別の何ものかに対して何らかのものを与えることによって何らかの満足を得ようとする。国王はその地位と特権とを人民から受けとり、人民はその地位と特権とから生ずる満足を受けとる。そして人民の目には国王は彼らに属するものとして写り、国王の目には彼らはすべて平等なものとして写っているものと彼らは信じているのである。そこにまた国王がその見えざる指導力によって国土と人民の上に安定と平和とをもたらしているものと考えられることともなる。国王の存在が安定と平和の原因であるかどうかは疑問であるが、しかし人々はそのように信ずるのである。

第三に、君主制の心理はコモンウェルスにおいて最も大きな関連をもつことはいうまでもない。そこにおける共通の国王による多くの民族の結びつきは、ローマン・カトリックにおける法皇との結びつきと同じである。コモンウェルスの全民族は国王から自由と統一とを受けとり、国王に対して忠誠と愛着とを与えるのだと信ぜられている。[2]

ブラックは彼自身の見解として以上の諸点を述べた後に、最後に結論的に、要するに、君主制は習慣的・慣性的な制度であると説く。すなわち、君主制は単に古い時代からの生き物である。それは人間の言語その他の習慣と同じく、教え込まれたものである。父母に対する愛の感情と同じように君主制感情は容易に説明しえない。すなわちこの感情を形づくるいろいろの要素、たとえば前述した相互の補充作用の感情や見えざる指導の感情なども、長い習慣の中に慣性的に教え込まれたものであり、人々はそれに自ら満足しているのである。

(1) P. Black : The Mystique of Modern Monarchy, p. 22 ff.

(2) ブラックはしかしこの考え方には大きな誤りがあるという。この点については、君主の象徴性の問題として、後に詳しく述べる。

さて、レーヴェンシュタインおよびブラックの説くところはおよそ以上のようである。君主制の理由づけの理論として彼らの挙げているいろいろの試みは、それぞれ個々的には正しいといえよう。そしてブラックのいうように君主制は多くの面をもった現象であり、そこに挙げられたようないろいろの理由づけが全体として君主制の理由づけを形成するといえるであろう。

ただし、この二人の説くところからいくつかの共通の特色を引き出すことができることを注意する必要がある。

第一は、彼らの理由づけの説明の中には、君主制の伝統的な性質がなお惰性的に残って強くはたらいているとである。これは特にブラックにおいていちじるしい。

第二は、第一の特色は同時にその理由づけが感情的であり、さらに非合理的であることを意味するということである。この点も、ブラックが君主制感情は説明しえないものであると強調しているところに最もよく現われている。またレーヴェンシュタインは感情的理由づけと理性的理由づけとを区別してはいるが、彼自身が認めるようにこの区別も相対的であり、また彼は理性的理由づけとして君主の中立的権力の理論および象徴性を挙げてはいるが、この二つの観念自身、その中に感情的・非合理的なものを包括している観念なのである。

第三に、以上の二点と関連するが、レーヴェンシュタインの場合は、何らか積極的に君主制の理由づけを試みようとしているが、ブラックの場合はむしろ積極的な理由づけの試みに対しては懐疑的・否定的であり、むしろ君主制が事実、いかなる基礎、いかなる考え方の上に生き永らえているかについての説明であるという傾向を濃厚にもっている。彼が結局、結論として、君主制の存続はそれが人々に慣性的・惰性的に教え込まれたものであるが故であるとしているのはその現われである。ただしここで注意すべきことは、惰性という場合に、単に事実として伝統的な考え方が惰性的に存在しているということだけを意味するのではなくて、その惰性を可能ならしめた地盤または条件が問題とされているということである。ブラックが、前に引いたように、イギリス君主制の最も顕著な性質はその活発な永続性に関連している諸事実の中に見出されるといい、また後に述べるように、コモンウエルスの象徴としての国王の地位についても、君主制それ自身が単なる象徴の魔術によって人々を統一するのではなく、その前提に存する条件が問題であるといっているのは何よりもその現われである。

すなわち、そこでは君主制が絶対君主制のままで維持されているのではなく、それは変化しつつ存続するのであり、その条件が問題なのである。[1)] たとえば君主の象徴性という場合にも、この変化を可能ならしめる条件があるときに、それが初めて理由づけとなりうるのである。このことは、君主の中立的権力という場合にも同様である。

第四に、それではこの条件とは何であるか。この問題が後に論ぜらるべき中心問題であるわけであるが、一言でいえば、それはデモクラシー・国民主権と君主制との調和を可能ならしめる条件のことであるといえよう。ブラックのような社会心理学的な分析は、この点への注目を忘れさせるおそれがないでもない。そして憲法の観点からすれば、実は問題はそこにあるといわなければならない。

（1）　この点はすでに、特にイギリスの君主制について、バーカーやモリソンやラスキの説くところに従って詳しく述べたところである。

すなわちそこでの問題は、君主制と政治権力との関係、政治機構との関係における問題でなければならない。そしてこの点からいえば、君主制の理由づけという問題は憲法上の問題としては、元首としての君主というところに集中せしめて考えることができるのではないかと思われる。すなわち一般的にいって、国家機構における元首ないし首長の存在とその必要とは、疑いえない。君主制の理由づけという問題は、その元首が何故に君主しかも世襲的君主でなければならないのかという問題なのである。それはまた他の元首、たとえば大統領には存在しないどのような特殊性を君主がもつか、そしてまたそのようなものをもつべき君主が何故に必要であるのかという問題でもある。それは君主の権能、さらにはそれよりも広い意味での機能の問題である。君主の中立的権力や象徴的役割という観念も、このような観点から論ぜらるべきではないかと思う。

ここで、すでに前にも引いたように、イェリネックが、「国家の指導的活動としての統治（Regierung）の意義の承認は、――私は本能的にといってもよいと思うが――各国家における政府の最高機関が元首と呼ばれることによって表現される。統治という観念を明確化するということが、国家元首の役割である」[1)]と述べたことが改めて想起されてよい。この場合、彼が統治と呼んでいるところのものを、政治権力としてみることができるのである。

すなわち、元首としての君主を問題にする場合には、いちおう二つの面から考えることができよう。その一つは政治権力の主体としての面であり、他の一つは政治権力の源泉としての面である。この後者はあるいはイェリネックのいう国家意思の表現の面であるともいえるし、またはその国家意思の志向するところに着目して国家の統一性の表現という面であるともいえよう。そして、以上二つの面は、ことばをかえていえば、政治機構の前面に立ち現われる君主の機能または権能の面、すなわち君主の機能的・動態的な面と、政治機構の根底にある君主の地位の面、すなわち君主の構造的・静態的な面であるともいえよう。この二つの面のいずれもが、絶対君主制以後の君主制の歴史において変化を示しているのである。

すなわち第一の面については、この間において、かつてあらゆる政治権力の権能をその一手に収めているとされた君主の権能は漸次にいろいろの機関に移され、君主は他の機関には与えられない特殊な権能のみを留保するとされるようになった。そこに君主の中立的権力あるいは調整的権能の理論が出てくるのである。また、第二の面についても、政治権力が君主という特定の人格から発するという思想は漸次に消滅し、それは単に精神的な意味で説かれるにすぎなくなった。すなわち君主は実際の政治権力の内容とは無関係なものとされる。それは君主の地位の名目化であり、そこに君主の象徴性の理論が出てくるのである。

以上のように眺めてくると、要するに、もしも君主制の理由づけが求められようとするならば、それは君主が特殊な権能をもつということおよび君主が名目的な象徴的な地位をもつということ、そしてこの二つによって君主が他の機関、さらには他の元首と異なる特殊性をもつものであるということに求められると考えることができよう。かくして、問題はこの二つの論点に帰着する。以下、この二つの論点をそれぞれ考察することにしよう。

(1) G. Iellinek : Allgemeine Staatslehre, S. 619.

第二節　君主の中立的・調整的権能の理論

まず、君主の特殊な権能の面に着目して、そこに君主制を理由づけようとする理論として、君主の中立的・調整的権能の理論がある。この理論がコンスタンに発することは周知のところであり、またこの理論の内容も広く知られている[1]。それは前節でレーヴェンシュタインに従って述べたところでもあるし、またすでにフランスの一八一四年および一八三〇年のシャルトに関連して触れたところでもあった。

すなわち彼によれば、立憲国家には四つの権力がある。立法権・執行権・司法権および王権がそれである。それは伝統的な三権分立論の修正ないし拡大であるが、レーヴェンシュタインのいうように、従来の三権分立論に対するその独創性は、政府または大臣に属する執行権と国王に与えられる王権との区別に存する[2]ことはいうまでもない。すなわちコンスタンは、政治体制の維持ということはそれが均衡を失ったときに必要とされるということをよく知っていた。立法・執行・司法の三権が互いに正しく密接な関係を有しているときには政治権力は摩擦なく動く。しかしそれらが秩序を失い、そして互いに対立するときには、一つの中立的な審級がそれらを正しくもとに戻し、そしてそれらをその自然の秩序の予定された調和に再び導くことが必要となる。しかもその際に人が三つの権力のいずれかにこの任務を委ねようとするならば、その権力は他の二つの権力に対する優越を獲ち得てしまうであろう。かくしてこの任務は論理的に、国王に与えられねばならない。このようにして、執行権と王権との区別は、通常は認められてはいないが、きわめて重要であり、それはおそらくはすべての政治の鍵であるということになる。

そしてコンスタンは、この区別を、現実的な特権を与えられている執行権と、思想および宗教的伝統とによって支持されている王権との区別として述べているのである。彼の有名な命題は、このことを「立憲君主制は、それが君主の一身において中立的権力を創造するという大きな利点を有している。それはさなきだに伝統と回想にとりまかれ、しかも政治権力の基礎をかたちづくるところの世論における尊敬を受けている。そのような君主の本来の利益は、諸権力のいずれもが他の権力に対する優位を獲ち得ることではなく、それらのすべてが互いに支持しあい、諒解し合い、かつ協調しつつ行動することである」と述べているのである。

レーヴェンシュタインは、ここで最も興味のあることは、コンスタンがこのような中立的君主の模範をモンテスキューと同じくイギリス憲法の中に見出しうると信じたことであり、また後に、バジョットもこれと完全に類似した結論に到達したということであるという。[3] また同じくレーヴェンシュタインが、この理論をその後の議会主義的国家における君主制の存在を理由づけるためのきわめて巧みな理論構成であるとしたこともすでに述べた。[4]

しかし、同時にレーヴェンシュタインがこの理論を、誤られやすい定式であるとしていることに注意する必要がある。[5] そしてそれはこの理論がどのような実際的機能を営んだかの問題でもある。そしてそれはまたこの理論が右に述べたようなコンスタンの意図を実現する上にどのような条件を必要としたかの問題でもある。

すなわち要するにこの理論は、革命によって本来ならば何らの場所をも見出しえなくなるはずであったところの国王に対して一定の場所を与えようとするための理論であった。そしてその場合に君主にどのような権能が与えらるべきであるとされたかについては、後で述べるが、要するにそれは君主がその権威を維持しつつ、しかも議会によって支持される政府を通じて現わされる国家意思に服従することによって、政党政治に安定性を与える上に不可欠な権能に限らるべきであるとする。このことはコンスタンの理論の特色として一般に広く承認されているところなのである。

（1）コンスタンのこの理論については、K. Loewenstein : Die Monarchie im modernen Staat, S. 81 ff. 藤田嗣雄「衆議院の解散について」（愛知大学法経論集第七集）が要領を得ている。この両者で引かれているコンスタンの所説は、彼の Cours de politique constitutionelle, 3e éd. 1837 によっている。
（2）K. Loewenstein : S. 81.
（3）K. Loewenstein : S. 82.
（4）K. Loewenstein : S. 83. なおメルクッエルも、コンスタンを議会主義的国家における君主に理論的生存権を与えた思想家であると評価している。有倉・小林・時岡訳「一般国家学概要」一〇九頁。
（5）K. Loewenstein, S. 83.

しかし問題は、この理論の中にある二つの要素の混在である。すなわちすでに述べたように、コンスタンによれば、国王の利益は他の三権・三機関が均衡を保ち、相互に諒解し相互に協調することである。またそれによって国王が三権とかかわりなくその上に超越して、いわば無為にして化すことにより、いかなる権力の側からの攻撃からも免かれ、人民の尊敬を享受することであったはずである。そしてそのような国王の存在が他の三権・三機関の自己抑制に役立つことにあったはずである。すなわち国王の以上のような中立的・調整的権力は、いわば隠れたる権力・行使されざる権力、あるいはいわば潜在的権力であったはずである。そうでなければこの理論が革命―国民主権―と調和しえなかったはずなのである。このようにこの理論には国王の地位・権能の消極性の要素が存するのである。

しかし注意すべきことは、この理論が同時に、以上とは反対に、国王の権力・機能を積極化し、その地位を三権の上に優越たらしめることにも役立ったこと、そしてそれを可能にした要素をこの理論がもっていたということである。レーヴェンシュタインも、「国王が中立的権力をもつというこの考え方は、国王を他の国家機関との間において最高の仲裁者にまで高めることに役立った」[1]と述べている。すなわちもしも国王の権力・機能が中立的なもののみにとどまるならば、それは他の機関にかかわりなく、またそれらの機関によってなされる国政の実質的決定にかかわりないという意味における中立を意味するといえるであろうが、仲裁的あるいは調整的といわれる場合には、それが三権・三機関の営む行動の中に介入し干渉することを可能にする。前者は消極的要素であり後者は積極的要素である。コンスタンの理論が「中立的または調整的権力」の理論と呼ばれていること自体の中に、この理論の特色、すなわちそれがこの二つの要素を包含するものであることが示されているといえるのである。レーヴェンシュタインが、「この理論によって国王は再び現実の政治権力の重要な一部分たる地位を獲得した」[2]といっているのは、この二つの要素のうち第二のものが前面に出てくることを示すものである。

すなわち国王の消極的な中立権から国王の積極的な仲裁権・調整権の方に漸次に重点が移される傾向が生じた。前に述べたように、無為にして化すというべき性格あるいは無用の用としての中立的権力という思想は、三権・三機関が事実、均衡を保ちかつ相互に自制し協調するところにおいて可能である。しかるに事実、三権・三機関の間に摩擦ないし紛争が生ずるときには、国王は積極的にそれらの間に介入し、そこで仲裁的・調整的権力の名においてその権威を行使する。そしてこのような場合にそれが真の意味において中立的ではありえないということについては、前にイギリスの箇所で述べたところが想起されるべきなのである。まさにレーヴェンシュタインのいうように、「中立的審級という概念の不明確性の故に、この方式は伸縮自在であることができた」[3]のである。

(1) K. Loewenstein : Die Monarchie im modernen Staat, S. 83.
(2) K. Loewenstein : S. 84.
(3) K. Loewenstein : S. 84.

すなわちこの理論における根本の問題は次のところにあるといえるであろう。

コンスタンのこの理論の歴史的性格はすでに述べた。それは復帰するブルボン王朝への教科書として与えられたものであった。それは一方においては前に述べたように、国王を主権的国民意思に従属させようとし、そこではかつての絶対制的ブルボン王朝を排除しようとした。しかし同時にそれは調整的権力の名において三権・三機関に優越する国王の地位・機能を認めることにおいて、王政復古の支持者すなわち旧き政治勢力をも満足せしめることができた。このことが、この理論がその後長く常に立憲君主制の理由づけとしてしばしば援用され、また今日においてもそれが援用されている理由でもある。すなわちその後の君主制は、君主の実質的地位の高低・権限の強弱またその実際の機能・歴史的背景等において決して一様ではない。それにもかかわらず彼の理論が常に珍重されてきたのである。すなわち彼の理論は、君主の地位を低めその権能を弱めその機能を消極的なものたらしめようとする意図の下に作られた君主制憲法にも妥当し、またそれとは逆に、君主の地位を高めその権能を強めその機能を積極的なものたらしめようとする意図の下に作られた君主制憲法にも同様に妥当した。そこにこの理論の特色があるのである。

このことのいちじるしい例が、コンスタンがそれを説いてから一世紀の後に現われた。すなわちワイマール憲法の末期・ナチス憲法への移行の時期において、カール・シュミットによって、大統領の権威を高めその権能を独裁化する意図の下で、この理論が借りられたのである。そしてその際のシュミットの主観的意図はともかくとして、この理論がナチス体制への架橋の役割を事実上営んだのであった。

すなわちシュミットがこの理論を借りたのは彼の注目すべき著書「憲法の擁護者」においてであった。[1] この著書で彼が取り上げているのは、彼のいわゆる政治的多元主義の下において憲法裁判所が憲法の擁護者たりうるかという問題であり、彼はそれを否定して、ワイマール憲法の下においてその任務は大統領のみに期待されると主張したのであった。そしてこの主張に対してケルゼンが鋭く反撃したのであった。[2] このシュミットとケルゼンの論争はきわめて興味があるのではあるが、ここではシュミットがどのようにコンスタンの理論を借りきたったかを述べるにとどめたい。すなわちシュミットは次のようにいう。

「一般的にいって、政治的決定権のトレーガーの間の意見の対立は何によって解決しうるかといえば、そこには二つの方法がある。一つは、意見の対立に超越したところのより強い政治権力すなわちより高次の第三者によってこの紛争を排除するという方法であり、それは一般には国家の主権的元首による方法である。第二は、超越的ではなく併列的に位置づけられた機関すなわち中立的第三者によって排除するという方法である。この機関は他の憲法上の諸権力の上にではなくてそれらと並んで存在ししかも独自の権限と機能とを備えているものである。

権力分立的国家においては、立法・行政・司法の三権はいずれもそれぞれの権限をもって相対峙しているのであるから、それらのうちのいずれかにこの任務を委ねることはできない。したがって他の権力と並立ししかも特別な中立的権力を創設して、その特殊な権限をもって三権と結びつかせ、それらの均衡をとらせることが必要なのである。すなわちこの中立的第三者の機能は、継続的・命令的・規制的な積極的な活動ではなく、何よりも仲介的・調整的であり、そしてまさにその故にこそ、それは必要ある非常の場合に、能動的たりうるのである。[3]」

そしてワイマール憲法において、かかる中立的第三者の地位を占めるものは、彼によれば大統領以外にはない。特にその第四八条第二項の定める大統領の非常的・独裁的権力のみが、既存の憲法秩序と調和しながら憲法を多元的分裂から擁護しうる唯一の方法であるとするのである。[4]

以上のような理論構成がコンスタンから借りきたったものであることは明らかである。しかしそこではこの理論の二つの要素のうちの第二のもの、すなわちその積極面のみがもっぱら説かれていることも明らかである。すなわちシュミットにおいては、中立的・調整的の第三者という名において、大統領が立法部と執行部との間の対立に積極的に介入しそれを排除する非常的・独裁的権力を発揮することが期待されるとされているのであるが、少なくともコンスタンが復帰するブルボン王朝への教科書としてこの理論を述べたときには、国王には非常の時期におけるこのような積極的権力は期待されてはおらず、むしろそれが期待されてはならぬということにおいてまさに国王の中立性が考えられていたと解すべきであったのである。以上のように、この理論がまったく異なる方向において適用され、実現されるということの中に、この理論の特色があり、またそれが必らずしも一様ではない君主制を常に理由づけえた理由があった。

（1）C. Schmitt : Der Hüter der Verfassung, 1931.
（2）H. Kelsen : Wer soll der Hüter der Verfassung sein ? 1931. シュミットとケルゼンのこの論争については、私の「ドイツにおける憲法保障制度とその理論」（国家学会雑誌五七巻七号）参照。
（3）C. Schmitt : S. 116 ff.
（4）C. Schmitt : S. 131.

以上がこの理論における一般的な問題であるが、次になおいささか具体的に、君主の中立的・調整的権力としてどのような権限が挙げられていたかをみる必要がある。

コンスタンは次のように述べている。

「立法権は代議院において国王の裁可をもって存在し、執行権は大臣において、司法権は裁判所において存在する。第一のものが法律を制定し、第二のものがその一般的執行に任じ、第三のものが特定の場合に法律を適用する。国王はこの三権の環境において均衡を乱すことにもとより何らの利害を有しないで、かえって均衡を維持することにすべての利害を有する中立的・仲介的権威である。

王権は国王の手中に存する。

国王は執行権を任免する。

代議院の決議が法律の効力を得るためには国王の裁可が必要である。

国王は代議院を延会し且つ国民によって選挙された代議院を解散することができる。

裁判官の任命権は国王に属する。

国王は恩赦権を有する。

国王は和戦を決定する。ただし外国とのどのような条約においても、王国の内部における市民の条件または権利に影響を与えるようなどのような条項も挿入されることができない。

国王の一身は不可侵であり、神聖である。[1)]」

ここで注意すべきことは、執行権と王権とが区別されていることであり、それはまたコンスタンの理論の核心であった。したがってこの点が厳密に実定憲法の上でも実現されているならば　彼の理論が正しく適用されているといえるのである。しかるに彼が教科書を与えようとした一八一四年シャルトにおいてはこの点はどうであったか。それはすでにこのシャルトの場所で前に述べたところであった。すなわちそこで国王に留保された権限は上述のコンスタンが列挙したところとほぼ同じではあったけれども、重要なことは、そこでは執行権と王権との区別が行われていなかったことである。立法権は国王と両院に共属し、執行権は国王に属するとされた。そこでは最も根本的な点において、彼の理論が実現されていたとはいえない。彼の理論が実現したようにみえたのは、七月王政においてであるといわれ、また彼は政治的にもルイ・フィリップを支持したといわれている。しかしそれは、ルイ・フィリップが多数党の変動に応じて執行権を任命し、それによって「君臨すれど統治せず」の原理がそこでフランスにおいて初めて実現したという意味においてであり、執行権と王権との区別がなされたという点においてではない。しかもすでに述べたように、この七月王政においてもルイ・フィリップは多くの政党指導者たちを使いふるし彼自らの指導力を高め、そしてその結果ついに七月王政自身をも使いふるしてしまったのであった。したがって、「君臨すれど統治せず」の原理についてだけ考えるとしても、コンスタンが本来意図したところを実現する条件が欠けていたために、それも実現されなかったといってよいのである。

（1）B. Constant : Cours de politique constitutionelle, 3e éd. 1837. 藤田嗣雄「衆議院の解散について」四頁〜五頁。

むしろ彼の理論が実定憲法の上に現われたのはフランス以外においてである。一八二四年のブラジル憲法・一八二六年のポルトガル憲法がそれである。そこではコンスタンの述べたところがそのままに憲法の規定の上に取り入れられてあり、調整権という文字も用いられている。[1] 次にブラジル憲法における関係条文をかかげる。

第五章　国王

第一節　調整権（the moderative power）

第九八条　調整権は、全政治組織の中枢（key）である。ブラジル王国の元首（the supreme chief）であり且つ第一の代表者たる国王は、他の国権（the rest of the political powers）の独立を保持し、その均衡を保ち、及びその調和を図ることに絶えず努力するため、これを含有する。

第九九条　国王の一身は神聖不可侵であり、国王はいかなる責任もこれを負わない。

第一〇〇条　国王の称号は、「ブラジル国の立憲君主且つブラジル国の永遠の防衛者」であり、「皇帝陛下」と尊称する。

第一〇一条　国王は左に掲げる調整権を行う。

一　第四三条の定める手続により参議院議員を任命すること

二　国の利益のため必要がある場合に、国会の臨時会を召集すること

三　国会の議決及び決議を裁可し、これに法的効力を与えること

四　県議会の議決を承認し、または一時停止すること

五　国会の会期を延長し、または停会すること、及び国を救うため必要がある場合に衆議院を解散して速かに新たな議院を召集すること

六　任意に国務大臣を任免すること

七　第一五四条の定める場合に裁判官を停職すること

八　有罪の宣告を受けた犯罪者の刑罰を特赦しまたは減刑すること

九　人道上及び国利上必要がある場合に、大赦をなすこと

しかし注意すべきことは、ここでも国王は同時に執行権の長でもあったということ、したがって調整権の内容としての右にかかげた多くの権限は、むしろ通常の執行権にさらにプラスして国王が有するものであるという形を示していたことである。すなわちブラジル憲法では第一〇二条、ポルトガル憲法では第七五条は、ともに「国王

は執行権（the executive power）の首長であり、その国務大臣を通して左に掲げる権限を行う」との趣旨を定め、ともに一五項目にわたって通常の執行権的権限を列挙しているのである。

そしてこの両者の区別はどこに求められたかといえば、執行権の行使については右に引いたように「その国務大臣を通して」とされ、これに反して調整権の行使の方法については、当初はこの国務大臣助言制の規定が設けられず、ただ国王の諮問機関たる国務審議院（Council of the state）に諮問することとされていた（ブラジル憲法第一四二条、ポルトガル憲法第一一〇条）。これによってコンスタンのいうような執行権は国王ではなくて大臣に属するという思想が、実質的に実現しているのであると考えられる余地もないではなかった。また調整権という観念は本来国王の自由意思ないし個人的影響力と結びついた観念であったことからいえば、この規定上の区別もそれを示すものであったともいえよう。しかし重要な調整権の行使がひとえに国王の個人的意思と能力に委ねられるとされることにはまた別の問題であることは当然であり、そこでポルトガル憲法では一八八五年の改正により、国王の調整権も「国務大臣の責任により」行使されることと明文で規定されることとなった。それは立憲君主制ないし議会主義的君主制の方向からすれば当然のことであるといわなければならない。

しかし実はこうなってくると実質的には両者を区別することの意味が少なくなってくる。すなわちいずれも実質的には国務大臣の決定するところとなり、調整権は一つの観念的な、名目的・形式的な観念となり、全体としての国王の権限を分類するに当ってこのような分類が観念的になされうるということにすぎなくなってくるのである。あるいは、もしもそこになお何らかの意味を与えようとするならば、これらの調整権の行使が実質的には同じ国務大臣の意思に基づくものではあるけれども、形式的には国王の名において、そして観念的には中立的な第三者のなす公平な行為であるとして行われるということに一つの特殊な思想的意味があるとされうるにすぎない。しかしかりにこのように考えられるとしても、それにとどまらずそれがまた執行権が伝統と回想に支持される国王の権威を借りて自らに対立するものを圧伏する手段として用いられることにより、実は国王を政治的紛争の当事者たらしめることともなる。そしてそれがまた実は立憲君主制を危殆に陥れることともなるのである。そしてまた根本的にいって、中立的・調整的権力の理論の限界がそこにあるということができるのである。

（1）　この両憲法の条文は、憲法研究会編「日本国自主憲法試案」二〇三頁以下による。なお藤田嗣雄「衆議院の解散について」にも、ポルトガル憲法の条文がかかげられている。なお、ブラジルはもとポルトガルの植民地であり、ポルトガル憲法は、ポルトガル国王としてのドン・カルロスによって与えられたものであったために、この両憲法の規定はほとんど同一である。

以上のことはまた結局、この理論の実現のための条件の問題でもある。すなわちすでに引いたように、レーヴェンシュタインによってこの理論は君主制を近代的大衆デモクラシーに適合させる機能を果すものとされたのではあるが、この機能がどのような条件を必要とするかが問題なのである。すでに述べたように、ボルンハークが、一八一四年および一八三〇年のシャルトがともにイギリスの単なる外面上の模倣にすぎなかったとしたことも、この点から考えられてよいであろう。

この点をレーヴェンシュタインは、「復活した王政にとってコンスタンの中立性理論が必らずしも現実に十分に妥当することは容易でなかった」として、次のように述べている。

「ある一つの国と堅固に結びついた君主制は時代とともに歩みかつ左への方向をとることがある。再び復活した君主制は当初から右への方向をとる。コンスタンの中立的権力の理論は、フランス人特有の論理的明確さをもってはいるが、社会学的には空虚な空間のみを考え、政治的現実がそこから生ずるところの人間の天性および社会的諸勢力を考えなかったという一つの誤りを冒していた。立憲君主制的機能が継続して維持されかつ十分に認められているところでは、それは諸政党の上に、もしくはもっと正確には、諸政党の下に立つことによって相互に闘争する権力的・利益的集団の仲裁者・調整者となりうる。しかし、もしも君主が最近まで権力を握っていた共和制的反対勢力と対立するときのことを度外視してはならない。彼は政党を作りそしてそれによって自らの敵を作り出すことを強制される。そしてその敵というのは彼がなさんとする特定の政策の敵にとどまらず、彼が代表するところの制度の敵ですらあるのである。[1]」

(1) **K. Loewenstein : Die Monarchie im modernen Staat, S. 139.**

第三節　君主の象徴性の理論

君主が象徴的地位を占めるとか、象徴的役割を果すとかという思想は、君主制を論ずる場合に常に語られる思想であり、すでに前にもいろいろの箇所で触れた。ここではそれを君主制の理由づけの理論として、総括的に述べておくことにする。

すなわち政治機構における特殊な地位に着目して君主制を理由づけようとするときに、君主の象徴性の理論が現われるのであるが、しかしこの理論は前節で述べた君主の中立的・調整的権力の理論と無関係ではない。レーヴェンシュタインは、「君主の中立的権力の理論は容易に、君主は国家の統一性を感覚化し、国家における不可欠の中心となるという思想に拡大される[1]」と述べている。すなわちこの思想はいうまでもなく君主制の感情的・心理的価値に着目した議論であるが、彼のいうように、特に政党政治における静止せるポールとしての君主の中立性を説いてそこに君主制の有用性を主張するときには、この有用性という観念の廻りに君主制の感情的・心理的価値を打ちたてることはそれほど困難ではないのである。[2]

すなわち感情的・心理的価値といったが、一般に象徴という観念は本来感情的・心理的なものである。象徴とは一般的にいって、抽象的・非感覚的なものを具体的・感覚的なものによって具体化し感覚する作用をいうのであり、それはもとより君主の一身にのみ備わる作用ではないのであるが、[3]目にみえる君主の一身の中に国家指導が具体化されることを欲する国民の感情と心理とは否定しえないのであり、[4]かつ統治という観念が国家元首によって明確化されそしてそれが特に君主において顕著であるということは、すでに前にも述べた。この意味において、君主の象徴性は一般的に認められているといってよい。

（1）K. Loewenstein : Die Monarchie im modernen Staat, S. 83.

（2）K. Loewenstein : S. 84.

（3）メリアムは、その「体系的政治学」の中で「政治の手段」として、慣習・暴力などとともに象徴性（symbolism）を挙げ、その際に用いられる象徴の種類を列挙している。すなわちそこで挙げられているのは、紋章・旗・音楽・休日および祭日・制服・建築・銅像・街路・広場・儀式などである。C. E. Merriam : Systematic Politics, 1947, p. 81 ff.

（4）K. Loewenstein : S. 87.

この場合に、君主の権力ないし権限の強弱や広狭は関係がない。その意味ではおよそいかなる君主制においても君主は象徴たりうる。たとえば明治憲法下においても、日本国憲法下においても天皇は象徴でありうる。[1]ただし注意すべきことは、特に君主制の理由づけとしてこのことが説かれるときには、それはデモクラシーとの調和すなわち君主の非権力性ないし非政治性を強調する意図において説かれるのである。この点が君主制の理由づけの理論としての象徴論の核心であるが、このことをよく示しているのが、周知のように、バジョットである。一九世紀の半ばに書かれたバジョットの「英国憲法論」は、この点についての基礎的文献たる位置を今日もなお失っていないといわなければならない。

すなわち周知のように、バジョットはイギリスの国王の地位と権限の独自性にイギリス憲法の秘密があるとし、この秘密に近づく道として彼は次のような命題を立てたのであった。

第一は、尊厳的部分と実践的部分との区別である。彼の説くところをここでも引用しておこう。

「イギリスの諸制度、あるいはその他の国の場合でも幾多の世紀を経て成長しきたり、人種も複雑な国民の上に広汎な支配力を及ぼしているような制度を多少とも理解するためには、これを二つの部分に分けて考えなければ解らないのである。このような体制の国家には二つの部分がある。第一、国民の尊敬心を喚起しこれを維持する部分――かりにこれを尊厳的部分と呼ぼう。第二、実践的部分――それによって国家が事実上活動し、支配する部分である。およそあらゆる国家が成功を収めんがためには、是非とも達成しなければならない二大目標がある。すべて古くして且つ著名な国家なら見事達成している筈の二大目標がある。――あらゆる国家はまず第一に権威を獲得しなければならず、しかる後、権威を行使しなければならない。まず第一に一般人民の忠順と信頼とを獲ち得てその後でその心服を政治の仕事に使用しなければならない。……政治の尊厳的部分は政治に力をもたらす部分である。政治の動力を引きよせる部分である。実践的部分はその動力をただ行使するだけである。……尊厳的部分がすべての政治の実際の予備条件、必要な先決事項である。……王がこの尊厳的部分の首位に位し、首相は実践的部分の首位にある。[2)]」

第二は、君主制は判りやすい政治体制であるということである。彼は、政府は少数者しか理解しえない法律と概念を代表するが国王は誰にでも理解しうる感情を代表するとして、次のようにいう。

「要約していうと、王制とは国民の注意がまず芝居になりそうな行動を演ずる一人に集中する制度で、共和制とは注目の対象が多数人に分割され、各人が芝居にならない行動をしている制度である。人間らしい心臓が健全で、人間理性が微弱な間は王制は健全である。掴みどころのない感情に訴えるからである。そして共和制は理解力に訴えるが故に薄弱である。[3)]」

第三は、国王の権限は活動的なものであってはならずまたそれは隠れたる大権でなければならず、それが国王の象徴性を可能にするということである。彼は次のようにいう。

「民主制ではあらゆる権限は外から見えるものでなければならない。隠れたる大権は恐らくは最大の違法である。しかるにこの隠れたる秘密こそ、将来はいざ知らず、イギリス王制の実用制に不可欠な要件である。」「何よりもまずわが王位は尊敬されなければならない。これをつつき出すと尊敬しようにもできなくなる。委員を選出して、女王を問査するとなると、王位の魅力はたちまち消えてしまう。その神秘性がその生命である。陽の光をとり入れて魔法を照らすわけには行かぬ。……この秘密の権力の存在ということが、抽象論によれば、英国の国家構造の憲法上の欠陥となる。しかしそれは英国文明のような文明には始めからつきものの欠陥である。すなわちそこでは尊厳にしてまた尊厳なるが故に未知の権力が、既知にして且つ実用的な権力とともに要望されているのである。」

「国王の不可謬ということをはっきりさせた方がよい。あまり目先きに引きよせてぢかに寸法を測らない方がよい。超然孤立でけっこうだ。イギリス国王はその機能の大部分が潜勢的なればこそ、この条件を充足するのである。……ふだんは神秘の幕で見えないが時に時代祭りのように静々とねって歩く。しかしいずれの場合にも目先を争うことはない。国民はいくつもの政党に分れるが王冠は不偏不党である。実用から隔離されているように見えて、実はそれが恩讐と汚濁の彼方に身をまっとうする所以となり、その神秘性を保有し互いに争う各政党のいずれからも愛される。つまり教育の未熟なためいまだに一個の象徴を要する国民の目の前に、一億一心の鮮やかな一象徴となるのである。[4)]」

この最後の箇所でバジョットは「象徴」ということばを用い、そして教育の未熟すなわち非理性的な国民がそれを必要とすると説いているのである。バーカーがイギリスの君主制を弁護して「われわれはあまりに合理的・実利的であってはならない」とし、感情の重要性を説いたことがここで想起される。[5)] このようなバジョット的な思想は周知のように、特にイギリスにおいてほとんどすべての君主制論者の説くところなのである。

（1）この点について、しかし日本国憲法が第一条で特に天皇を象徴であるとしたことの意味という問題として、私はいくたびか述べたことがある。たとえば私の「天皇象徴論の根本問題」（「日本国憲法十二講」所収）二三九頁以下参照。またこの書物においても次の結章で述べる。
（2）深瀬基寛訳「英国の国家構造」三三頁以下。
（3）深瀬基寛訳・同右・七三頁。
（4）深瀬基寛訳・同右・九七頁・八一頁。
（5）E. Barker : British Constitutional Monarchy.

ブラックも「君主制と人々の意思」として論じているところで、バジョットとまったく同じことを述べ、「弱い意思の大衆は具体的なイメージをもたなければならぬ。エリートはそれを必要としないとしても。」[1]と述べている。そしてブラックはその場合に、バジョットの前掲の部分を引いた後に、それと同じ主張として、たとえば、グッドハートの「国王の最も重要な役割は大英帝国の生きた象徴たることである。それは超理性的な人にとっては非合理的かもしれないが、真に現実的な意味において国王はイギリス人がその国に対して感ずるすべての愛と忠誠とを具体化する」[2]とのことばや、チャーチルの「今日の世代においてイギリス君主制は以前の時代に誰もが夢想さえしなかったほどに強力な意味を獲得している。国王は、われわれの弛く結合されしかも強く絡み合っているコモンウエルスの国々および人種を結びつけているところの神秘的な靭帯である。また私はそれを魔術的な靭帯であるとさえいってよいと思う」[3]とのことばを引用している。そしてこのような思想に対してブラックは、それらに共通なのは、神秘的な力を備えた人物に対する畏敬であり、一般の人々はそれ以外のよりよきものを知らないからそれを経験することを喜ぶのであり、そこには人間の自主性に基づく発展の能力というものに対する信念が欠けているといい、そこにバジョットが未開の人種に象徴が必要であるといったことが想起されてよいといい、人々は理論的（theoretical）なものにではなくて劇場的（theatrical）なものに心をひかれるのだと評している。[4]

（1） P. Black. The Mystique of Modern Monarchy, p. 69.
（2） A. L. Goodhart : The British Constitution, 1945, p. 4.
（3） W. Churchill : The Listener, Februry 7. 1952.
（4） P. Black : p. 72 ff.

以上のような象徴性の理論は、たしかに君主制の説明として認めなければならない。メリアムのいうように、過去一世紀において政治の手段としての象徴主義が単純化してきたが、しかし特に世襲的支配がなお名目的に残っている国では象徴主義は依然として重要なのである。[1]

しかしここで注意すべきことは、以上のような象徴性の理論は君主制が存在し生き永らえてきたことの事実の説明あるいは分析であっていまだ積極的なその理由づけではないということである。すなわちそこでは実は君主制の必要性というものが暗黙に前提されていながらその積極的な理由づけはその存在の事実の説明の背後に隠れているといってよいのではないかと思われる。ブラックがその著書の最初の部分で、「イギリス君主制の動態を探るときに私に去来する感想」が「通常、イギリス君主制について与えられているいろいろの考え方は、最初に疑問なくその必要を承認した人々が彼らのその承認を正当化するためによき理由を与えようとして試みるその存在の理由づけであるということである」[2] といっているのは正しいと思われる。

すなわち象徴論が君主制の理由づけとなるのは、そこで暗黙の前提とされているその必要というものが何であるか、すなわち君主制がいかなる有用性あるいは利用価値を与えられているかが明らかになることが必要である。そしてその有用性がどこに求められるかといえば、イギリスの場合に最も典型的であるが、一般にそれはイギリス国家の統一性と永続性であるといわれる。しかしそれがさらにいかなる統一性と永続性とであるかといえば、ブラックが引いているところにおいてコリーが、国王は「保守主義の象徴」であり、「旧い姿勢の象徴」であるとし、それは必要な社会的変革を延引させかつその息の根を止める役割を果すといっていることが、[3] 問題の核心を衝いているといってよい。またセシルが、国王の一身の中に「国家の偉大さと力と、その長く光輝に満ちた歴史と、そしてよきにせよ悪しきにせよ将来予想される素晴しき未来を具体化する天性」を人々がもつこと、そしてそこに人の心情の中における保守的側面があるとしていることも、[4] 君主の象徴性が営む保守的機能を指摘したものといえるであろう。

(1) C. E. Merriam : Systematic Politics, p. 91.
(2) P. Black : The Mystique of Modern Monarchy, p. vi.
(3) G. A. Corry : Democratic Government and Politics, 1947, p. 70.
(4) H. Cecil : Conservatism, p. 223.

そしてこの点がさらに拡大的に強調されるのが、周知のように、すべての君主制論者によってイギリスの国王がコモンウエルスの統一の象徴であるとされる場合においてである。前に引いたようにチャーチルが、国王を魔術的な靭帯であるといったのもこの面においてであった。しかし特にこの点について、ブラックが、「これらのいろいろの理論に接して驚くことは、これら論者がそれを絶対不動の真実であるとして安易に一般化していることである」と批判していることを注意すべきである。すなわち、ブラックは前に引いたチャーチルのことばを取り上げて、「そのような断言には何の根拠があるか」といい、大英帝国は国王に対する尊敬以外の理由によって大英帝国として存続することもありうるという。[1] すなわち彼によれば、君主制それ自身が単なる統一の象徴という魔術のみによってコモンウエルスを統一しているわけではない。そのことの前提条件がむしろ問題なのであり、統一のための条件がすでに存在しているのである。そして君主制の象徴性がその統一を可能にしているという主張は、実はその前提条件についての神話を永続せしめることに作用する。そこで君主制の利益なりとされるものは実は、君主制への要望とそこから生ずる統一とのもたらす利益なのである。このように述べて、彼は、君主制がインド人民の独立の機運を阻止することができたか、またアラブ・パレスチナ・アイルランドはどうかといい、コモンウエルスを統一しているのは君主制の存在それ自身ではなくて、英本国のもつ武力およびその他の経済的・政治的要素なのであるといっている。[2)]

しかるに君主の象徴性が国家の統一を基礎づけるという主張は常に誇張される傾向がある。その顕著な例としてブラックは、ホッグの主張を挙げる。すなわちホッグは、君主制が非合理的な権威であることを認め、その実際上の利点を強調する。そして共和制フランスと君主制イギリスを比較して、合理的権威の上に立っていたフランスは第二次大戦において崩壊したが、イギリスは同じ敵に対して防衛に成功したといい、それは君主制の故であると主張する。[3)] そしてこれに対してブラックは、「君主制の存在が論理必然的にイギリス社会秩序の多くの美徳の保障者であると結論することは合理的ではない。イギリスの頑強さは国王の存在の結果ではない。それはあたかもフランスの崩壊が国王をもたなかったことの結果ではないことと同じである。フランスの崩壊は政治的・軍事的位置や地理的条件の故であった。一つの要素のみを指摘することには理由はない」[4)] という。

（1） P. Black : The Mystique of Modern Monarchy, p. 24.
（2） P. Black : p. 31 ff.
（3） Q. Hogg : The Case for Conservatism, 1947.

（4） P. Black : p. 12 ff.

以上は要するに国王が象徴たることはそれの前提条件があるときにのみ可能であるということである。レーヴェンシュタインが、「しっかりとした根底をもちかつ尊敬されている君主制のみが人々の象徴への要求に適合する」[1]といっているのもこのことを意味するといえよう。このことはまた象徴としての国王は、それ自体としては無内容なものでありまた無価値なものであることでもある。このことは一般に象徴の観念そのものからもいいうることではあるが、象徴たる国王の機能を実体的に捉えたときにもいいうる。すなわち国王が象徴たる地位を維持しうるのはそれが象徴しようとするものの意味内容が維持されることによってである。その意味で、象徴が象徴たりうるのはそれが象徴しようとするものが維持されるか否かに依存する。

一般に国王の象徴としての存在がその国家の統一性・社会秩序の原因であり条件であるという思想は、たとえば、後にも触れるように、ウェーバーによっても、「国王の単なる存在、そのカリスマが既存の社会的および財産的秩序の正統性を保障する」[2]と説かれるところでもあるが、しかし国王は社会秩序の原因となりうることがあるとともにまたなりえないこともある。しかも変化多き時代において君主制に社会秩序あるいは生活様式の保障者であることを要求するのは合理的ではない。君主制が社会秩序あるいは生活様式を保障するというよりもむしろ社会秩序あるいは生活様式が君主制を保障すると考えた方が正しいであろう。[3]

（1） K. Loewenstein : Die Monarchie im modernen Staat, S. 87.
（2） M : Weber : Essays in Sociology (Translated by H. Gerh & W. Mills) 1948, p. 263.
（3） P. Black : The Mystique of Modern Monarchy, p. 11.

すなわち国王が象徴であるとされ君主制が維持されるのは、それが人間の何らかの必要を満足せしめうるが故である。しかしそれは論理必然的には必らずしも既存の秩序とは因果関係をもたない。社会秩序が進化すれば新しい必要が生じ、それに応じて君主制が象徴せんとするものも変化し、それに応じて君主制もまた変化しなければならないのである。[1)]

このことは、前にイギリスのところで述べたような支配的な見解、すなわち君主制は時代の要求に応じて変化することによって自らを存続せしめたという見解と同じではあるが、しかしここで根本的な問題は、君主制がその時代の要求に応じうる限度というものが果して存在しないかという問題である。それがすなわち君主制の象徴性の限界の問題でもあり、また君主制そのものの限界の問題でもあるわけである。

（1） P. Black : The Mystique of Modern Monarchy, p. 12. C. E. Merriam : Systematic Politics, p. 82.

結章　君主制の展望

第一節　政治権力の正統性的根拠と君主制

前章の冒頭において、君主制の理由づけを考える場合には君主を政治機構の中において捉えなければならないと述べた。そして政治機構とは政治権力の機能の装置であるといいうるのであるから[1]、君主制を政治権力の中で捉えて、もう一度改めて総括的に眺める必要がある。それをこの結章の問題としたい。

（1）その装置の立的法表現が憲法の規定であるわけである。

さて、前章の最後のところで君主制の限界という問題を指摘した。その限界内において諸国の君主制は憲法上いろいろのヴァリエーションを示しながら存在しているのである。そしてその限界とは何であるかを改めて考えるならば、それは要するに、何といっても一人の特殊な人間に国家の元首としての地位を認め一定の権能を行使せしめるということにある。すなわちその一人の人間はその能力と関係なく世襲によってその地位につく。この点で、君主は選挙という形式において国民からその能力を鑑識されてその地位につく共和国の大統領とは、ついに最後まで区別されるものとなるのである。この場合に絶対君主制、特に神権説に基づくそれが消滅し、また君主の権能が名目的なものとなったことは、この限界が露呈されることを救った。君主が「政府の首長」と区別される「国家の元首」であるとされたり、また象徴たる地位をもつにすぎないとされたりするのも、この限界の露呈によって君主制の基礎が揺ぐことを救うことに役立ったといいうる。

しかしこのように君主の象徴的役割が強調されることは、反面において実はまた右の限界を意識させることともなる。この点についてメリアムが、世襲制において戴冠式のもつ印象的要素に触れて、「世襲秩序においては高貴なもののすべての事件は公衆の関心事となる。しかし時として儀式のもつ権威とそれを演ずる者の人格との間のギャップがいちじるしいときにはそれは却って不利益となる。国王の象徴としての不利益は、彼が象徴にふさわしい人となりを備えていなければならないことにある」[1]と述べているのは正しい。

このような君主制の限界は、結局、君主制が合理主義に直面するときに現われるといいうる。メリアムのいうように、近代国家は超自然的・魔術的なものによって取りまかれることがなくなり、非人格的となり、一歩一歩人民による授権という形式をとるようになってきているからである。[2]

君主制はこのことを知らないわけではない。そこで試みられるのが君主ないし王室と国民との間の親近感の形成への努力である。特に北欧三国の君主制においてこの面が顕著であることはすでに述べたが、これはこれら三国のみの現象ではない。そしてこのことは王室の儀式の近代化ないし簡素化によって王室が国民に近いものとなるとされていることにも現われている。[3]このような儀式の近代化ないし簡素化はまた近代の一般的傾向に合致するものでもある。[4]しかしこの点もまた反面において君主制に不利に作用することともなる。すでに前にも触れたように、君主制が人々の感情に訴えるのは、それが人間の切望する色彩とロマンスの要素を備えているからであり、[5]戴冠式を初めとして王室が主役となって演ぜられる儀式において、これらの要素が最も顕著に現われるからである。[6)]

すなわち以上にみたようないろいろの試みだけでは、君主制の限界という問題は解決されない。それは結局のところ、これらの試みは君主制の基礎ないし君主の地位の根拠という問題に触れていないためである。すなわち、この問題を解決するためには、君主の地位の根拠すなわちその正統性的根拠を人民による承認に求めることが試みられなければならなくなる。それは憲法の観点からいえば、君主の地位の根拠が国民にあること、すなわち君主制を国民主権の上に認めるということである。この方法を試みた君主制憲法の実例がみられることについてはすでに前に述べた。しかしこうなってくるとそこでは少なくとも本来の君主制の原型が失われることになるという点についてもすでに述べた。

しかもかりに国民主権を採用することによって君主制を維持しようという試みがなされたとしても、その意図が単に、国民主権を憲法典に明記しただけで解決されるわけではない。もしもそれだけで解決しうるものであるならば、問題はきわめて単純なのであるが、君主制の維持も、また国民主権と君主制との調和ということも、決してそのように単純なものではない。それは君主制の偽装である場合もあり、またそれによって君主制は自らの譲歩によりその決定的否認の可能性に道を開いたこととなる場合もありうるからである。すなわちそのような規定がかりに置かれるとしても、その規定の意図・その効果・その実体に問題があるのである。そしてそれは結局、政治権力の正統性的根拠の問題、あるいは政治権力の正統性的根拠の類型としての君主制の問題であるというべきである。

(1) C. E. Merriam : Systematic Politics, p. 86.

(2) C. E. Merriam : p. 301, p. 306.

（3） K. Loewenstein : Die Monarchie im modernen Staat, S. 52.

（4） メリアムは「政治の手段」の一つとして象徴主義と並べて儀式主義（ceremonialism）を挙げ、しかしプロテスタントは宗教的儀式に、デモクラシーは王室と結びつく儀式に重きを置かずいわゆる民主主義的簡素さを尊重する傾向をもつといっている。C. E. Merriam : p. 301.

（5） C. Petrie : Monarchy in the 20th Century. p. 119.

（6） なお、儀式の簡素化・近代化という問題が君主制は共和制よりも濫費的・冗費的であるという非難にこたえる意味をももつ。すなわち共和制が君主制よりも安価であるという主張が共和制論者からなされることが多い。そして君主制論者は常にこの非難を根拠のないものとして反駁する。たとえばモリソンもそうである。そしてこのような反駁には同時に、儀式の近代化・簡素化の必要は認めながらも、しかし君主制における儀式的要素を重視する見解が存在しているのである。H. Morrison : Government and Parliament, pp. 90～91.

ここで政治権力論そのものを述べることは必要ではないが、およそ政治権力は権力的・暴力的要素と正統性的要素との二重の構造の上に成立しているということができよう。前者はその支配を究極的に担保するものとしての威嚇的・物理的強制力であり、それが組織づけられたものが軍隊であり警察である。しかしこの要素のみによって支配関係が支えられ不動のものとなるのではなく、それはその支配に対する正統性の確信によって支えられることが必要である。すなわち被治者が明示的にせよ黙示的にせよ、支配関係を容認し、それに意味を認め、最少限度にせよ被治者が政治権力に参加することがなければならない。このように被治者が支配関係を容認しこれに意味を認める根拠を政治権力の正統性的根拠と呼ぶのである。[1)]

（1） これらの点についての政治学上の文献は一々挙げないが、わが国の新しい文献として、以下述べるところに直接参照されるべきものとして、丸山真男「政治の世界」三三頁以下、横越英一「政治権力としての憲法」（思想三八四号）を挙げておきたい。メリアムも、政治の手段として暴力を挙げ、しかし服従の意思（willingness to obey）を欠くことはできないことを述べている。C. E. Merriam : Systematic Politics, p. 76 ff.

ところで政治権力の正統性的根拠について語る場合には、いうまでもなく、ウエーバーの理論を逸することはできない。彼は周知のように、支配関係をその正統性的根拠の類型から、伝統的支配・カリスマ的支配・合法的支配の三種に分類したのであった。そしてこの理論はまさに何よりも君主制における正統性的根拠について妥当するといえよう。以下、ウエーバーの理論によりながら、君主制における正統性的根拠を問題としよう。

まず第一に、伝統的支配は、統治が長い伝統や慣習を背景にもち、そのような統治の長い歴史的由来に対する被治者の信頼が治者の支配を正統づける場合である。[1] そしてこの伝統的支配の類型は、家父長制とともに何よりも君主制にみられる類型であることはいうまでもない。王室の長い歴史を背景として君主自らが伝統的価値の体現者として現われるからである。ブラックも、長い継続性に価値を認め、古いということ自体に存続の価値があるとされることは人間の心理的な惰性であるとし、そこに君主制の根拠をも認めたのであった。[2]

この場合に、この伝統がさらに君主の神話的起源に求められる場合が、いうまでもなく神権説の思想である。この神権説は近代に至ってほとんど正統化の力を失ったが、しかしこの神話に代えて伝統がもち出されるときに、古い神権説の思想は新しい装いの下に依然として維持されているということができる。すなわち神話を非合理的なものであるとして否定しても、伝統は承認するという心理は、ブラックのいう人間の心理的惰性として依然として強いといわなければならない。

第二に、カリスマ的支配とは、治者の支配がその特殊な、超人間的な能力なり資質なりに対する帰依によって容認される場合である。そしてこのカリスマ的支配が何よりも象徴性、したがってまた君主の象徴性と結びつくことは明らかである。およそ君主はその初期においては、常に超人的な予言者的能力あるいは英雄的能力をもつものとされた[3)]。

レーヴェンシュタインのいうように一八世紀以来のデモクラシーと合理主義とは、君主制におけるこのようなカリスマ性ないし象徴主義を軽視し蔑視する傾向を示したようにみえる[4)]。すなわち君主と人民との間の原始的な人間関係が消滅したようにみえる。そしてその反面、大衆デモクラシーにおいて、それにふさわしい象徴が人工的に作られた。それは新しい装いをもったカリスマ的支配である。スターリンやヒトラーにみられたカリスマ的支配は君主制のカリスマ的支配以上であったといわなければならない。しかしこのことは、君主制が本来カリスマ的支配の最も典型的な類型であることを否定するものではないのである。メリアムのいうように、象徴主義の要素を成功的に用いうる支配形態は単独支配（rule by one）の形態であり[5)]、君主制は独裁制とともに依然として単独支配の支配形態であるからである。むしろ、スターリンやヒトラー等の現代の独裁制は、この点については君主制への模倣である面をもっといいうると思われる。蠟山教授が、現代の独裁制が合理主義に反対する非理性的思想に支えられていることを指摘し、特にナチスについて、その「外面的な民主的形態の奥には原始的な、国王に対する臣民的隷従が存在している」とされ、次いで「西欧諸国の代表的民主主義の非人格的な政治制度は、一七、八世紀以来長い間かかって、このような原始的な人格関係を排除し消滅させてきたのである。しかるにナチス的原理はこの原始的制度の実体を新しい紛飾的形態をもって復活したものである。それは日本の軍部が天皇の地位または皇位というような抽象的な概念でなく、『生ける神』として人格的な忠誠心を喚起して、軍隊および国民の統一を企図したのと同巧異曲である。合理的な非人格的な民主的制度に対しては人間の忠誠心が情緒的に涸渇してしまう傾向がある。これを極度にかきたてて人間の原始的本能を満足せしめる野蛮な現象の復活なのである[6)]」と述べられているのは、きわめて正しいといわなければならない。

このような感情的・情緒的な要素が本来君主制に存在し、それが君主制における正統性的根拠となっているということは、根本において否定しえないのである。

第三に、合法的支配とは、統治が一定の法規の規定する権限に基づいてなされ、それによってその政治権力が合法的であるということが被治者の服従の根拠となっている場合をいう。このことは君主の地位および権能が憲法によって定められている点において、君主制についても問題となりうる。しかし丸山教授の指摘するように、この合法的支配という類型は、上述の二つのものとはカテゴリーが異なる。すなわち、形式的な合法性は最後まで合法性にとどまり、問題は人民が法に従うのは何を根拠にしてであるかにあり、そこに実質的な正統性の根拠の問題がなければならないからである。[7] すなわち憲法が君主の地位および権限を定めているという場合においても、憲法は何を根拠として君主を容認するのであるかが問題なのである。そしてそのように考えれば、合法的支配の問題は、伝統的支配かカリスマ的支配のいずれかの問題にもどらざるをえない。

（1）慣習と権威との関係について、メリアムは、権威とは慣習の承認の拡大であるが、権威がひとたび確立されると慣習はまたそれを支持するために利用されるといっている。C. E. Merriam : Systematic Politics. p. 74.　なお、ウェーバーの理論は、周知のところであるから、以下一々ここでは引用しない。M. Weber : Wirtschaft und Gesellschaft, Bd. I.

（2）P. Black : The Mystique of Modern Monarchy, p. 18, p. 33.

（3）C. E. Merriam : p. 183.　この点に関して戒能通孝「近世の成立と神権説」が参照さるべきであることはすでに述べた。

（4）K. Loewenstein : Die Monarchie im modernen Staat, S. 87,

（5）C. E. Merriam : p. 183.

（6）蠟山政道「比較政治機構論」二二五頁〜二二六頁。

（7）　丸山真男「政治の世界」四二頁。

そこで再びに前もどって、伝統的支配とカリスマ的支配とによってはたして政治権力が正統化されるかと考えるならば、もはやこの二つのみでは、デモクラシーと合理主義との要求に対抗しながら政治権力を正統化することはできないといわざるをえない。そこに近代のあらゆる支配者は自らの支配を人民による承認または同意や、人民からの授権の上に根拠づけるようになる。ヒトラーやムッソリニやスターリンの場合にも、彼らもまた自分たちこそ人民の真の代表者であり、彼らの政治権力は最も直接に人民の意思に基づく権力であると主張したのであった。人民による授権ということがかつての神による授権に代って近代において政治権力の唯一の正統性的根拠たる地位を占めるに至った。このことは君主制についても例外ではない。すなわち君主の地位もまた人民の意思・人民の授権に基づくという思想、すなわち憲法的にいえば国民主権の上に立つ君主制という思想がそこに現われてくる。君主制が国民主権と結びつけられることが君主制を維持する唯一の道であるとされることになる。しかしそれは同時に君主制が自己を否定するものに道をひらくことでもあるわけである。そこでは君主制はいわば背水の陣を布くことになるともいえるであろう。そしてこのようになってきた場合に、君主制のこの背水の陣は常に破綻の危険にさらされているといわなければならないのである。それではそれはどのような場合に破綻するであろうか。

問題は再び政治権力を支える権力的要素と正統性的要素の問題にもどる。すなわち政治権力はこの二つの要素の緊張関係の上に成立する。政治権力が強く維持されるためにはこの二つの要素が同時的に強化されることが必要であり、一方のみが強化され他方が弱化するときには政治権力は破綻する。[1)] すなわち政治権力が自らの強化のために権力的要素を強く前面に押し出すと、それは人民をしてその正統性的要素を疑わしめ、その抵抗をひき起こす。権力的要素のみが強く前面に押し出されると、神権説や伝統的支配の場合、神話の魔術は喪失し、また伝統への不信がひき起こされ、カリスマ的支配の場合、カリスマの神通力は失わしめられ、また人民の授権に基づく支配の場合、その政治権力が果して人民の授権に値するものであるかが疑われ、政治権力の根底が揺ぐこととなるのである。そして右の最後の場合は近代における君主制について最も顕著に現われるといわなければならない。すなわち君主制の正統性的根拠が人民の意思・人民の授権に求められている場合に、その政治権力が自らを強化しようとして、人民の授権の名において、あまりに権力的要素を前面に押し出すならば、それは同じく人民の名における抵抗を受けざるをえず、その正統性的根拠を失うこととなるのである。この場合に、もちろん君主の権力が裸かで前面に出てくるのではない。そこに近代の君主制の絶対君主制との相違がある。そこでは実質的な支配的政治勢力が、君主の権威・君主の名を借りることによって自らの決定を強行するのである。しかしこうなった場合には、その決定に対する反抗の声は、君主に向って放たれることとなる。そしてそこに君主制が維持されねばならぬとされるためには、君主の無責任、すなわち君主の権力は実質的には無力であることが主張されざるをえない。するとそこではこんどはそのような名目的にすぎない君主の必要を人民に容認せしめることが困難となってくる。そこに君主制はいわばジレンマに陥らざるをえなくなる。そしてこのジレンマから脱するために、ひとえに君主制における感情論・情緒論が観念的に高唱されることとなるのである。そしてしかも政治権力がこのような面にのみその精力のすべてを注がざるをえなくなるとするならば、それは同時に反面において、いよいよその正統性的根拠を失わしめることともなるのである。

（1）　横越英一「政治権力としての憲法」（思想三八四号）五九五頁。

かくして要するに近代の君主制が破綻をきたさずして維持されるためには、現実の政治的決定が君主の権威を借りるまでもなく政治諸勢力の間で決定されること、すなわち形式的には君主の意思として、君主の名においてなされる政治的決定を実質的には人民の意思に基づくものであるとなしうるに足る政治勢力の一体性が存在するという条件が必要であるといわなければならない。しかしこの条件の実現は容易ではない。なぜなら支配的政治勢力が君主の権威を借りることによって自己の意思を優越たらしめようとし、しかもその場合、君主の権威が徒らに観念的に強調されることが多いからである。そしてこの現象が極度にまで露骨となったときは実はその支配的政治勢力の失敗するときであり、またそれは君主制の正統性的根拠が喪失されるときでもあるわけなのである。しかも注意すべきことは、このような現象は君主制の本質に根ざすものであり、単に実際政治家のタクティックスの巧拙の問題ではないということである。かりに現実においてこの君主制の危機が回避されたとしても、問題は依然として残っているのである。

かくして権力的要素の強化は正統性的要素の弱化をもたらし、そこに生ずる政治権力の危機において、君主制の本質が露呈され、その限界が発見されるといいうる。そのときに君主制そのものの危機がくるのである。そしてこの場合には君主の象徴性もその限界を露呈する。「象徴というものは、人間が象徴の魔術を信じなくなり、象徴が象徴としてはたらくための現実の根拠を失うとともに、象徴ではなくなる」[1)]からである。

これはまたメリアムの表現を借りていえば象徴の悲劇的運命でもある。彼は、象徴主義ないし儀式主義の中に国家の秘密の一つがあるといいながら、それらが生き生きとした、また確実な利益を欠くようになると永続はせず、それらのヴァイタルな心髄が失われるとそれらはただちに棄てられ新しいものが求められるといい、次いで次のように述べている。

「もしも形式のみに権力があると考えるならば、それは儀式主義者の誤謬である。権力は実は象徴とそれが形成し、放出し、表現しようとする生命力との密接な関係の中に存する。死んだ象徴の所持者が今や新しい政治的その他の秩序のより生き生きとした象徴の上に目を注いでいる人々から、その生命なき象徴の名前において、服従を獲ち得ようとして祈っている光景ほど悲劇的なものはない（それはカイゼルの悲劇であり、ムッソリニの悲劇であった）。……このような場合の権力の象徴は単にいらいらさせる刺戟となり、彼らの単なる権力は対立に点火しその火をかき立てるだけにすぎない。政治的象徴も集団の象徴もその他のタイプのものも同様である。それらは不滅ではない。そしてそれらの権力は、それらがヴァイタルな利益か理想かに寄与することができる間だけ維持されるのである。[2)]」

（1） 鵜飼信成「憲法」〔岩波全書〕二七六頁。
（2） C. E. Merriam : Systematic Politics, p. 87.

第二節　君主制の展望

さて私の叙述もいよいよ最後の段階に到達した。ここでは前節の最後で述べた問題との関連において、また日本国憲法の下における天皇の制度をも眺めながら、君主制の将来をいささか展望して、この書物の結びとしたい。

前節の最後の箇所で述べたところの君主制の危機の現象が戦争特に敗戦において最も顕著に現われることは当然である。戦争においては政治権力における権力的要素が極度にまで発現されることが要求され、そして敗戦はその失敗すなわち正統性的根拠の喪失を意味するからである。第一次大戦はこのことを実証した。そしてそこに生き残った君主制も第二次大戦においてふたたび試練と危機を経験した。第二次大戦に敗れたイタリー・ユーゴスラビヤ・ブルガリヤ・ルーマニヤの君主制は消滅した。第二次大戦の敗戦国のうち君主制が存続したのはひとり日本があるのみである。日本国憲法下の日本を君主制なりとすることには、異論がありうるかもしれない。この点については後でも述べるが、そこで述べるように、かりにそれを君主制でないと主張するとしても、それは少なくとも君主制的なものであること、あるいは君主制的要素の残滓を残しているものであることは否定しえない。[1]

（1） この点はまたすでに君主制のメルクマールの問題として第一章第一節の最後の箇所で述べたことでもある。

すなわち明治憲法下の旧天皇制が、すでに前に眺めたドイツ的立憲君主制の思想に模範を求めたものであったことは改めてここに述べるまでもない。またそれは天皇の地位の正統性的根拠が神勅に求められるとするいわゆる国体の原理の形において、二〇世紀に至ってもなお神権説の下にあった唯一の国家であるともいわれたことも前に述べた。[1]

そしてこの旧天皇制の限界が第二次大戦の敗戦において露呈され、日本国憲法の新しい天皇制へと変化したことも、ここに改めて述べるまでもない。[2] ただ、前節で述べたところとの関係において、天皇制における権力的要素と正統性的要素の問題として、きわめて簡単に次の点を述べるにとどめる。

すなわち前に述べたところの現象、すなわち正統性的根拠が徒らに観念的に強調せられるという現象は、敗戦前夜はもとより、さらにさかのぼって開戦に至るまでの時期において顕著に現われた。それはいうまでもなく国体の原理の強調という形をとった。天皇機関説問題がそれであり、また国家総動員法、さらには敗戦への接近の時期における戦時緊急措置法の制定の際における非常大権論にみられる天皇親政論の強調もそれである。さらにまた敗戦前夜における国体護持論・一億玉砕論において、国体の原理が戦争遂行のためのほとんど唯一の根拠とされた。そして戦争遂行の実際的施策がこれにともなわず、この国体論が徒らに観念的に中空に舞うのみとなり、そこに天皇制の正統性的根拠が失われる危険も存していたのである。[3] この危機を救うために天皇制がとった最後の手段が、いわゆる「聖断」による終戦という方法であった。この「聖断」とは、昭和二〇年八月九日、ポツダム宣言を受諾すべきや否やについて閣議および最高戦争指導会議がついに決することができず、御前会議において、当時の鈴木首相が「思召をお伺いし、聖慮をもって本会議の決定としたき」旨を述べ、天皇の発言をもってその会議の結論としたことをいう。そしてこの場合、政府は、この「聖断」の理論構成として、天皇の発言はあくまで会議の結論の誘因となったにすぎず、天皇の発言の内容に会議の全員が従いそれぞれの意見として再現して会議の結論が出されたものであり、その意味で天皇にはあくまで責任はなく、そこではなお内閣助言制の立憲主義的手続がふまれたのであるとした。しかしそこでは、会議の意思の分裂が天皇の意思の積極的な発動によって決定されたことは否定できず、天皇の意思の積極的な発動を排除することが内閣助言制を核心とする立憲主義的手続であることを思うならば、いかなる説明をしようとも、この「聖断」に立憲主義的紛装を施すことはできないといわなければならない。[4] すなわちそれはいわば憲法以前の天皇親政論の現われであり、そこに天皇制は立憲君主制を超え、したがって立憲君主制によって保護せられる権利を自ら放棄したものというべきである。そしてひとたびこれによってその保護を放棄した以上、そこに天皇は開戦の際におけるその無責任を弁護する可能性をも失ったといわざるをえない。この「聖断」とともに、したがってまた新しい天皇制の危機が生じたわけである。したがってこの新しき危機を救うために、この終戦が同時に、国体護持・皇室の安泰の確保のみを条件とするものともなった。そしてその際、天皇制は能う限りの譲歩をすら行った。すなわち天皇・皇室の存在のみが確保されれば、その権能の範囲は問わず、さらにその根拠をすら問わぬということとなったのはそのためである。ポツダム宣言受諾の申入に当り、当時の平沼枢相のみが原案における「天皇の国法上の地位」を変更するの要求を同宣言が包含していないことの諒解の下に受諾するという文字に極力反対して、「天皇の国家統治の大権」という文字に改めさせたのは、天皇の地位は国法以上のものであるとする彼の国体論の結果であるが、それは明治憲法の神権的天皇制の思想のささやかな最後の抵抗であったというべきであろう。[5)]

(1) メリアムも次のようにいっている。ただしそこで「今日の天皇」といわれているのが、明治憲法の天皇を指すのか日本国憲法の天皇を指すのかは明らかではない。「日本においてのみ、君主制は神聖・神秘・絶対主義という初期の位置を残した。そこでもしかし立憲政治の形態は始まった。今日の天皇が、権力の実質をもっているのか、それともそれの影にしかすぎないのかは明らかではない。……一般的にいって、日本の政府は、神聖と神権的影響力のスクリーンを通して統治するアリストクラシーにいっそう近いというべきである」。C. E. Merriam : Systematic Politics, p. 184.

(2) この点については私もいくつかのものを書いているが、特に「ポツダム宣言受諾と天皇制」(国家学会雑誌六七巻九・一〇号)参照。

(3) 私の同右・三〇頁以下。

(4) 私の同右・三八頁以下。それはひとたび立憲主義を踏み越え、しかる後にふたたび立憲主義で説明しようとしたものといえよう。

(5) 私の同右・四〇頁以下。

日本国憲法制定の背景、特に連合国の占領政策との関係の問題は別として、[1)] いずれにせよ、右に述べた形、すなわち天皇の権能は極度にまで縮減されかつその正統性的根拠を神勅から国民の総意へと変えた形において、天皇制は存続せしめられた。すなわち日本国憲法の下における新しい天皇は、その権能の範囲が「国事に関する行為のみ」に限られ、「国政に関する権能を有しない」ものとなり、またその地位の根拠は「主権の存する国民の総意に基くもの」となった。その権能についていえば、特に憲法の明記するものに限られた「国事に関する行為」においては、すでに述べたように、君主の権能のいわば分解過程の極限を示しているといいうる。天皇は国務大臣の任命・全権委任状の発給や条約の批准をもなしえず、単にそれらを認証するのみであり、歴史的・伝統的な君主の権能として認められる恩赦についても認証をなしうるのみである。天皇は主権者でないばかりではなく、もはや行政権の長でもない。「行政権は内閣に属する」。「政府の首長」は内閣もしくは内閣総理大臣であるというよりほかはない。この点だけについていえば、そこにコンスタン的な思想が現われているともいえる。またた天皇の「国事に関する行為」として列挙されているものが、コンスタンのいう中立的・調整的権能であるともいえる。すなわちそれは、すでにみたような、一八二四年のブラジル憲法や一八二六年のポルトガル憲法において調整権として列挙されていたものの範囲と類似するともいわれる。[2] しかもそれはこれら両憲法において国王が調整権をもつと同時にまた行政権の首長であったのとも異なるのであり、その意味ではいっそうコンスタンの思想に近いといいうるであろう。

いずれにせよ、このようにして現われる天皇の制度は、果して天皇は元首なりや、あるいは君主なりや、また日本の国家形態は君主制なりや等の問題をすらひき起こすに至っていることは周知のところである。そしてこの問題について、憲法解釈論として、天皇は元首・君主ではないとする見解と、これに反対して天皇はなお元首・君主たる地位をもつとする見解とが対立していることも周知のところである。[3]

しかしこの場合においても、要するに問題は元首、特に君主のメルマールをどこに求めるかであり、天皇の君主たることを肯定しまたは否定しようとするいずれの論者も、それぞれ君主のメルクマールを前提とし、それを基準として天皇が君主なりや否やを論じているのである。そして天皇がなお君主たる性格をもつとする論者においても、それが伝統的な意味、あるいは真正の意味における君主ではないということは承認しているのである。[4]

すなわちすでに前に述べたように、元首ないし君主のメルクマールは歴史的に変化を経てきているものであり、確固不動の明確なものではない。そしてそれは特に君主については、立憲君主制さらに議会主義的君主制の発達にともない、漸次にその実質的権能を要件とせず、名目的・儀礼的な権能をもって足りるとされることとなり、精神的すなわち象徴的な性格を有するものとなってきた。この点はまた対外的な面においてもそうである。このように考えると天皇が世襲であることとともに日本国憲法における如き象徴としての権能、特に外交関係におけるこの程度の権能を与えられていることをもって、天皇も君主なりと称しうると考えられよう。[5)]

すなわち日本国憲法の下における天皇が元首なりや、君主なりやの問題においても、むしろこのことを認めることこそ重要であるというべきである。そしてなお、かりにこのように天皇が君主たる性格をもつと考えるとしても、それは君主ないし君主制のこのような歴史的な発展の中において、今日における君主制のいわば極限を示すものであるということを認識することが重要なのである。

（1）　この問題については周知のようにきわめて多くの文献がある。ただし直接に天皇制に関する占領政策の考え方を扱ったものとしては、私の「日本における国家権力と法——日本国憲法起草者の論理と心理を中心として」（法哲学年報一九五三「法と国家権力Ⅱ・類型」所収）参照。

（2）　藤田嗣雄「衆議院の解散について」六頁以下。ただし天皇の「国事に関する行為」の範囲がこれら両憲法における国王の調整権と同じであるという点よりも、むしろ天皇は、これらの国王と異なり、同時に行政権の首長ではないという点を重視すべきである。

（3）　この点についての主要な見解を若干次に示しておこう。

たとえば恒藤教授は、少なくとも「伝来的意味における元首は現在のわが国には存在しないといわざるを得ない」（恒藤恭「我国には元首が存在するか」〔季刊法律学一〇号四七頁〕）とされる。

宮沢教授は、現代において君主のメルクマールを見出すことは困難ではあるが、と前提しながら、「しかし従来諸国の君主に共通な標識とされたものを標準として、日本国憲法の天皇の性格を検討すると、これを君主と見ることは、むずかしい。日本国憲法の天皇は、統治権の総攬者でないだけではなく、行政権の持ち手ですらなく、また外に向って国を代表する権ももっていない。明治憲法の天皇は君主であったから、その時代の日本は、君主制であった。日本国憲法の天皇が君主の性格をそなえていないとすれば、その当然の結論として、いまの日本は、もはや君主制ではなく共和制だということになろう。次に、日本国憲法の天皇は、元首たる性格をもつかどうか。元首とは、国の首長（head of the state）のことで、外にむかって国を代表する権能をもち、それに関連して、外交使節を任免する権や、国際条約の締結へ参加する権を有する国家機関をいう。君主制においては、君主は、通常、この意味の元首である。明治憲法は、天皇が『国の元首』であることを、はっきり、明文で定めていた。しかし日本国憲法には、そういう規定も、天皇が外に向って国を代表するという規定もなく、また天皇は、外交使節を任免する権も、条約の締結に参加する権も与えられていないから、天皇は、元首の性格をもつものでないと解さなくてはならない」（宮沢俊義「憲法」第五版一九七頁〜一九八頁）とされる。

「註解・日本国憲法」は、「君主の概念要素としては、二つをあげることができる。その一は、憲法上自己に固有の権能として、国家統治の力を保有する一の自然人であること、その二は、原則として、血統に基づいてその地位に即き、終身その地位にとどまること、これである。新憲法における天皇は右の第二の要素を保持しているけれども、第一の要素を欠いており、従って真正の意味における君主ではない。ただ天皇は象徴としての特異な地位を憲法上占めており、その称号及び身分において一般国民とは区別せられるにすぎない。新しいわが国の国体は、世襲的象徴としての天皇を有するに拘らず、一種の民主政であるといわなければならない」（六五頁）、「次にこの憲法における天皇は元首であるか。元首とは、……国の首長という意味であり、それは国内的には行政の長であるとともに、特に国際的には、外国に対して一国を代表する機関を指し、国際法上、外国において外交使節と同様の特権を享有する。この意味の元首が何人であるかは、実定国内法の定めるところによる。本憲法では、外交関係の処理、なかんずく条約の締結、外交使節の任免、全権委任状及び信任状の発給は、すべて内閣の権限であるから、天皇が元首であるということはできない。右の行為については天皇の認証及び公布が行われるが、これは外交関係の主体となることを意味するものではなく、又天皇は外国の大使及び公使を接受するけれども、接受は儀礼的な意味におけるものであって、法律上日本国を代表して、外国元首からの信任状を受領しうる正当な権限ある名宛人は天皇ではないから、天皇を元首とみるのは正当ではない」（六九頁）とする。

美濃部博士は、この問題は「法律上に君主の観念をいかに定むべきかの問題に帰するのであるが、もし旧時代の伝統的学説のごとくに、最高統治権者たることを君主の観念の要素であるとすれば、新憲法における天皇は君主にあらずとなすのほかはない。しかしながら近代においては、政治上における民主主義の発達にともない、法律上に君主制をとっている国でも、君主の統治の権限には重要な制限を加うるものが多く、法律上に君主として待遇せられていて、しかも最高統治権者でない者が必らずしも稀ならざるにいたった。その結果は近代においては君主の観念を定むる標準として、統治の権能に重きをおかず、国法および国際法上における栄誉権およびその他の待遇によってその観念を定めんとする学説を生ずるにいたった。而してそれは根拠ある説というべく、わが新憲法における天皇の憲法上の地位についても、またこの説を考慮する必要がある」とし、そして天皇は国家の象徴としての一身上の尊厳を与えられておりまたそれは国際法上にも当然承認せらるべきところであるが故に、天皇は君主であると解されるとされる（美濃部達吉「新憲法逐条解説」増補版二七頁以下）。

（4）　右に引いた諸家の解釈をみれば、このことは明らかである。

（5）　私の「憲法」〔ポケット註釈全書〕五九頁参照。

このように日本国憲法の天皇制が君主制の歴史的発展のいわば今日における極限の地位にあるということは、結局のところ、それが国民主権を容認したという点に帰着する。そしてすでに幾度も述べたように、それが、君主制したがって天皇制が維持される唯一の途であるともされたのではあるが、それは同時に、天皇制に自己否定の道を開いたことでもあった。憲法上、それが君主制なりや否やという問題よりも、まさにこの問題こそが重要であるというべきである。すなわちこのような形で辛うじて維持された天皇制が、前に述べたような破綻に逢着しないための条件が備わっているかどうかが問題なのである。

そして、この破綻をもたらす条件が存在しないわけではない。すなわち日本国憲法成立の環境の周知のような特殊性から、そこには旧天皇制への郷愁と親しむ政治勢力がなお根強く残存しているからである。このような政治勢力によって、天皇が象徴であるとされたことが、天皇のカリスマ性を強調する恰好な根拠に利用されることが多い。すなわち天皇が象徴であるということが、「天皇は象徴にすぎない」というよりはむしろ「天皇は象徴にあらせられる」という方向において解されることともなる。この方向は、天皇は政治権力を失った代わりに、いっそう、精神的権威を獲得したとする方向でもある。[1)] その場合にはもとより、かつての如き神権説は主張されない。しかし日本の歴史・伝統・国民感情が根拠とされる。かくして天皇はその権能の縮減に反比例していっそうカリスマ的要素を帯びるものとなるのである。このことは本来君主制にともなう傾向であることはすでに述べた。日本国憲法の下の天皇が前に述べたようになお依然として少なくとも君主的な性格をもっているものである以上、それもこの傾向の例外をなすものではないのである。

（1）　私の「象徴における消極性と積極性」（国家学会雑誌六六巻一一・一二号）参照。

しかもこのような傾向は、同時にまた当然に、この憲法における天皇の地位および権限がこのようなカリスマ的要素の発揮のためには不十分であるとし、その元首化が必要であるとの主張としても現われることにもなる。そしてこのことの実証がまさに最近における憲法改正論に顕著に現われているのである。すなわち、「わが国の歴史と伝統を尊重」すべしとして、そこに憲法改正の基本的立場を求めようとする最近の憲法改正論[1)]において、天皇を元首とし、さらにこれにともない天皇の権能の範囲を拡大すべきことが主張されているのである。たとえばそれらのうち最も有力なものの一つとみられる改正案においては、天皇が元首であることを明示するとともに天皇の行為に、予算の公布・国会の停会・宣戦講和の布告・非常事態宣言および緊急命令の公布等を加えるとともに、さらに条約の批准・国務大臣の任命状および大公使の信任状の授与・外国大公使の信任状の受理・恩赦等を天皇自らの権能とし、認証の制度を廃止することが提案されているのである。[2] この方向は、基本的にいって、明治憲法への復帰を意味することはいうまでもないであろう。

しかもこの提案が、「国民の精神的拠りどころとしての要望に応えようという趣旨」から天皇の地位と権能に再検討を加えたものであるとされていることが特に注意に値する。[3] それは小島助教授の指摘するように、明治憲法の起草において天皇が「人心の帰一」のための「機軸」たる役割を果すことを期待されていたのとまったく同じ意図を示すものであり、またそれはウエーバーのいう伝統的支配とともにカリスマ的支配を天皇に期待するものといいうる。[4]

しかもこのような天皇の元首化が、国会の地位の低下、その権能の縮減・それの反面としての内閣の地位の強化、その権能の拡大にともなうものであることが重要である。そしてこのことは根本的にいってこの憲法における政治権力の正統性的根拠としての国民の授権、すなわち国民主権の弱化をも意味する。すなわちこの提案によれば、「最高機関」たる名称を失うこととなる国会に代っていわば最高機関的な地位にまで引き上げられた内閣がその決定する国家意思のほとんどすべてを天皇自らの行為として表示することによって、国民により他律的と感じられる支配そのものを正統化し、それによってその実施における批判を緩和しうることになるからである。この点について小島助教授がまた「この意味では『支配』への合理的服従可能性が乏しくなればなるほど『元首』天皇の必要性が生ずるが、この場合『元首』の語がもつ価値的ニュアンスが主観により決されるという点が、現実的政権把持者に利用されるであろう」[5] と述べているのは、天皇元首化論のもつ意味を適確に捉えたものとして参照に値するといわなければならない。

（1）昭和二九年一一月九日発表された旧自由党憲法調査会の日本国憲法改正案要綱。なおその他の改正案においても、これと同じ思想は同様に抱かれている。
（2）右の旧自由党案。その他の改正案においても、細部の点には相違はあっても、基本的方向においてはこれと異なるものではない。これら諸改正案については、たとえば、宮沢俊義他「憲法改正」〔ジュリスト叢書〕、法律時報別冊「憲法改正」等参照。
（3）右の旧自由党案における「要綱説明書」。
（4）小島和司「天皇――象徴から元首へ？」（法律時報二七巻一号）一三頁。
（5）小島和司・同右・一四頁。

そしてこのようにこの天皇元首化論が、政治権力の正統性的根拠としての国民主権を揺り動かす性質をもつものであると考えるならば、この天皇元首化論は、日本国憲法については、いわば王政復活の意味をもつというこ とになるであろう。このようにみれば、天皇元首化論の重要性はまさに絶大であるというよりほかはない。

そしてここで、レーヴェンシュタインが「君主制の本質的衰微は偶然的なものではない。デモクラシーは大衆の時代の政治的帰結である」といい、しかしデモクラシーは最も困難な政治体制であり、そこに過去の君主制の「よき旧き時代」への郷愁が芽生えるとし、しかも「それへの復帰は決してデモクラシーの日常の困難からの出口ではありえない」[1]と述べていることを想起すべきであろう。メリアムもまたいっている。「もちろんいずれかの面において進歩した政治体制の間にもいろいろの段階がある。ポピュラー・ガヴァメントがその責任を忘れ、かつパースナル・ガヴァメントが、もしも法的に拘束されるならそれよりもいっそう力強いものであることもある。よき国王と悪しき人民とは歴史のいろいろの段階において存在したのだ」[2]と。今日の天皇元首化論は、レーヴェンシュタインのいう「デモクラシーの日常の困難からの出口」を旧き君主制への復帰に求めようとする試みであり、またメリアムのいう「よき旧き時代」への郷愁を示すものといえよう。そしてそれが実は、果して君主制の限界を意識させ、その危機を再現することにならないかが問題なのである。

ここでメリアムが次のように述べていることを引いておきたい。「われわれは安心して結論してよい。被治者の同意を軸として回転する民主主義的政治社会は知りうる将来においてその道を進むであろうと。政治のサイクルには時としては波動があり、流れをその本来の方向からそらせようと欲するデマゴーグ・特殊なエリート・独裁者および馬上の人物をその頂点にもってこようとするかもしれない。しかし大局的にみてそこに示されるものは、知性の成長・協同の習性の発展および社会的責任の生き生きとした感覚および人格の発展の機会の増大とともに、デモクラシーの一般的運動は、堅実に前進するであろうということである」[3]と。

かくして、日本国憲法の下における天皇制の今後の運命は、今日における君主制一般の運命をも暗示するものであるかのように思われる。

(1) K. Loewenstein : Die Monarchie im modernen Staat, S. 149.
(2) C. E. Merriam : Systematic Politics, p. 182.
(3) C, E. Merriam : p. 312.

佐　藤　　功（さとう・いさお）
1915年　京都市に生まれる
1937年　東京大学法学部卒業
2006年　逝去
主　著：
憲法コメンタール（1955年，有斐閣）
君主制の研究（1957年，日本評論社）
憲法研究入門（上・中・下）（1964，66，67年，日本評論社）
比較政治制度（1967年，東京大学出版会）
行政組織法（新版）（1979年，有斐閣）
日本国憲法概説（全訂第二版）（1980年，学陽書房）

1957年4月30日　第1版第1刷発行
2018年5月3日　第1版第4刷発行

君主制の研究　〔復刊版〕
比較憲法的考察

著作者　佐　藤　　功
発行者　串　崎　　浩
発行所　株式会社　日本評論社
170-8474　東京都豊島区南大塚3-12-4
電話　03-3987-8611(代)
振替　00100-3-16
印刷　平　文　社
製本　松　岳　社

ISBN978-4-535-59027-4

事 項 索 引

あ

アイルランド自治法案…………108, 115
阿諛理論………………………………321
アルスターの動乱……………………115

い

イギリスに憲法なし…………………116
イギリスの君主制………4, 28, 57, 68, 70
インストルメント・オブ・ガ
　ヴァメント……………………………75
インドの独立…………………………128

う

ヴァレンヌ逃亡………………………163
ウィテナゲモート………………………73
ウィーン会議…………………178, 208
　――最終議定書……209, 214, 240, 263
ウェストミンスター条例……72, 125, 128

え

栄　典……………………156, 305, 309
エタ・ジェネロー……………143, 146
エチオピア……………………………67, 69
演劇的理論……………………………323

お

王位継承法………………………………95
王　権……………………………………330
　――神授説…………………143, 208
王の平和…………………………………93
恩　赦……………………………156, 366
　――権…………………………305, 309

か

外見的（立憲）君主制…………223, 298
解　散……………………………159, 182
家産国家…………………………………19
割拠主義…………………………………209
貨幣鋳造権………………………305, 309
神の恩寵による……78, 94, 151, 179, 195,
　215, 231, 234, 248, 249, 276, 317
カリスマ的支配…………135, 356, 371
感情理論…………………………………322
官職の上の権利……………………23, 25
間接機関…………………………………43

き

議院内閣制…………………160, 185, 191
議会主義的君主制… 6, 195, 265, 289, 298
議会主権……………………………77, 86
議会制定法に基づく権能………100, 102
議会における国王……89, 92, 97, 153, 236
議会法……………………………………111
機構的理論………………………………322
儀　式……………………………………353
貴族制……………………………………11
北ドイツ連邦……………………………247
基本法……………………………………154
狂気の一年………………210, 228, 229, 313
協約憲法…………………………………221
共和制……………………………………7, 227
拒否権………105, 108, 163, 189, 225, 314
緊急命令…………………………………235

近代専制君主国家……………………20, 78
近代的専制君主制…………………………36

く

クラウン…………………………………92
君　主……………………………………42
　——権………………………………187
君主主義……………60, 181, 184, 204, 213
君主制……………………………………7
　——感情…………………320, 324, 326
君臨すれど統治せず
　………56, 76, 115, 188, 196, 240, 338

け

啓蒙主義………………………………145
ケーザリズム…………170, 175, 201, 220
血統の正統性…………………………318
ゲルマン法………………………………23
元　首………7, 44, 56, 124, 186, 187, 196,
　201, 209, 260, 262, 295, 328, 368
憲　法
　——改正作用…………18, 30, 151, 165
　——形態………………………………16
　——制定権力……61, 63, 165, 193, 221
　——の擁護者…………………………111
　——保障制度…………………………289
権利章典…………………………………76
権力分立…………………………………20

こ

光栄ある陛下の反対党………………125
光栄の三日間…………………………194
好奇理論………………………………321
公的な行動……………………………100
合法的支配……………………………358
国王の三つの権利……………102, 119
国　体…………………………………363
国父説…………………………………317
国民主権…………………26, 68, 150, 184,
　224, 257, 312, 354, 359
国民的誇りの理論……………………322
個人的大権……………………………106
古代東方国家……………………………19
国　家
　——意思構成の方法……………14, 16
　——機関………………………………43
　——総動員法…………………………363
　——二側面説…………………………26
　——の元首→元首
　——法人説……………18, 19, 25, 50
　——有機体説……………44, 49, 208
コモンウェルス……125, 128, 325, 348
コモン・ロー…………………………88, 154

さ

裁　可………………8, 96, 107, 153, 158,
　166, 182, 236, 250, 307, 309
　——の拒否権…………………………29
最高機関……………………………44, 51, 52
財政立憲主義…………………………242
三月革命………………………………231
三年法（1694）………………………103

し

磁石理論………………………………321
七月王政………………………………338
七月革命……………194, 258, 290, 294
自治領…………………………………128
実践的部分………………………119, 344
私的な行動……………………………100
市民王政………………………………195
社会契約…………………………………83

ジャコバニズム……………………… 203
ジャコバン憲法……………………… 169
宗教的理由づけ……………………… 317
重商主義……………………………78
自由党……………………………… 110
授爵の大権………………………… 113
首相会議…………………………… 129
象　徴…… 9, 52, 54, 55, 72, 92, 124, 126,
127, 128, 267, 319, 327, 342, 353, 361
小党の分立………………………… 197
ジロンド憲法草案………………… 169
神権説……………………… 193, 304, 356
人権宣言………………………… 146, 150
神政制…………………………… 13, 16
神聖ローマ帝国…………… 206, 208, 272
信　託……………………………84
人民主権……………………………20
人民投票……………… 170, 171, 201, 221

す

枢密院における国王………………92
スチュアート王朝……………………75

せ

請　願……………………………… 107
聖　断……………………………… 364
正統主義…………………………… 178
政府形態……………………………16
政府の首長……………… 7, 124, 187, 366
世襲制………………………………55
絶対君主制…………………… 67, 140
絶対的拒否権………………33, 173, 182
選挙君主制…………………………67
戦時緊急措置法…………………… 363
専政制………………………………13

そ

尊厳的部分…………… 119, 122. 126, 344

第一次機関…………………………43
第一次大戦……………………64, 314, 362
戴冠式…………………………94, 323, 353
大　権………………………… 100, 102
大　臣
——権……………………………… 187
——助言制………………………… 106
——責任制……………………… 220, 304
——副署制………………………… 304
大統領……………… 22, 24, 43, 53, 249
第二次機関…………………………43
第二次大戦…………………………65, 362
惰性理論…………………………… 323

ち

中立権……………………………… 187
中立的権力……………………………57, 318
中立的・調整的権能…………… 330, 366
チュードル王朝……………………73, 78, 80
調整権……………………………… 187
直接機関……………………………43
朕は国家なり…………23, 144, 175, 181

て

帝国会議…………………………… 128
帝国宰相…………………………… 251
帝国主義…………………………… 313
停止的拒否権…39, 154, 158, 162, 231, 279
鉄血宰相…………………………… 243
伝　統………………………………4, 83
——的支配……………………… 356, 371
天　皇………………1, 47, 55, 157, 206,
305～308, 317, 357, 363, 366

——機関説問題……………………… 363
——元首化論……………………… 371
天皇制……………………………… 2

と

ドイツ
——国法学…………… 7, 9, 12, 93, 205
——帝国宰相……………………… 251
——的国法学……………… 35, 40, 240
——的立憲君主制…………60, 61, 153, 191, 204, 237, 241
——的立憲主義…………………… 213
——同盟…………………………… 212
——の君主制…………………60, 204
——連合……………………… 208, 223
等族君主制………………………35
等族的憲法……………… 208, 212, 222
等族的二元主義…………………… 214
統　治……………………………46
——権の総攬………………… 216, 234

な

ナポレオン百日天下………………… 176

に

二月革命 ……197, 198, 210, 223, 231, 290, 294
認　証…………………… 157, 305, 366

は

パウロ教会………………………… 223
ハノーヴァー王朝………………76, 123
バリケードの王…………………… 195
パリ・コンミューン……………… 203
半共和制…………………………… 223
反抗権……………………… 78, 84

ひ

ピューリタン…………………………75

ふ

ブラジル憲法……………………… 338
フランスの君主制………………… 4
ブルボン王朝……………… 139, 177

へ

ベルギーの君主制……………… 17, 37
編　制……………………………… 250

ほ

法と大権……………………………36
法の支配………………77, 86, 95, 153
法律の制定文………………………96
保守党……………………………… 136
ボナパルチズム……… 170, 199, 201, 203
ポルトガル憲法…………………… 338

み

三つの権利→国王の三つの権利
身分上の大権……………………… 106

め

名誉革命…………………… 75, 78

よ

ヨーク王朝………………………… 100
予算争議…………………………… 242

ら

ライン同盟………………… 208, 212

れ

レヴァイアサン………………………20
連邦参議院…………… 248, 250, 251, 254

ろ

労働党……………………… 132, 136

わ

ワイマール憲法…………………… 334

人　名　索　引

ア

浅井清……250
アスキス……108, 112, 115
アダムス……86
アモス……96
アリストテレス……11, 13
アン女王……76, 108, 113
アンリ2世……139
アンリ4世……139, 142

イェリネック……7, 8, 11, 13, 15, 18, 26, 35, 43, 44, 59, 144, 149, 150, 165, 175, 181, 193, 205, 214, 241, 260, 261, 264, 265, 328
五十嵐豊作……168, 178, 192
市川米彦……210, 211, 229
一木喜徳郎……243
市村今朝蔵……106, 114
市村光恵……50
伊藤正巳……88, 90
井上密……47
今中次麿……79

ヴィクトリア女王……76, 102, 110, 119, 121, 123, 126, 313
ウイリアム1世……258
ウイリアム3世（オレンジ公）……75, 76, 83, 108
ウイリアム4世……107, 113
ウイルソン……315
ウイルヘルム1世……242, 252, 313
ウイルヘルム2世……252
ウエッブ……132
ウエーバー……135, 321, 350, 356
ウエルケル……15
ウエルズ……314
ヴォーティエ……261, 264, 265
ヴォルテール……145, 149, 186
ウォルポール……76
鵜飼信成……55, 63

エスマン……140
エドワード1世……73
エドワード3世……106
エドワード7世……112, 113, 123
エドワード8世……123
エリザベス女王……74
エーリック女王……272

大石義雄……299
岡義武……148, 165, 200, 231
オスカー2世……279
オッグ……125
オートマン……55
オレンジ公ウイリアム→ウイリアム3世

カ

戒能通孝……3, 58, 144
カウフマン……144, 209, 213, 254
ガーゲルン……223
カーゾン卿……110

カムプハウゼン……………………… 237
ガーライス………………………………15
カール10世………………………… 273
カール11世………………………… 273
カール12世………………………… 273
カール13世………………………… 281
河村又介…………………………… 165

キース…… 94, 99, 101, 104, 111, 116, 120
ギゾー……………………………… 198
清宮四郎…148, 152, 154, 157, 159〜161, 183, 184, 224〜226, 247, 250, 252, 260

グスタフ1世……………………… 273
グスタフ2世……………………… 273
グスタフ4世……………………… 281
グスタフ6世……………………… 296
グーチ…………………………………78
グッドハート……………………… 346
クリスチャン1世………………… 274
クリスチャン6世………………… 273
クリスチャン7世………………… 273
クリスチャン8世………………… 275
クリスティナ女王………………… 273
グレイ……………………………… 113
黒田覚…………………………… 18, 63
クロムウエル………………75, 80, 82

毛織大順…………………………… 140
ゲッフケン……………………………15
ケルゼン………………… 38, 51, 335
ケルロイター…… 206, 211, 212, 252, 254

小泉信三…………………………… 114
コーク…………………………………86
小島和司……………………………49, 371
コラール…………………………… 191
コリー……………………………… 348
コルベール………………………… 142
コンスタン…………… 56, 185, 186, 197, 318, 330, 337, 366
コンドルセ………………………… 147

サ

ザイデル……………………… 216, 218
ザクセン・コーブルク公レオポルド→レオポルド1世
佐々木惣一……………………………48
佐藤丑次郎……………………… 47, 62
サン・シモン……………………… 197

シェイエース………… 145, 160, 162, 165
ジェニングス……………………… 121
ジェームス1世……… 75, 79, 80, 87, 106
ジェームス2世…………………… 75, 82
シドニー………………………………89
清水澄…………………………………50
シャトオブリヤン………… 185, 188, 197
ジャネ……………………………… 143
シャルル10世……………………… 194
シュタイン………………………… 229
シュタール……………………………23
シュティンミンク…………211, 220, 224, 228, 229, 246
シュトリンゼー…………………… 273
シュミット………………………… 334
シュルツェ………………………… 236
シュワルツ……………………………15
ジョージ1世…………………………76
ジョージ2世…………………………76

ジョージ3世……………………… 109
ジョージ5世…… 108, 110, 113, 115, 123

ズィンク……………………………… 125
末延三次………………… 74, 92, 102, 130
スタムフォダム……………………… 116
スターリン…………………… 317, 357
ストーク…………………………………98
スペンサー…………………………… 321
スミス（トマス）……………………89
スメンド…………61, 232, 237, 262, 264

セイセル……………………………… 140
関道雄……………………………69, 299
セシル………… 68, 72, 77, 321〜323, 348

タ

ダイシー…………………………86, 93, 98
高柳賢三………………74, 88, 92, 100, 130
ダールマン…………………………… 228

チャーチル…………………………… 346
チャールズ1世……………………………75
チャールズ2世…………75, 79, 82, 106

恒藤恭……………………………52, 367
恒藤武二…………………… 148, 150, 154
角田文衞…………………… 271, 296, 297

ティエール…………………………… 202
ディドロ……………………………… 145

トックヴィル………………………… 116
土橋友四郎…………………………… 291
トーマ………………………………… 24
ドローズ……………………………… 145
ドン・カルロス……………………… 341

ナ

中村哲………………………………… 157
ナポレオン………… 149, 169〜171, 173,
177, 185, 199, 208, 230, 258
ナポレオン3世(ルイ・ナポレオン)
…………………………17, 147, 199
ナムール公…………………………… 258

ニコルソン…………………………… 116
西海太郎……………… 148, 160, 168, 196

野田良之……………… 142, 144, 148, 160

ハ

ハイレ・セラシエ皇帝……………………69
バーカー………………4, 99, 124, 322, 345
バジョット…… 2, 30, 56, 71, 75, 76, 102,
119, 126, 135, 187, 318, 331, 343
パーマーストン……………………… 102
ハモンド……………………… 104, 108
早川武夫…………………………………10
ハーラル1世………………………… 272
ハリファックス……………………… 85, 89
ハルデンベルク……………………… 229
バルフォア…………………… 114, 126
バンナーマン（キャメル）………… 112

ビスマルク……………………205, 210, 236,
242, 247, 252, 262, 313
ビーズリー………………………66, 300
ヒトラー…………………… 7, 206, 317, 357
ヒル………………………………………98
ピロティー………………………… 171, 175

ファルーク王……66
ファールベック……283, 288
フィッシャー……312
フィリップ4世……139
フィルマー……82, 83
フェルディナンド7世……276
藤田嗣雄…57, 62, 235, 240, 332, 338, 341
ブードアン1世……268
プライス……41
ブラック……59, 320, 327, 346, 356
ブラックリー……55
プラトン……11
ブラン（ルイ）……197, 199
フランソワ1世……139
フランツ2世……208
フーリエ……197
フリードリッヒ……9
フリードリッヒ大王→フリードリッヒ・ウイルヘルム2世
フリードリッヒ・ウィルヘルム1世……207
フリードリッヒ・ウイルヘルム2世……24, 33, 168, 207
フリードリッヒ・ウイルヘルム3世……230
フリードリッヒ・ウイルヘルム4世……227, 230
プルードン……197
フレデリック3世……273
フレデリック9世……296

ベーゼラー……228
ペタン……147
ペトリー……270, 280
ベルナチーク……22, 30, 31, 37
ヘルフェリッヒ……254
ヘーレン……15
ヘンリー7世……74
ヘンリー8世……74

ホイットマン……3
ホーコン7世……280, 296
ボスュエ……143
ボーダン……141
ホッグ……349
ホッブス……20
堀豊彦……79
ポリニャック……194
ボールドウィン……160
ボルンハーク……150, 167, 178, 192, 193, 197, 213, 214, 221, 231, 232, 256, 258, 265, 276, 279, 341

マ

マイヤー……239
マウレンブレッヘ……23
前川貞次郎……74, 142, 144, 208
マキャヴェリ……12, 321
升味準之輔……79
マゼラン……142
マックペイン……312
マルグレーテ女王……272
マルティッツ……22, 53
丸山真男……85, 355, 358

美濃部達吉……50, 145, 148, 369
ミヘリス……321
宮沢俊義……7, 54, 165, 191, 368
ミラボー……160
ミル……71

ミルキヌ・ゲツェヴィチ……………163

ムッソリニ……………………………7

メイヤー……………………178, 192
メッテルニヒ………………199, 213
メリアム……343, 347, 353, 357, 361, 372
メルクツェル……………………43, 332
メルボルン…………………………107

モリソン……………121, 132, 136, 355
モール…………………13, 15, 228
モンテスキュー
…………145, 149, 156, 182, 186, 261

ヤ

安井源雄……………………………254
山崎時彦……………………………85

横越英一……………………………355
横田地弘……………………………146
ヨーゼフ2世………………………208

ラ

ラスキ……………66, 98, 109, 110,
117, 120, 126, 132, 135
ラッサール…………………………231
ラッセル……………………………8, 65
ラファイエット……………149, 164

リシュリュー………………142, 144, 162

ルイ11世……………………………162
ルイ13世……………………………142
ルイ14世…4, 20, 23, 82, 140, 142, 162, 206
ルイ15世……………………………144
ルイ16世…………144, 146, 149, 161,
163, 166, 169, 171
ルイ18世……………56, 176, 177,
179, 185, 188, 210
ルイ・ナポレオン→ナポレオン3世
ルイ・フィリップ
…………147, 194, 199, 258, 338
ルソー……………………45, 145, 152

レーヴェンシュタイン…………2, 5, 40,
64, 68, 69, 72, 98, 110, 121, 123,
198, 240, 241, 249, 268, 295, 297,
316, 327, 331, 333, 341, 372
レオ…………………………………15
レオポルト2世……………………168
レオポルド1世（ザクセン・
コーブルク公）……………………258
レオポルド3世……………267, 320
レーズロープ………………………257
レーム…………………16, 249, 253
レンネ………………………………235

ロー（ボナー）……………………110
ロイド・ジョージ…………………112
蠟山政道
……8, 12, 58, 184, 191, 200, 204, 357
ロジャース…………………………312
ローズベリー卿……………………110
ロック………………………………82
ロベスピエール……………160, 166
ローメル……………………………15

ワ

ワトキンス…………………………9